中国语言规划论

李宇明　著

商务印书馆
创于1897 The Commercial Press
2010年·北京

图书在版编目(CIP)数据

中国语言规划论/李宇明著. —北京:商务印书馆,2010
ISBN 978-7-100-06754-6

Ⅰ.中… Ⅱ.李… Ⅲ.汉语—语言规划—研究 Ⅳ.H102

中国版本图书馆CIP数据核字(2009)第159224号

ZHŌNGGUÓ YŬYÁN GUĪHUÀ LÙN
中 国 语 言 规 划 论
李宇明 著

商 务 印 书 馆 出 版
(北京王府井大街36号 邮政编码100710)
商 务 印 书 馆 发 行
北京市白帆印务有限公司印刷
ISBN 978-7-100-06754-6

2010年2月第1版 开本880×1230 1/32
2010年2月北京第1次印刷 印张12⅛
定价:25.00元

目 录

序

一个重视语言规划的国家，肯定是发展程度、整体实力和精神文明都上升到了较高层次的国家。反过来说，一个国家，当其力量不足以抗击侵略，只能愤怒地忍受欺凌与屈辱的时候，当其人民食不果腹衣不蔽体，只能在生与死的边沿上奋力呼号和挣扎的时候，是不可能把这个命题提上议事日程的。正因如此，读到宇明的《中国语言规划论》，我既为他又有一部新著出版而高兴，更为当今中国的日益昌盛而抑制不住内心的激动。

站位高，展现强烈的时代气息，这是《中国语言规划论》一书的一个重要特点。

21世纪，发达国家和正在迅速发展的国家，纷纷跨入信息化时代。民族语言的统一，是建立统一市场、实现工业化的重要条件；语言文字的信息化，是国家信息化的关键。纵观人类社会发展史，经济大国必然是语言大国，语言大国必然是经济大国整体风貌的重要侧面。中国正在向经济大国阔步迈进，中国的语言文字工作者必须站到时代潮头，与时俱进地思考自己的工作如何才能跟历史车轮同速。一些“传统任务”的完成，比如普通话的推广、现行汉字的整理和汉语拼音方案的推行，也应提升到信息化的高度来统筹规划。《中国语言规划论》一书，通过《中国当前语言文字工作任务》《信息时代的语言文字工作任务》《信息时代的中国语言问题》《语言学发展的新机遇》《信息时代需要更高水平的语言文字规范》等多篇文章的论述，清楚地阐明了时代赋予我国语言文字工作者的神圣使命。在一次闲谈中，宇明曾向我提到表明国家尊严的五大标志：国旗、国徽、国歌、国土和国语。他的文章，能够站立到时代高端去审视国家的语言问题，这不是偶然的。

有思路，明确提出自己的意见，这是《中国语言规划论》一书的又一个重要特点。

《我国的语言生活问题》一文提出四个思路：其一，促使汉语成为国际强势语言；其二，争取汉语在虚拟世界里的地位；其三，处理好外语与母语的关系；其四，保护濒危语言。《通用语言文字规范标准的建设》一文提出三个思路：其一，建立规范标准的理想体系；其二， 建立科学的运作机制；其三，处理好刚与柔、学理与俗实、制定与维护、科学性与时效性等关系。诸如此类的论说，不可能全是创新，却表明了作者很有主见。《搭建中华字符集大平台》一文提出的思路和招数，更具系统性。自计算机对文字进行处理以来，中华字符集是国人所提出的最为庞大的字符集，在实现中必然会遇到许多技术难题。文章提到了五个方面：第一，字符种选择；第二，形体规范；第三，造字；第四，存储；第五，检索与输入。每个方面，都有阐发。比如存储，文章指出，中华字符集的非匀质的特点，决定了必须考虑将字符集分为若干子集，以满足不同领域、不同人群的使用需要，而子集的划分，必须考虑民族原则、古今原则和字频原则。文章还论述中华字符集与国际标准的关系，指出在因特网已经将整个世界勾连起来的今天，建立中华字符集必须考虑因特网的交际需要，解决国际统一编码问题。这样，能使中华字符集具有两大特性：第一，每个字符种的代码都是唯一的；第二，全世界只使用一套统一的编码系统。宇明不是圣人，他的构想不可能全无漏缺，但他思路开阔，考虑问题层层深入，而且敢于表明已见，这是一种有所为的征质。

讲品位，重视学术层面的探讨，这是《中国语言规划论》一书的再一个重要特点。

语言规划，既属于工作范畴，又属于学术范畴。讨论和制定语言规划，以解决工作中的实际问题为目的，但要真正达到目的，又必须以严谨的学术研究作为前导，深入揭示相关的规律性，使之成为一门学问。本书中的文章，或者偏重于讲工作，或者偏重于谈学术，或者甲中有乙、乙中有甲，但总体上都反映出了提高学术品位的美学理念。最能说明问题的文章之一，也许是《论母语》。文章指出：母语是个民族领域的概念，反映的是个人或民族成员对民族语言和民族文化的认同。母语直接指向民族共同语，但不指向共同语的地域变体，方言只能称为母言，不应视为母语；第一语言是人们“思维和交际的自然工具”，即所谓“自我表达的天然工具”，但与母语不是等同的概念。对于单一语言群体的母语问题，双语社会和双语家庭的母语问题，“母语失却”问题，文章从不同侧面展开了论说，其内容既是搞好语言文字工作的需要，其分析又同时反映出了讲求科学性的学术严谨。宇明一向认为，结合工作获得的科研成果，最易转化为工作效度，建立在坚实学术基础上的工作，最能解决现实中的“真问题”。从本书可以看出，努力将工作与科研有机地融为一体，努力提高工作性文章的学术品位，这是宇明的追求。

中国语言规划，从制定到实施，到获得良好结果，绝非易事，需要一辈接一辈众多有志之士、有识之士、有为之士，做出坚持不懈的努力。《中国语言规划论》一书，是宇明到教育部语信司工作四年多来“工作+思索+熬夜”过程的一个动态缩影。宇明有个特点：不干则已，干则有获。通过这本书，可以看到，他在尽心尽力地干着承前启后的工作，干得很投入，干得很有启示性。这本书的出版，我以为，可以看做是中华文化正在实现伟大民族复兴的一个注脚。——尽管只是一个小注脚！至于这本书具体论说上的得失，读者是可以从不同角度按不同取值定向去思考和评价的。

邢福义

2005年3月2日

华中师范大学语言与语言教育研究中心

语言规划理论

权威方言在语言规范中的地位

论母语

关于中小学“双语教学”的思考

术语论

大众媒体与语言

语言生活与精神文明

权威方言在语言规范中的地位*

考察我国语言规范的理论与实践，特别是清末以来的百年理论与实践，会发现人们对权威地域方言的作用较为重视，但对权威社会方言的认识不充分不全面。由此而使规范理论与规范实践之间不能严密榫合，对具体语言现象进行规范时也常常困惑难决，甚至出现失误。本文重点探讨权威社会方言在语言规范中的地位，试图建立由权威地域方言和权威社会方言纵横组合而成的语言规范的“复合参照系”，呼吁重建当今汉语的权威样本。

一　权威方言及其双重性

（一）“方言”意义的嬗变

据鲁国尧（1991：4）研究，就传世文献而言，“方言”一词最早在东汉末年应劭的《风俗通义序》中出现：“周秦常以岁八月遣輶轩之使，求异代方言，还奏籍之，藏于密室。”虽然《輶轩使

---

* 本文曾在“商务印书馆语言学出版基金发布会暨青年语言学者论坛”（2002年1月17日至18日，北京）上宣读，对论文作了较大补充后收入该论坛的论文集（商务印书馆编《21世纪的中国语言学（一）》，商务印书馆，2004年）。此文内容曾经在香港城市大学（2004年2月）、渤海大学（2004年10月12日）和国家级普通话测试员培训班（2004年10月18日）讲演。

者绝代语释别国方言》是否为扬雄所著，尚存疑问，但《风俗通义序》使我们相信，最起码“方言”在东汉时就作为学术用语被使用了。赵元任（1980：98）、张清常（1990：39）都曾指出，“方言”在古代不仅指汉语的方言，而且也指周边的少数民族语言和外国语。鲁国尧（1991：4—5）也以他特有的敏锐与功力对此进行了更为充分的论证。

古代的“方言”可直解为“四方之言”，与之相对的是历史上的汉民族共同语（不是一般的“共同语”），如秦之“雅言”、汉之“通语”等。“方言”的此种含义，与当今“语言、言语、方言、民族语、外语”等术语皆有瓜葛，但皆不相当，很难在现代语言学中找到对等术语。“方言”的古义以及与之相关的不同于今的语言分类，来自于古人的“华夏中心”观，以及由之决定的看待社会与部族的特殊眼光。以此观观之，以此眼光视之，“方言”的这种含义是可以理解的，甚至是顺理成章的。

自汉以降，人们接触的外族语言、外国语言愈来愈多，如西域的属于不同语系的多种语言，东亚和东南亚的语言，西方传教士带来的西方语言等等，并有大量的语言翻译活动所提供的语言对比分析的机会，语言视野远比汉代人开阔。但是据李宇明（2002）研究，“方言”的古义直到清末民初都未发生变化，清末切音字运动的文献和1898年出版的《马氏文通》，都还是在古义上使用“方言”的。

19世纪后半叶，德国学者G. 温克尔对德国境内德语的差别进行了调查，瑞士学者J. 吉耶龙对法国及邻接地区的法语的差异进行了调查。这两项调查奠定了西方方言地理学的传统，意味着现代方言学的建立。（参见季羡林等，1998：80）20世纪初，现代方言学传入中国，人们用流传已久的“方言”表示现代方言学中的 dialect（英语）或dialecte（法语），从而使“方言”的外延缩小，专指民族共同语的地域变体，如汉语的北方方言、湘方言、吴方言、赣方言、客家方言、粤方言、闽方言等，与“方言”相对的是民族共同语（不是“汉民族共同语”）。这是“方言”的意义在历史上的第一次重要变化。

1964年，美国的社会学家和语言学家联合举行了一次学术讨论会，这标志着社会语言学的正式诞生。社会语言学建立之后，“方言”的意义又发生了第二次重要变化。在社会语言学的框架中，“方言”有两个含义：地域方言（Geographical Dialect）和社会方言（Social Dialect 或 Sociolect）。[1]根据性别、职业、年龄、文化程度等不同的社会属性，可将社会成员划分为不同的社会领域，不同社会领域的成员在语言使用上有各自的一些特点。社会语言学将不同社会领域成员所使用的具有各自特点的语言称为“社会方言”。本文的“方言”概念，就是在社会语言学的框架中使用的，既可指地域方言，又可指社会方言。

（二）权势关系

理论上说，各种方言，不管是地域方言还是社会方言，社会地位应当是平等的，正如各民族的语言地位应一律平等一样。但是由于政治、经济、文化、宗教等多方面因素的影响，常常造成方言间社会地位事实上的不平等。这种不平等关系，社会语言学称之为“权势关系”。在权势关系中，社会地位低的方言称为“低势方言”，社会地位高的方言称为“高势方言”。从低势方言到高势方言，往往形成台阶式的系列，处于台阶最高端的方言称为“权威方言”。

方言间的权势关系是在较长的历史长河中逐渐形成的，例如

【1】有人还提出“时间方言”（Temporal Dialect）的概念，时间方言是指某个历史发展阶段使用语言的变体。

北方方言的高势地位，是中国政治、文化中心几千年来一直处在北方方言区的结果。但是，语言权势关系也会因时而变，例如粤方言在历史上本是低势方言，但因改革开放以来广东地位的提升和香港对内地的影响，粤方言的社会地位二十几年来不断攀升。地域方言如此，社会方言亦如此。在古代，以文言文为载体的官府和读书人的语言是高势的社会方言，而百姓语言是低势方言。这种社会方言的权势关系也是由政治、经济和文化等因素决定的。但是，到了清末，特别是"五四"运动以后，打倒孔家店、提倡白话文、崇尚科学、效法民主，成为新时代的主旋律，以文言文为载体的旧时官府和读书人的语言，逐渐失去权威，老百姓语言的社会地位迅速向社会方言台阶的高端移动，甚至在相当长的一段时期内成为知识分子学习的对象。

在研究方言权势关系时，应当重视权威方言的双重性。所谓"权威方言的双重性"，指的是作为民族共同语基础方言的权威方言，常常既是权威的地域方言，又是权威的社会方言。例如，我国古代的语言规范观念是"雅正"。（参见戴昭铭，1998：74－75）何为"雅正"？王都之音最正。古代汉民族的共同语或准共同语，一般都是京都一带的方言。周秦以来，京都一般都是中国政治、经济、文化的中心，京都语言往往成为全国取法的标准。先秦的"雅言"以京都所在地"成周"（洛阳）方言为基础，秦与西汉的"通语"以关中方言的"秦语"为基础，东汉时的洛阳话，唐代的长安话，宋代的汴梁话，以及后来的官话，都曾先后成为汉民族的共同语，或代行民族共同语的职能。（参见王均，1995：48；李建国，2000：7）值得注意的是，京都方言一般都是官府用语和教育用语。古代读书的目的主要为做官，官修的韵书、辞书，官定的经史子集，是读书人的语言标准。做官者一般都是读"官书"读出来的。官府语言与资深读书人的语言，实属一脉。因此，中国古代的京都方言，既是权威的地域方言，同时也是权威的社会方言，具有“权威方言的双重性”。

当今世界上形成标准语的语言，其基础方言大多是首都话或以首都话为代表的方言，如法语的基础方言是以巴黎话为代表的法兰西岛方言，俄语的基础方言是以莫斯科话为代表的库尔斯克—奥勒尔方言等。（胡明扬，1999：23）但是，也有较为复杂的情况。例如，意大利语的基础方言不是罗马话，而是托斯卡纳地区的方言。早在意大利半岛没有实现统一之前，但丁、彼得拉克、薄伽丘等文艺复兴时代的大文豪们，便用托斯卡纳地区的通俗拉丁语创作了大量影响巨大的作品。（邢福义主编，2000：388）权威的社会方言使托斯卡纳地区方言也成为权威的地域方言。再如英语，胡明扬（1999：36—37）指出，“标准英语从历史上看是在南部话（南部方言）的基础上形成的，但是今天的‘通行读音’（Received Pronunciation）却不是哪一个方言的读音（和伦敦的土话 Cockney 的读音迥然不同），而只是流行于全国受过正规教育的上层社会的一种社会方言的读音。”尽管胡先生把今天标准英语描绘为一种社会方言，但是这段话实际上还是表明，标准英语的基础既是权威的社会方言，也有权威地域方言成分（包括伦敦话在内的南部方言），仍体现了权威方言的双重性。[1]

民族共同语的基础方言，有些一开始就具有权威方言的双重性，有些则可能是一开始只有一种权威，其后又发展出来另一种权威。认

【1】德语的情形更有趣。赵元任（1980：109—110）指出：“德国也是方言特多的国家，所以他们就要定一个标准的国音。不过他们不叫标准国音，叫标准舞台音（Bühnenaussprache）。因为在舞台上注意读音，仿佛是德国的一种‘中州音’似的。”“标准的德国音偏向中部的南部一点儿（不是最南的），算是德国音平均的标准（不是柏林音，真正柏林方音也是很怪的）。”标准舞台音是权威的社会方言，“偏向中部的南部一点儿”又是对地域方言的表述。这是不是说明德语的基础方言也具有权威方言的双重性？

识到权威方言的双重性很有意义：第一，在进行民族标准语规划时，应选取具有双重权威性的方言充当基础方言。如果选取的基础方言只具有一种权威性，就要采取一定的语言政策和切实措施，使之尽快具有另一种权威性。第二，在制定共同语的标准时，应当以地域方言和社会方言两个方面作为参照，形成规范标准的“复合参照系”。第三，在对共同语进行规范的具体过程中，应充分考虑地域方言和社会方言两个方面的权威性。

二 现代汉语的权威地域方言问题

（一）语言生活中权威地域方言的变换

在近代汉语向现代汉语发展的历程中，由于北京话的崛起而导致古代“雅正”语言规范所采用的复合参照系发生了分裂。北京古为蓟城，乃秦三十六郡之一的广阳郡的治所。公元938年，辽以蓟城为陪都，称南京或燕京。1153年金迁都于此，称中都。元建都于此，称大都。（参见胡明扬，1999：4）自辽、金、元以来，北京的政治地位促使北京话逐渐崛起，致使当时的官话裂为南北两大阵营，并不断进行着“权势较量”。数百年较量之结果是权威方言的更换，北京话权威地位确立，以南京话为代表的南方官话权威衰减。

以南京话为代表的南方官话，因其与历史上雅言、通语、中原雅音（汴洛音）的密切关系而权威较高，历代朝廷南迁促其成，明代建都南京助其势，可谓当时的“官话正统”。（参见张卫东，2003）北方官话以北京话为代表，发展异常迅速。特别是明代永乐迁都北京，政治中心的变更，使以北京话为代表的北方官话权威猛增。满清入主中原，虽然定满语为国语，但全国通行的实为汉语。雍正六年（1728年）八月初六，雍正皇帝谕令福建、广东教习官话，闽粤两地为此设正音书院，聘请当地驻防旗人任教。（吕冀平主编，2000：46－47；凌远征，1995：6－7）北京话假政令以推行，地位日隆，终于在清代的中晚期成为权威的地域方言。清道光、咸丰年间，朝廷曾欲以北京音为官话正音。（张卫东，2003：96）南方官话逐渐失去权威地域方言的身份，虽然当时还是较权威的社会方言，但权威也早不如当年了。

（二）语言规划中北京话地位的确立

语言规划往往滞后于语言生活。虽然早在清代的中晚期，北京话在语言生活中已是权威方言了，但是，这种现实要在语言规划中反映出来，却要经历一个漫长且曲折的历史过程。

我国现代意义上的语言规划活动，应该说始自清末的切音字运动。1892年出版的卢戆章《中国第一快切音新字》，开启了中国历史上“字画简易”“字话一律”“语言统一”的语文现代化的帷幕。1911年，亦即清王朝的最后一年，学部中央教育会议议决统一国语办法案，指出“各方发音至歧，宜以京音为主。京语四声中之入声，未能明确，亟应订正，宜以不废入声为主。话须正当雅训，合乎名学，宜以官话为主”。（文字改革出版社编，1958：143）这个办法案因清廷倾覆而难以实施，但其宝贵之处是认识到了权威地域方言（北京话）在语言规范中的地位；当然认识还不彻底，保留了一条官话的大尾巴。

就是这种不彻底的认识，也难以顷刻为人接受。民国初年确定国语语音时，仍有主张以闽南话、南京话、湖北话等为标准的。（于根元，1996：68）例如胡以鲁，深受章太炎影响，力倡以“湖北之音”为标准音，理由有二：湖北话乃“古夏声”，且湖北在交通上为“吾国之中心”。（王理嘉，2003：54）1913年5月，以吴稚晖为议长的“读音统一会”正式召开会议，所定的“老国音”基本遵照了1911年统一国语办法案，以北京音为主，但不赞成“取一城一邑之语言强齐天下”，（吕冀平，2000：54）所以保留入声，有浊声母，分尖团音，是个“折中南北，牵合古今”的产物。会议审定了6 500多个汉字的标准国音，审定了600多个李光地《音韵阐微》中没有的所谓的俗字及外来学术新字的国音。审定的办法挺有趣，不是考察这些字在北京的实际读音，而是采用一省一票的“票决制”。（费锦昌主编，1997：24；倪海曙，1948：67）

北京话入声早已消失，其他有入声的方言，入声的状况与读法也各不相同。老国音保留入声，但无法规定入声的调值，只能是各读各调，这在“言文一致”的国语推行中显然是不完备的。1920年，南京高师英文科主任张士一，在其所著《国语统一问题》中明确提出，应当“以至少受过中等教育的北京本地人的话为国语标准”，向老国音提出了挑战，由此引发了语言规划史上有重要意义的、至今还常被人提起的“京国之争”。1924年，国语统一筹备会“决定以漂亮的北京语音为标准音”。1925年，国语统一筹备会推举王璞、赵元任、钱玄同、黎锦熙、汪怡、白镇瀛（白涤洲）组成六人委员会增修《国音字典》，“纯以北京话为标准”的“新国音”正式在理论与实践中确立。（黎锦熙，1933：26－36；王理嘉，2003：27－28）

1955年10月15日至23日，教育部和中国文字改革委员会联合召开了全国文字改革会议，推广普通话是会议讨论的两个重要议程之一。（郭沫若，1955：6；吴玉章，1955：11）教育部部长张奚若在19日下午的全体会议上，作了《大力推广以北京语音为标准音的普通话》的报告，首次以官方名义对普通话进行了这样的表述：“这种事实上已经逐渐形成的汉民族共同语是什么呢？这就是以北方话为基础方言、以北京语音为标准音的普通话。”（张奚若，1955：277）随后的25日至31日，中国科学院在北京召开现代汉语规范问题学术会议，对普通话进行了与张奚若报告相同的表述。（陈望道，1955：219）从语言规范的参照点上看，接连召开的这两次会议对普通话的表述有两大意义：第一，在新的时代巩固了“京国之争”成果。第二，明确提出了基础方言的概念，理论上把权威地域方言的作用由语音领域推展到了词汇和语法领域。基础方言不仅是语音规范的基础，而且也成为词汇和语法规范的基础。[1]这种推展，使现代汉民族共同语的规范参照点从官话中全面摆脱了出来。

现代汉语语音标准的选定过程，也是对权威地域方言的认识过程，对权威地域方言在语言规范中地位的认识过程。即使是“京国之争”之后，人们对语音标准仍是质疑不断。20世纪30年代，胡以鲁反对“照东西各国以首都音为标准语之例”，仍然坚持以湖北话为标准。当时在上海兴起的大众语论争，以及影响颇大的拉丁化新文字运动等，也都认为“不能以某一个地方的口音为全国标准音”。（王理嘉，2003：55）1955年现代汉语规范问题学术会议召开时，学界还在论辩不息。罗常培、吕叔湘（1955：10－11）指出：“新中国成立以后，民族共同语的要求提到了日程上来，语言学者中间展开了关于共同语标准的争论……主张拿北京话做标准的同志们说：能说北京话的人不多，能说普通话的人却很多，应当重视多数人的利益，不能叫多数人去迁就少数人。而且文学语言的书面形式即白话文都是用普通话写的，连文学作品也只有少数是用纯

【1】张奚若（1955：277）：“汉语规范化问题在科学界和教育界曾经进行过并且还在进行着深入的研究，反复的讨论，热烈的争辩。许多人写了论文，发表了意见，中国科学院语言研究所、中国文字改革委员会和教育部还召开了有关这个问题的座谈会。到现在大多数人士已经有了共同的认识：汉语作为整个语言（包括语法和词汇）来说，它的规范应当以经过文学语言（书面语言）加工了的北方话为基础；汉语的发音，应当以北京语音为标准。这两点都是历史演变的结果。”

粹北京话写的。”[1]会议统一了意见[2]，争论便较少见到了。后来对普通话定义有分量的学术质疑，大约是胡明扬先生的《北京话初探》。

三　现代汉语的权威社会方言问题

（一）普通话的语法标准

继1955年10月现代汉语规范问题学术会议之后，1956年2月6日，国务院及时发出了推广普通话的指示。国务院《关于推广普通话的指示》说：“汉语统一的基础已经存在了，这就是以北京语音为标准音、以北方话为基础方言、以典范的现代白话文著作为语法规范的普通话。”[3]这一表述同1955年两次会议比较，不同处是添加了语法规范的标准。

共同语的语法标准问题，早在清末刚提出“国语”时便有论及。例如1910年，资政院议员江谦在《质问学部分年筹办国语教育说帖》中指出：“各国国语，皆有语法，所以完全发表意思之机能。语法之生，虽原于习惯，而条理次序之规定，则在读本。学部编订此项课本，是否兼为规定语法？”（文字改革出版社，1958：117）1911年，学部中央教育会议议决统一国语办法案，调查和编纂的内容都包括语法。（文字改革出版社，1958：143）

1951年6月6日，《人民日报》发表社论《正确地使用祖国的语

【1】这里所说的“普通话”，显然不是指严格以北京语音为标准音的普通话。胡明扬（1999：18—19）认为，其实就是“官话”。但考虑到国语运动、白话文运动的开展，这里的“普通话”与老官话也可能不完全相同，也可能是老国音式的汉语，或是北京音“学得不到家”的汉语（类似于今天所谓的“地方普通话”），抑或这三者都可算在内。
【2】《现代汉语规范问题学术会议纪要》指出：“对于以北京语音为标准音的规定，代表们发言一致拥护。”见现代汉语规范问题学术会议秘书处（1956：227）。
【3】详见现代汉语规范问题学术会议秘书处（1956：249）。

言，为语言的纯洁和健康而斗争！》。社论指出："我国现代语言保存了我国语言所固有的优点，又从国外吸收了必要的新的语汇和语法成分。因此我国现代语言是比古代语言更严密，更富于表现力了。毛泽东同志和鲁迅先生，是使用这种活泼、丰富、优美语言的模范。"社论将毛泽东、鲁迅的作品树立为现代汉语的典范[1]，由此可以隐约看见后来提出的"以典范的现代白话文著作为语法规范"的雏形。

1955年10月召开的全国文字改革会议和现代汉语规范问题学术会议，虽然没有在表述中用一句话来明确普通话的语法标准，但理论上已经有清醒认识："现代汉语的规范就是现代的有代表性的作品里的一般用例。为什么不说一般用例，而说是有代表性的作品里的一般用例？这是因为有各种各样的作品，有看过就丢开的作品，有长久传诵的作品，在规范的巩固和发展上无疑问地是后者起着决定性的作用。为什么不只说是有代表性的作品的用例，而又加上'一般'二字？这是因为即使都是有代表性的作品，不同作者甚至同一作者的用例也不是处处一致、永远没有冲突的，因此不得不舍弃其中的比较特殊的而接受其中的比较一般的。至于这些用例必须是现代的，原因也很明显，因为语言是发展的，早一时期的作品，比如《水浒传》和《红楼梦》，无论它的语言多么美好，总是有些地方是不符合现代的用例的。"（罗常培、吕叔湘，1955：13）在此认识的基础上，在普通话表述中添加"以典范的现代白话文著作为语法规范"，真可谓是水到渠成之事。

【1】社论说："毛泽东同志和鲁迅先生都是精于造句的大师。他们所写下的每一句话都有千锤百炼、一字不易的特点。"说"一字不易"，怕是太夸张了点。

（二）语言规范的复合参照系

表面上看，国务院《关于推广普通话的指示》只是为普通话定义添加了明确的语法标准，或者进一步说，由于普通话有了明确的语音、语法标准，“以北方话为基础方言”实际上只能发挥词汇标准的作用。（参见胡明扬，1999：23－25）但若从规范参照点的角度看，它更重要的价值，是在语言规范中引入了权威社会方言这一新的参照点。“典范的现代白话文著作”，显然是指文化水平高、学养好的社会成员的书面语言作品，这种书面语言作品具有权威性，是权威的社会方言。从1925年确认权威地域方言在语言规范中的地位，到1956年又将权威社会方言引入到语言规范中，是中国语言规范理论的一大飞跃。

如果将1956年的普通话定义再推展一步，就构成了由权威地域方言和权威社会方言纵横组合的“复合参照系”，即语音和词汇的规范不能仅参照权威的地域方言，也必须参照权威的社会方言；[1]语法的规范不能仅参照权威的社会方言，也应参照权威的地域方言，即以基础方言的语法为参照点。这样，普通话的基础方言就具有了“权威方言的双重性”，进入了理想状态。

采用复合参照系更有重要的实践意义。北京语音和北方方言的词汇、语法中，都有许多土语成分和歧异成分，规范时怎样剔除这些土语成分，怎样统一这些歧异成分，显然要参照文化水平高、学

【1】在语音规范中，人们早就注意到社会权威方言问题。张士一1920年主张“以至少受过中等教育的北京本地人的话为国语标准”，这“受过中等教育的北京本地人”在当时就是说权威社会方言的阶层。《现代汉语规范问题学术会议纪要》记述了1955年会议关于语音方面的讨论：“岑麒祥说：以北京音为普通话语音的标准是历史发展的结果，北京音内部有些分歧，应当以知识分子的语音为标准。谢尔久琴柯教授说：……在苏联确定莫斯科音为标准音时，也不是以莫斯科所有的话为标准，而是以莫斯科文学家、工人的语言，以苏联最有成就的演员的语音为标准，也就是说以能在语言中作范例的语音为标准。”（现代汉语规范问题学术会议秘书处，1956：227－228）这些讨论也说明了权威社会方言在语音规范中的作用。

养好的社会阶层的语言。同时，普通话的活力还在于它不断吸收古代汉语、方言和外族语（包括外国语）中的有用成分，在于不断地创造出语言的新成分，如新词新语和一些新的语法现象等。吸收这些成分时的规范，对新生语言现象的规范，也必须考虑有权威的社会阶层的语言习惯。

语言规范的基本原则是“约定俗成”，但是在具体操作时应当有权威方言的意识。例如，在制定语言规范时，现在通常要利用语料库考察某些语言现象的使用频率，借以确定“约定俗成”的程度。这种方法比闭目自省要科学得多，但科学的程度却依赖于语料库中语料的选取。从权威方言的角度看，语料库的选料不应是随意的，而应当选取权威社会方言阶层使用权威地域方言时的语料建库，这种权威方言构成的语料库的数据，对语言规范来说才是最有意义的。

胡明扬（1999）对普通话的定义进行过深入的思考，认为：“普通话的基础方言不是哪一个地点方言，也不是泛泛的北方话，而是一种在现代典范的白话文著作影响下通行于北京地区的知识阶层的社会方言。”（15页）“普通话实际上并不完全以北京语音为标准音。……‘普通话’的语音规范实际上是一种北京音和‘官话’音的混合体，并不是真正的‘北京语音’。在审音过程中不少字的‘官话’音已经改成北京音了……但是还有不少字保留了‘官话’音……”（26页）从另外的角度理解胡先生的这些意见，会发现用复合参照系来描述普通话的标准有多么重要，也会发现普通话的规范实践已经参照了权威社会方言，事实上采用的是复合参照系。

（三）权威社会方言的重建

权威社会方言的重建，首先是在语言规范中重建权威社会方言的观念。从官话到“老国音”，再到“新国音”和普通话，其实也可以看做是新的权威地域方言同旧的权威社会方言的竞争，在这一竞争中，新的权威地域方言取得了胜利，使现代汉民族共同语摆脱旧“雅正”标准（以南京话为代表的南方官话）的束缚。但从另一角度看，在语言规范观念上也丢失了权威社会方言的参照点。

审视当今的语言规范观念，不管是社会的语言规范观念、政府的语言规范观念还是专家的语言规范观念，对权威地域方言的作用一般都有较为充分的认识，但是对权威社会方言的作用还认识不足。最近讨论较多的“约定俗成”与学理的关系，以及学界常提的过去语言文字工作中的不尽如人意之处，大都与如何看待权威社会方言有关。应该说，将权威社会方言引为语言规范的参照点，有利于汉语的文化传承，有利于提高现代汉语的文化品位，有利于树立现代汉语标准语的权威，有利于重塑社会语言文字的荣辱观，有利于新的“雅正”语言观的形成。

权威社会方言的重建，其次是在语言实践中重建权威社会方言的典范样品。清末以来，特别是“五四”运动以来，传统上的权威社会方言在语言规范中常处于被革命的地位，文言文被推下书面语的统治宝座而代之以白话文。传统上的权威社会方言的失落，无疑具有历史的合理性，有利于现代文化的建设和现代汉民族共同语的形成与发展。在将近百年的时间里，汉语经历了重建共同语的伟大历程。在这伟大的历程中，现代汉语的书面语拥有了许多经典样品，例如毛泽东、鲁迅、老舍、茅盾、巴金等人的作品。这些经典样品，堪称现代汉语权威方言的代表，对现代汉语的规范起了基柱作用。

20世纪80年代以来，随着改革开放、科技进步、教育和电影电视逐步普及，特别是因特网的快速发展，汉语发生了并正在发生着巨大变化。外来词语、新生词语接踵而至，南方方言和海外华人社区的语言较多较快地进入民族共同语。年轻人的语言，特别是网络上的语言，正以时髦语言的身份影响大众的语言生活。由于一些社会思潮的影响，在某些语言使用圈子中出现了“去权威化”的语言观念。这种种新情况，使得当年形成的现代汉语经典样品的典范作用有所减弱，权威社会方言有重新失却的可能性。

罗常培、吕叔湘（1955：14）指出：“语言的规范必须寄托在有形的东西上。这首先是一切作品，特别重要的是文学作品，语言的规范主要是通过作品传播开来的。……所以作家的运用语言不能不特别审慎。”权威社会方言的作品，在语言规范中具有十分重要的作用，在语言生活迅速发展变化的今天，应当有适合新时代的语言精品。这些语言精品可能从优秀作家的作品、政府用语（包括重要领导人的作品）和权威媒体的语言中产生，其中的佼佼者有可能成为新时代权威社会方言的代表。确立新时代汉语的权威样品，需要各领域语言使用者用心追求语言使用的艺术，也需要语言学工作者、教师和大众媒体去发现去培育。时代呼唤新世纪的语言大师。

主要参考文献

陈望道 1955《现代汉语规范问题学术会议总结》，现代汉语规范问题学术会议秘书处（1956）。

戴昭铭 1988《规范语言学探索》，上海三联书店。

郭沫若 1955《为中国文字的根本改革铺平道路》，全国文字改革会议秘书处编《全国文字改革会议文件汇编》。

郭 熙 1999《中国社会语言学》，南京大学出版社。

胡明扬 1985《语言与语言学》，湖北教育出版社。

——— 1999《北京话初探》，商务印书馆。

季羡林等 1988《中国大百科全书·语言文字》，中国大百科全书出版社。

黎锦熙 1933《国语运动》，商务印书馆。

李建国 2000《汉语规范史略》，语文出版社。

李宇明 2002《清末文字改革家的方言观》，《方言》第3期。

凌远征 1995《新语文建设史话》，河南大学出版社。

鲁国尧 1991《“方言”和〈方言〉》，鲁国尧《鲁国尧语言学论文集》，江苏教育出版社，2003。

吕冀平主编 2000 《当前我国语言文字的规范化问题》，上海教育出版社。

罗常培、吕叔湘 1955 《现代汉语规范问题》，现代汉语规范问题学术会议秘书处（1956）。

倪海曙 1948《中国拼音文字运动简编》，时代书报出版社（上海）。

《人民日报》 1951 《正确地使用祖国的语言，为语言的纯洁和健康而斗争！》，《人民日报》6月6日。

王 均主编 1995 《当代中国的文字改革》，当代中国出版社。

王理嘉 2003《汉语拼音运动与汉民族标准语》，语文出版社。

文字改革出版社编 1958 《清末文字改革论集》，文字改革出版社。

吴玉章 1955《文字必须在一定条件下加以改革》，全国文字改革会议秘书处编《全国文字改革会议文件汇编》。

现代汉语规范问题学术会议秘书处 1956 《现代汉语规范问题学术会议文件汇编》，科学出版社。

邢福义主编 2000 《文化语言学》（增订本），湖北教育出版社。

于根元 1990《新时期的推广普通话工作》，语文出版社。

——— 1996《二十世纪的中国语言应用研究》，书海出版社。

张清常 1990《胡同及其他》，北京语言学院出版社。

张卫东 2003《近代汉语语音史研究的现状与展望》，《语言科学》第2期。
张奚若 1955《大力推广以北京语音为标准音的普通话》，全国文字改革会议秘书处编《全国文字改革会议文件汇编》。
赵元任 1980《语言问题》，商务印书馆。

［原载《清华大学学报》（哲学社会科学版）2004年第5期］

论母语

零 引言

（一）国际社会对母语问题的重视

母语（Mother Tongue）在人生发展和群体的语言保持（Language Maintenance）中具有重要地位。因此，当代的语言规划者乃至政治领袖们，在进行语言规划乃至政治策划时，都会直接或间接地涉及到如何对待母语和处置母语的问题。

联合国教科文组织1951年曾经组织专家，讨论母语在教育中的应用问题，专家会议的报告在结论中这样写道："母语是一个人进行自我表达的天然工具，他的首要需求之一就是充分发挥自我表达的能力。""每个学生在开始接受正规教育时都应使用其母语。"（周庆生主编，2001：525）

自此之后的50年来，母语问题已经成为国际社会经常讨论、十分关注的重要问题。多数学者和一些国际组织认为，学习、使用和发展母语，是个人或群体的重要的语言人权（Language Human Rights），呼吁并且正在着手制订语言人权的世界宣言。

1987年10月，国际跨文化交际协会与联合国教科文组织在巴西的莱塞弗市，共同组织了一次"人权与文化权利"国际研讨会，通过了《莱塞弗宣言》。宣言指出："联合国各成员国的相应机构应对个人与群体的语言人权提供明确的法律保护。""建议联合国采取步骤，通过并实施一项语言权利世界宣言。应重新制定国家、地区和国际的语言政策。”会议通过的预备性宣言《语言权利决议》指出：“每个儿童都有充分学习本群体语言的权利。”

国际现代语文教师联合会（FIPLV）1989年、1990年和1991年，在巴黎和匈牙利的佩斯召开了联合国教科文组织的后续会议。该联合会发布的《语言权利世界宣言》草案中提到了人的母语权利。（周庆生主编，2001：303－304）

2001年9月5日至8日，在日内瓦召开的联合国教科文组织第46届国际教育会议，再次强调初等教育应该使用学生母语，认为如果使用非母语教学，会对学生学习造成严重的障碍。[1]

（二）母语的传统解释

母语问题如此重要，但是，究竟什么是“母语”呢？

《现代汉语词典》（第五版）对母语的解释是：“一个人最初学会的一种语言，在一般情况下是本民族的标准语或某一方言。”[2]

联合国教科文组织1951年把母语也称为“本族语”，认为母语或本族语是指“人在幼年时习得的语言，通常是思维和交际的自然工具”。（联合国教科文组织，1953：513）

这两个关于母语的解释反映了国内外对母语的一般看法，为方便起见可称为“母语的传统解释”。将这两种解释综合起来，可以概括为如下要点：

1. 母语是从个人的角度来看的，或者说母语是属于个人的。

【1】详见中国联合国教科文组织全国委员会秘书处编（2001：32）。

【2】“母语”在汉语中是个多义词，它的另一个含义，《现代汉语词典》（第五版）的解释是：“有些语言是从一个语言演变出来的，那个共同的来源，就是这些语言的母语。”这一含义不在本文的讨论范围之内。

2．母语是人的第一语言（First Language）。

3．母语一般情况下就是本民族的语言。

4．母语可以是民族的标准语或民族语的某一方言。

5．母语通常是思维和交际的自然工具。

审视传统解释的几个要点，有以下几个问题需要提出：

A．母语与民族语是什么关系？方言可以称为母语吗？

B．第一语言都是母语吗？母语与第一语言是相同的概念吗？

C．母语是属于个人的吗？

D．母语在什么情况下是、在什么情况下不是“思维和交际的自然工具”？

本文试图通过各种有关母语的复杂情况的分析，为母语设置一个比较合适的定义，对A－D的提问给出回答。

一　单一语言群体的母语问题

（一）语言类型

《现代汉语词典》认为，母语“在一般情况下是本民族的标准语或某一方言。”这里所谓的“一般情况”，大约是指单一的语言群体而且儿童习得的第一语言是本族语的状况。要研究单一语言群体中儿童习得本族语的状况，需要看看单一语言群体的语言情况。

首先应说明的是，民族标准语与民族共同语概念不同。标准语是指有明确标准的规范化程度较高的共同语，是共同语的高级形式，一般以规范的书面语为代表。有的民族有共同语但没有标准语。例如撒拉语，内部分为街子土语和孟达土语。街子土语分布在青海省循化县的苏只、街子、清水、白庄和化隆县的甘都等地，使用人口较多；孟达土语分布在循化县的孟达大庄、木厂、塔沙坡等地，使用人口较少。各地的撒拉语可以相互通话，不构成方言差别。学术界虽然常用街子土语来描写撒拉语，但事实上撒拉语并没有形成民族的标准语。[1]本文一般情况下使用民族共同语的概念，需要时才提及标准语。

根据民族共同语和方言的不同发育状态，可以将语言划分为3种基本类型，如表所示：

	方言	共同语
I	−	+
II	+	−
III	+	+

语言类型I：没有方言分歧，只有民族共同语。

例如东乡语，内部虽然有锁南坝土语、汪家集土语和四甲集土语等，而且这些土语的语音或某些词语存在些许差异，但是还不至于构成方言差别。（刘照雄，1981：1－5）这种类型的语言，有的没有形成民族标准语。中国社会科学院民族研究所（2000：279）明确认为，东乡语没有民族标准语。撒拉语、仫佬语、毛南语等也是如此。（王均、郑国乔，1980；梁敏，1980）

有的则形成了民族标准语。例如水语，有三洞土语、阳安土语和潘洞土语，但并不构成方言差异。水族有传统的“水书”，但只是巫师用来择日、召神、看风水，老百姓不懂不用，算不得水族的文字。（张均如，1980）20世纪50年代末制定水语拼音文字，以三都水族自治县的三洞土语为民族语的标准。中国社会科学院民族研究所（2000：107）明确认为，水语的标准语是三洞土语。再如布依语，内部分为黔南、黔中和黔西三个土语区，但这些土语不构

【1】详见林莲云（1985）和中国社会科学院民族研究所（2000：262）。

成方言差异。布依语过去没有文字，1956年创制了布依文，并确定以龙里县羊场话为布依文的语音标准的参照。（喻翠容，1980）当然，由于水语和布依语的拼音文字使用得并不普遍，这两个民族的标准语发育得并不充分。

此外，理论上说，一些共同语推广较为充分的较大的语言社团，也可能出现这种情况。

语言类型II：有方言分歧，没有形成民族共同语。

这种语言社团的交际方式，是使用各种各样的方言口语，或者使用外族语。例如赫哲语，内部分为奇勒恩方言和赫真方言，说赫真方言的人基本上都在俄罗斯境内。赫哲语没有形成民族共同语，也没有书面语。在清代，赫哲人曾经使用过满文。现在，中国境内的赫哲人把汉语的口语和书面语作为交际工具，已较少使用赫哲语。（安俊，1986：1－2）再如基诺语，有攸乐、补远两种方言，两种方言之间通话有困难。没有民族共同语，不同方言的基诺人交际使用汉语。[1]类似的情况还有黎语、普米语、阿昌语等。（欧阳觉亚、郑贻青，1980；陆绍尊，1983；戴庆厦、崔志超，1985）

这种类型的语言，有的有方言文字，并可能形成方言的标准语。例如彝族，是一个拥有300多万人的民族，居住在云南、四川、贵州和广西一带。彝语内部方言分歧很大，有北部方言、东部方言、南部方言、西部方言、东南部方言、中部方言等六大方言。彝语没有通用全族的共同语。彝族历史上曾经使用过属于音节文字类型的文字（又称爨文），但是各地文字的外部形体不同，凉山彝文近似篆书，云贵彝文的字形在篆隶之间；字数多少不同，常用字的写法有所不同，同一字的意义在不同方言中也有所不同。因此

【1】详见盖兴之（1986）和中国社会科学院民族研究所（2000：176）。1983年，基诺区人民政府曾设计了一套基诺语拼音方案，但推行不易。

彝文不是民族的共同语的书面语，而是与一定方言相联系的书面语。（陈士林等，1985）[1]1980年国务院批准实施的《四川彝文方案》，只在四川推行，不能用于整个民族。再如苗语，有黔东方言、湘西方言和川黔滇方言，各方言下面又有次方言或土语。20世纪50年代在为苗语设计文字时，因苗语方言分歧严重，无法设计全民族通用的拼音文字，只得为苗语的不同方言或土语分别创制新文字或改革旧文字，形成了5种适用于不同方言或土语的苗文：黔东苗文、湘西苗文、川黔滇苗文、滇东北苗文和柏格理苗文，并因此形成了苗语的不同方言或土语的标准语。[2]傣语、土家语等与之类似。（中国社会科学院民族研究所，2000：39；田德生等，1986）

语言类型III：有方言分歧，但是形成了民族共同语（有的还形成了民族的标准语）。

现代汉语、英语、法语、俄语、西班牙语、葡萄牙语、日语等在世界上影响较大的语言，大多属于这种语言类型。

当然，这些语言类型的划分是相对的。任何语言内部都会有地域差异，这种差异是否构成方言差异，可能会有不一致的看法。例如，中国社会科学院民族研究所（2000：282）认为，达斡尔语是有方言分歧的语言，内部分为布特哈方言、齐齐哈尔方言、海拉尔方言和新疆方言等。达斡尔共同语以布特哈方言为基础方言，以纳文语音为标准音。但是，仲素纯（1982：1）并不认为达斡尔语有方言分歧："达斡尔族虽然居住比较分散，但语言内部比较一致，不同地区的人彼此通话没有什么困难。在语音、词汇、特别是语法

【1】也许历史上彝文是超方言的，记录的是彝语的共同语，如果彝语在历史上有过共同语的话。
【2】详见王辅世（1985）和中国社会科学院民族研究所（2000：66）

方面差别不大。从已经掌握的材料看，可以把达斡尔语划分为布特哈土语、齐齐哈尔土语。”

（二）语言习得的两种情况

在上述这三种语言类型中，儿童习得语言的情况有两种：

1. 儿童习得的是民族共同语。在语言类型I中，如果不考虑土语差异，儿童只能习得民族共同语。在语言类型III中，有些儿童自幼习得的可能就是民族共同语。例如，我国不少城市儿童，一开始习得的就是普通话，这种现象随着普通话的推广会越来越多。

2. 儿童习得的是方言。语言类型II，由于没有民族共同语，儿童只能习得方言。在语言类型III中，儿童习得的也多是方言，或者是方言与共同语同时习得。

依照母语的传统解释，前一种语言习得情况，儿童的母语是共同语；后一种语言习得情况，儿童的母语是方言，或方言加共同语。

（三）母语和母言

在现实生活中，假如问一个说达斡尔语海拉尔方言的人的母语，他的回答可能是“达斡尔语”，而不一定是“达斡尔海拉尔方言”或“海拉尔话”。当一个说湘方言的人到英国，英国人问他的母语是什么时，这位湖南人的回答很可能是“汉语”。母语的传统解释将方言视为母语，难以圆说这种语言认同现象。

要解释这种现象，应当区分“语”和“言”。“语”是语种的意思，指的是民族共有的语言，是在民族这一层面上对语言的表述；“言”指方言，是语种的地域变体，是在民族之下的亚文化社团的层面上对语言的表述。语与言的关系，是民族的语言与民族内部的地域方言间的关系。

依照语与言的区分，相应地可以进一步将统而言之的“母语”再区分为“母语”和“母言”。当说一个人的母语是什么时，问题的指向是民族共同语；当说一个人的母言是某某方言时，问题的直接指向是民族共同语的地方变体，但也隐含着某人的母语是民族的共同语。例如，一个从小习得湘方言的儿童，他的母言是湘方言，但是他的母语仍然是现代汉民族共同语。

这种看法也适用于语言类型II，如上面提到的赫哲语、基诺语、彝语和苗语。一个还没有形成共同语的民族，理论上应该认为这个民族有自己民族的共同语：[1]

理由之一，当把某种话称为某个民族的方言时，民族心理上已经有语种的概念存在，因为方言与民族共同语是相互依存的概念。这时的民族语虽然不具有语言的现实性，但是却具有心理的现实性；

理由之二，只要具备一定的条件，民族共同语会在该民族的某一方言的基础上形成。比如壮语，分为南北两大方言，南部方言又分为邕南土语、左江土语、德靖土语、砚广土语和文马土语等，北部方言又分为桂北土语、柳江土语、红水河土语、邕北土语、右江土语、桂边土语、丘北土语和连山土语等。20世纪50年代，以北部方言的武鸣话为标准语的基础，制定了壮语共同语的标准，并在此基础上创制了拼音壮文。（中国社会科学院民族研究所，2000：55）在民族共同语的标准制定之前，虽然壮族没有共同语，许多方言差异很大，相互通话都比较困难，但是人们还是承认有一个壮语存在。在共同语标准建立之前或之后，壮族人的母语都会被认为是壮语。

【1】一个民族具有两种或两种以上的语言，是另外一种情况。本文将此作为遗留问题。详见本文结语的“遗留问题二”。

民族共同语发展到较高阶段的表现，是具有以共同语的书面语为规范的标准。没有书面语，是难以形成共同语的口语的；即使在没有共同书面语的情况下可以形成共同语的口语，这种口语也是不怎么发达的。因此，在共同语高度发达的语言群体中，母语不仅指民族的口语，而且也应包括其书面语，虽然书面语是通过教育来获得的。

区分母语与母言，不完全是学术上的“钻牛角尖”。在一些方言势力较为强大、方言社区具有相对独立性的情况下，正确对母语进行表述具有重要的社会意义，比如母语权利的认定问题。由于母语涵盖母言，代表母言，因此，所谓母语权利主要是关于民族语的权利，而不是关于母言的权利。国际上提倡的母语教育或本族语教育，应当明确是提倡用民族的共同语进行教育，而不是提倡方言（母言）进行教育。

例如，在新加坡，华语（即普通话）是华族（即汉族）的共同语，华族儿童的母语当然是华语而不是各种汉语方言。再如台湾，某些人正在大力鼓吹“本土教育”，用汉语的闽南方言（或称河洛话）、客家方言等编写乡土教材，并强令儿童学习。在教材中反映乡土内容和方言文化，当然应该，但是教学用语应当采用民族共同语（即台湾所说的国语），这是由人们的母语权利决定的。又如香港，多数人的母言是粤方言，但是其母语仍然应当看做是汉民族共同语。多年来，用普通话教学还是用粤方言教学，在香港有不少的探索与争论。粤方言有方言书面语，但是粤方言的书面语并不像一些人所说的那么发达，而且在香港使用最多的正式书面语，如报纸、教科书等，仍然是现代汉民族共同语的书面语，虽然这种书面语中融进了香港社区的特点。用粤方言还是用普通话进行教学，其实主要是语音问题，词汇和语法问题在其次。关于母语、母言的区分，对于香港探讨教学语言的问题，对于香港人的母语表述，都是有意义的。

二　双语社会和双语家庭的母语问题

语言与群体的关系相当复杂，语言生活和语言获得现象也异彩纷呈。这些领域中有更多的问题需要讨论，双语社会和双语家庭便是其中两个问题。

（一）双语社会

世界上有不少民族通行双语（包括多语），从而构成双语社会（包括多语社会）。例如畲族，毛宗武、蒙朝吉（1986：1）指出，据1982年的统计，畲族人口约为368 000人。中国社会科学院民族研究所（2000：149－150）认为，畲语历史上曾有几十万人使用。但是现在畲族的绝大多数人都转用了汉语，畲语只在广东的惠东、海丰、博罗、增城等四县的十几个自然村中使用，其中只使用畲语的单语人只有197人，使用畲语和汉语的双语人有722人。再如居住在中国的乌孜别克族、赫哲族、操西部裕固语的裕固族、侗族、布依族、锡伯族、土族等，几乎没有单操母语的单语人，他们都是双语人或多语人。（中国社会科学院民族研究所，2000）

周庆生（2000）仔细研究了中国各民族的双语问题，根据双语人口比例，将中国少数民族操双语的情况分为双语普遍型、双语发展型和双语收缩型：

1．双语普遍型。双语人口占民族总人口的50%（含）以上者。这样的民族有14个：鄂温克族、达斡尔族、裕固族、京族、保安族、壮族、撒拉族、布依族、白族、东乡族、纳西族、柯尔克孜族、仫佬族和基诺族。

2．双语发展型。双语人口占民族总人口的15%－50%者。这样的民族有29个：黎族、朝鲜族、土族、羌族、普米族、鄂伦春族、塔吉克族、珞巴族、毛南族、哈尼族、彝族、傣族、德昂族、阿昌族、景颇族、乌孜别克族、瑶族、水族、拉祜族、布朗族、蒙古族、佤族、苗族、侗族、锡伯族、怒族、塔塔尔族、门巴族和傈僳族。

3．双语收缩型。双语人口占民族总人口的15%（不含）以下者。其中一类称为“双语萎缩型”，年轻人已放弃了本族语，只有老年人或壮老年人使用本族语（或再使用一种外族语），如赫哲族、仡佬族、土家族、畲族和满族。另一类称为“双语萌发型”，是老年人或壮老年人只懂本族语，年轻人操双语，如独龙族、藏族、哈萨克族和维吾尔族。[1]

双语社会中，特别是属于双语普遍型和双语萎缩型的民族，儿童获得语言的情况可能有三种：

A．先获得本民族的语言。到了教育年龄或成为青年后再获得其他语言；

B．两种或多种语言一同习得；

C．只获得外民族语言，不习得本民族语言。

属于类型A的儿童，其母语就是本族语。属于类型B的儿童，依照上面提到的传统解释，其母语应当是本族语以及同时习得的外族语，这显然是不妥当的。比如广东四县那十几个自然村的畲族儿童，几乎从小就习得了畲语和汉语，甚至是只习得汉语，但不管是畲族人还是外族人，大约都只会把畲语看做这些畲族儿童的母语。母语是指向民族语的，不能简单地把最初获得的语言都看做母语。

【1】“双语萎缩型”和“双语萌发型”性质上有很大不同，严格来说，不应归为“双语收缩型”一个类型中。

属于类型C的儿童的母语问题，留待下一节《语言失却》中讨论。

（二）双语家庭与双母语

世界上也可能存在“双母语”（包括多母语）现象。双母语现象可能出现在双语（包括多语）家庭中。在民族杂居和移民社会中，异族通婚常会形成家庭双语现象（包括家庭多语现象）。随着地区和世界性人口移动的加剧，双语家庭越来越多。

在双语家庭中，儿童很可能自然而然地习得双语。据《光明日报》2002年6月21日报道，加拿大多伦多市有个名叫艾琳的四岁女孩，其母亲的母语是汉语，其父亲的母语是西班牙语，父母之间交谈用英语。按照父母亲的语言教育计划，母亲对艾琳说汉语，父亲对艾琳说西班牙语，于是艾琳先获得了汉语和西班牙语。三岁之后，艾琳又掌握了英语。艾琳同母亲或母亲一方的亲友交谈时用汉语，同父亲或父亲一方的亲友交谈时用西班牙语，与小朋友交谈时用英语。

像艾琳这样的双语（包括多语）儿童，哪种语言是他的母语，取决于家长、社会对其民族身份的认定，或者是儿童的民族身份的自我认同。如果其民族身份认同于父亲，那么父亲的语言就是其母语；如果其民族身份认同于母亲，那么母亲的语言就是其母语。这种情况下，儿童的母语仍然是单母语。但是完全有这样的可能性：儿童的家长或社会不确定儿童的某一特定的民族身份，而且儿童自己也没有非要属于母亲一族或父亲一族的民族倾向，那么，这种情况下，儿童获得的两种或多种语言都是母语，出现双母语或多母语现象。艾琳很可能就是个双母语（或三母语）获得者。芬兰的社会语言学家托弗·斯库特纳布·坎加斯（Tove Skutnabb-Kangas）、丹麦的社会语言学家罗伯特·菲利普森（Robert Phillipson），在他们合著的《语言人权的历史与现状》的注释中说："有的人可能有两种以上的母语……本文中的'母语'，应当理解为'一种或几种母语'。"（托弗·斯库特纳布·坎加斯、罗伯特·菲利普森，1994：307）

双母语现象也说明母语是民族层面上的概念，不能简单地把最初获得的语言与母语等同。

三 母语失却

"母语失却"，指由于某种原因而不能习得母语或不能使用母语。因外力强制造成的母语失却，称为"母语剥夺"。母语失却存在于语言生活的许多层面。比如中日甲午战争后日本统治台湾，不准台湾人民使用汉语，不准台湾儿童接受母语教育，实行母语剥夺的语言政策。（平高文也，1992）巴西社会语言学家爱德华多·埃尔南德斯·查韦斯（Eduardo Hernandez-Chaves）在《语言政策在美国：文化种族灭绝史》一文中指出，美国在历史上曾经对当地印第安人实行种族灭绝政策，除了杀戮之外，还把印第安儿童强行送进寄宿学校，进行语言和文化同化。在寄宿学校中，儿童使用本族语便会受到严厉惩罚。（爱德华多·埃尔南德斯·查韦斯，1994：147）

（一）个体型的母语失却

本文讨论母语失却，限定在幼年语言习得的层面上。就此层面而言，母语失却大体上可以归为两大类型：个体型的和群体型的。先看个体型的。

个体型的母语失却，是指儿童的民族语还在其群体中使用，但个体由于各种各样的原因而没有习得父母语，或没有把父母语作为第一语言习得。发生这种情况的原因主要有四：

1．从小被外族人收养，且收养人无法提供或不愿提供母语习得的环境。

2．从小生活在孤儿院或其他慈善机构中，慈善机构无法提供或不愿提供母语习得环境。

3．父母亲或监护人由于客观的压力或主观语言态度（Language Attitudes）等原因，不让下一代习得母语。

4．政府或其他社会机构实行语言同化政策，剥夺儿童习得母语的机会或权利。

这些原因的性质是不同的。收养人、慈善机构不愿提供母语习得环境，父母亲或监护人因客观的压力而不让下一代习得母语，还有第4条，都属于母语剥夺性质，是不人道的。收养人和慈善机构无法提供母语习得环境，是力不从心，但应逐步创造条件。[1]父母亲或监护人因主观语言态度不让下一代习得母语，是自动放弃母语，是允许的。

（二）语言转用

群体型的母语失却，是由于群体的语言转用（Language Shift）或语言死亡（Language Death），儿童无从习得母语。先说语言转用。

语言转用是指语言群体放弃原来的语言而采用另外一种语言。例如满族，其民族语是满语，但是经过几百年与汉族的接触和融合，多数满族人都放弃了满语而使用汉语，会说满语的人只占整个民族的0.01%。中国社会科学院民族研究所（2000：296－297）指出，现在只有黑龙江省富裕县三家子村，泰来县依布气村，黑河

【1】据报道，一些美国人领养中国孤儿，并陪伴这些孤儿到当地开办的汉语学校学习，其行为其精神令人感佩。

市的爱辉镇、大五家子、蓝旗村、卡伦山，孙吴县四季屯等为数不多的村镇中的70岁以上的老人，还会说满语。满族已经基本上实现了语言转用。周庆生（2000）所说的双语萎缩型的民族，都是正在进行或即将实现语言转用的民族，这些民族语言是濒临灭亡的语言。[1]

在实现了语言转用或即将实现语言转用的民族中，儿童一般都不再能习得到本族语，而是从小就习得外族语，而且如果没有特殊需要或发生特殊情况，他们也不再学习本民族的语言。例如今天绝大多数的满族儿童，从小就习得汉语而不习得满语，并且一般情况下将来也不会再去学习满语。

（三）语言死亡

语言死亡是指某语言长时期无人使用而灭亡。造成语言死亡的主要原因是：

1．整个民族彻底地实现了语言转用；

2．由于战争、饥荒、疾病、水患等灾难或强势社团的民族灭绝措施而导致民族群体的死亡；

3．民族群体被驱散而无法保持民族语。

死亡的语言，有的彻底从世界上消失，有的存在一些语言遗迹，有的则以书面语的形式在宗教等特殊场合使用。希伯来语就是语言死亡的一个例子：

【1】李宇明（1997）指出：在方言、语言的相互接触中，一些汉语的土话和一些少数民族语言正在消亡。采取紧急措施抢救这些濒临消亡的语言和土语，已是刻不容缓。因为语言不同于其他东西，一旦消亡便不能复活也无法复制，语言消亡也将带来文化、次文化的消亡或“化石化”。当前，愈来愈多的人已经认识到了环境保护、物种保护、水土保护、文物保护等的重要性和迫切性，社会宣传的力度、采取的保护措施和投入的人力精力都比较大。但是非常遗憾的是，却很少有人意识到语言保护的重要性和迫切性。

大约自公元200年起，由于犹太人被驱赶出家园在世界各地流浪，希伯来语就不再用于日常交际，只是作为一种书面语言用做宗教祷告和研究圣书，有时也用于法律、科学、哲学以及世俗文学的写作。直到19世纪80年代埃利泽·本·耶胡达开始提倡复兴希伯来语，希伯来语才死而复生。在大约1 700年的历史长河中，希伯来语出现了语言死亡，犹太人在世界各地讲着不同的语言。（罗伯特·库珀，1985）犹太民族的儿童在这1 700年中所习得的自然不是希伯来语，而是其他民族的语言。

（四）母语认同

母语失却的儿童，他们还有母语吗？如果认为他们自幼所习得的语言就是他们的母语的话，就不好解释希伯来语死而复生的现象。100多年来，犹太人为恢复民族语进行了艰苦不懈的努力，并最终获得了成功。

解释这一现象，需要使用母语认同（Linguistic Identity）这一概念。母语认同，即儿童的父母认为什么语言是儿童的母语，或儿童长到一定年龄之后自认为什么语言是他的母语。母语认同其实也就是民族语言的认同。如上面举出的满族和犹太民族的例子，如果满族儿童和犹太儿童，分别把满语和希伯来语作为母语，他们获得的第一语言就不是母语，从而造成母语的失却，由于母语情感的作用，人们必然会为争取获得母语的权利而努力。犹太人当年开展的语言运动，根本原因在此；语言强迫同化政策所带来的被同化民族的拼死反抗，原因也在此。

当然，也许有些儿童的家长或儿童抱有另外的看法，把习得的第一语言就看做母语。这其实是把儿童所习得的语言就看做了自己的民族语言，对已经转用或事实上本民族正在使用的语言，发生了民族语言的新的认同。

但不管是哪种情况，都说明母语不是个纯粹的语言学上的概念，而是民族学领域里的概念。母语失却现象的存在，有力地说明“第一语言”与“母语”这两个概念不是等同的。在内涵上，第一语言指的是获得语言的顺序，而母语不完全是一个获得语言的顺序问题。在外延上，两者所指称的对象是交叉关系，虽然在一般情况下两者的交叉面相当大。第一语言是语言学的概念，而母语则更多地牵涉到民族学问题。

母语失却以及前面讨论的现象也说明，母语不仅是属于个人的，也是属于民族的。因为：第一，母语依赖于民族语言的认同，母语就是民族语。联合国教科文组织1951年把母语也称为“本族语”，是有道理的。第二，与民族血脉相连的民族语言，也常被称为民族的母语。例如，汉族人的母语是汉语，俄罗斯人的母语是俄语，等等。民族语言或曰民族母语的保持，靠一代一代人的母语习得。因此，母语属于个人的人权，也属于民族群体的人权，他人不应剥夺，除非个人或群体自动放弃母语。

四　结语

1．母语是个民族领域的概念，反映的是个人或民族成员对民族语言和民族文化的认同，或者说是“民族忠诚”。母语直接指向民族共同语，但不指向共同语的地域变体。方言只能称为母言，不应视为母语。母语既是个人的，也是民族的。母语权力不可剥夺，但是，个人和群体也有自愿放弃母语而使用其他语言的权利。

2．第一语言与母语不是等同的概念。第一语言可能是母语也可能不是母语，母语不取决于语言获得顺序，甚至也不取决于语言的是否获得。在双语家庭中，可能出现双母语的现象；在语言转用、语言死亡及其他特殊状况下，也可能出现母语失却的现象。

3．第一语言是人们“思维和交际的自然工具”，或曰“自我表达的天然工具”。对于母语失却者或第一语言不是母语者来说，母语并不是“思维和交际的自然工具”或“自我表达的天然工具”。对于同时获得双语或多语者来说，这两种或多种语言都是他的“思维和交际的自然工具”或“自我表达的天然工具”。因此，笼统地提倡母语教育，并不合适。教育语言的选择，应由儿童的父母（包括监护人）或民族来决定，而不是机械地简单地强调母语教育。

4．本文遗留的两个问题。

问题一，没有民族语言的民族。有的民族，从民族形成的那一天开始就采用他民族的语言作为自己的语言。例如我国回族的先民，大约在公元7世纪中叶起，陆续从阿拉伯、波斯来到中国，500多年以后蒙古人征服了中亚各国，又有大批穆斯林工匠和商人进入中国，并成为回族先民的主体。回族先民到中国，一开始讲着各自家乡的语言，使用阿拉伯语和波斯语的占多数，也有少数使用维吾尔语。后来在民族形成的过程中，他们逐渐转用汉语，汉语成为回族的整个民族使用的语言。回族的母语是什么？是回语吗？但是，并不存在一个不同于汉语的“回语”，回族先民的语言各不相同，不存在统一的语言。那么，回族的母语是汉语吗？

问题二，有些民族的语言不止一种。例如，瑶族的民族语言有勉语、布努语、拉珈语三种，景颇族的民族语言有景颇语、载瓦语两种，门巴族的民族语言有仓洛门巴语、错那门巴语两种，裕固族的民族语言有西部裕固语、东部裕固语两种。（周庆生，2000；马学良主编，1981）这些民族没有形成民族共同语，一个民族的两种或多种语言，分别为不同的支系和地区的民族成员所使用。一个民族的不同语言，有时差别很大。例如，西部裕固语属于阿尔泰语系突厥语族，东部裕固语属于阿尔泰语系蒙古语族；景颇族的景颇语和载瓦语都属于汉藏语系藏缅语族，但景颇语属于景颇语支，载瓦语属于缅语支；瑶族的三种语言都属于汉藏语系，勉语属于苗瑶语族瑶语支，布努语属于苗瑶语族苗语支，拉珈语属于壮侗语族水语支。这种“双语”或“多语”现象同一般的双语（或多语）现象不同，这些不同的语言都是本民族的语言，而在民族双语现象中，有一种语言是民族语，另外的语言是外族语。不容忽视的是，一个民族有两种或两种以上的民族语，并不是个别现象。周庆生（2000：98）指出：我国有56个民族，80多种语言；苏联1979年人口普查时有101个民族，130种语言；当代全世界约有2 000个民族，有5 000－6 000种语言。[1]在这样的民族中，儿童的母语是什么？

解决这些遗留问题的思路，也许还是要考虑这些民族自己的母语认同。

主要参考文献

爱德华多·埃尔南德斯·查韦斯 1994《语言政策在美国：文化种族灭绝史》，周庆生主编（2001）。

安　俊 1986《赫哲语简志》，民族出版社。

陈士林等 1985《彝语简志》，民族出版社。

戴庆厦、崔志超 1985《阿昌语简志》，民族出版社。

盖兴之 1986《基诺语简志》，民族出版社。

李宇明 1997《语言保护刍议》，深圳语言研究所编《双语双方言（五）》，汉学出版社。

联合国教科文组织 1953《本地语在教育中的应用：联合国教科文组织1951年专家会议报告》，周庆生主编（2001）。

梁　敏 1980《毛南语简志》，民族出版社。

【1】中国、苏联和全世界民族的个数和语言的种数，不同的文献有不同的说法。但是，民族个数少、语言种数多的事实是的确存在的。

林莲云 1985 《撒拉语简志》，民族出版社。
刘照雄 1981 《东乡语简志》，民族出版社。
陆绍尊 1983 《普米语简志》，民族出版社。
罗伯特·库珀 1985 《研究语言传播所用的分析框架：以希伯来语为例》，《国际社会科学杂志》1985年第2卷第4期。
马学良主编 1981 《语言学概论》，华中工学院出版社。
毛宗武、蒙朝吉 1986 《畲语简志》，民族出版社。
毛宗武、蒙朝吉等 1982 《瑶族语言简志》，民族出版社。
欧阳觉亚、郑贻青 1980 《黎语简志》，民族出版社。
平高文也 1992 《日本的语言传播政策》，周庆生主编（2001）。
田德生等 1986 《土家语简志》，民族出版社。
托弗·斯库特纳布·坎加斯、罗伯特·菲利普森 1994 《语言人权的历史与现状》，周庆生主编（2001）。
王辅世主编 1985 《苗语简志》，民族出版社。
王 均、郑国乔 1980 《仫佬语简志》，民族出版社。
张均如 1980 《水语简志》，民族出版社。
中国联合国教科文组织全国委员会秘书处编 2001 《我国参加联合国教科文组织重要活动文件汇编》。
中国社会科学院民族研究所 2000 《世界语言报告（中国部分）》。
中国社会科学院语言研究所词典编辑室 1997 《现代汉语词典》（修订本），商务印书馆。
仲素纯 1982 《达斡尔语简志》，民族出版社。
周庆生 2000 《语言与人类》，中央民族大学出版社。
周庆生主编 2001 《国外语言政策与语言规划教程》，语文出版社。

［原载《世界汉语教学》2003年第1期］

关于中小学“双语教学”的思考*

双语现象（Bilingualism）[1]是双语教育（Bilingual Education）产生的基础。双语现象自古存在，但对双语问题的研究却仅有百年历史。随着双语问题研究的进展，产生了当今对双语教育的重视。双语教育是一个系统，它的中心环节是双语教学（Bilingual Teaching），围绕双语教学还有一系列配套的制度、条件、举措等等。学界常将“双语教育”和“双语教学”混用不分，其实从理论到实践都不容忽视二者的差别。[2]

双语教学在我国有悠久历史，但自觉关注双语教学，却自20世纪80年代的少数民族教育改革始。（参见戴庆厦等，1999：139－165）民族双语教学所使用的双语，是本民族语和普通话，可称为“民汉双语教学”。随着国家的改革开放，为加强少数民族学生的外语教学，一些民族学校在原来双语教学的基础上，开始探索“民族语—汉语—外语”三语教学。（参见关辛秋，1996）

---

* 本文曾在湖南大学“第一届岳麓语言获得研讨会”（The First Yuelu Language Acquisition Workshop，2003年12月12至14日）上宣读。此次发表时作了较大幅度的修改。此文还被收入《语言文字应用论文集（第二集）》（语文出版社，2004）。

【1】多语现象（Multilingualism）是双语现象的复杂化，本文的“双语现象”在一些时候也包括多语现象，“双语”在一些时候也包括“多语”。

【2】戴庆厦等（1999：172－174）曾经讨论过“双语教育”和“双语教学”的诸多问题，可参看。

此时，汉族学校也正谈论外语的重要性和如何加强外语教学的问题，在民汉双语教学的启发下，在海外一些国家和地区“双语教学”的影响下，有人提出并开始在汉族学校进行“汉语－外语”双语教学。有些学者在讨论地方语言规划（Language Planning）时，提出过实行双语制、普及英语教育的主张，认为普及英语教育应“以早期施教为重点，从小学开始加大英语教学量，完善教学体系”。（宫日英，1996）步入21世纪，有些地方教育行政部门正式发文，大力提倡汉外双语教学试验。[1]一些出版社为支持教育改革，有计划地推进双语教材的出版。双语教学的研究机构开始出现，双语教学的观摩会、学术研讨会不断举行，网络上出现了许多关于双语教学的专栏。人民教育出版社2003年的《人教版双语教材宣传单》，用“如火如荼、轰轰烈烈”来形容当前的汉外双语教学局面，也许真的不算过分。[2]

【1】双语教学试验的“试验”，也有不少用的是“实验”。《现代汉语词典》对“试验”的解释是：“为了察看某事的结果或某物的性能而从事某种活动。”与其平行的词语有“试点、试行、试制”等。对“实验”的解释是：“为了检验某种科学理论或假设而进行某种操作或从事某种活动。”笔者以为，双语教学主要是试点性质的，通过试点摸索经验，察看成效，然后决定是否推广，而不是或主要不是检验性质的。当然，任何“试验”都有理论假设，因此带有一些“检验”性质；任何“实验”也都需要察看，有不少实验也可能会摸索经验以求推广。尽管如此，笔者还是认为用“试验”更合适些。除引用的原文外，本文一律用“试验”。

【2】无名氏（2004）这样描述当前的汉外双语教学局面：“双语教学目前在教育界已经不是一个陌生的词汇，在上海、辽宁、山东、广东、苏州等许多省市的许多地区和学校，双语教学实验大有由“星星之火”转为“燎原之势”的趋势。辽宁、上海、广东均是教育行政部门整体推进，都选择了100所学校进行实验。苏州市于2001年选择了31所中小学启动了双语教学实验，江西省教育厅也要求所属地市各建立4至5所双语实验学校，另外还有许多省市的具备相应条件的学校也在进行实验。与此相适应，一些双语研究机构开始建立，如教育部课程教材研究所就成立了“双语课程教材研究开发中心”，华东师范大学课程与教学研究所成立了“双语教育研究中心”，山东省成立了省级的“双语教学专业委员会”，前不久，“苏州市双语教学研究中心”也挂牌成立。有关双语教学的交流和研讨活动也不断开展，2003年就分别在上海、广州、苏州等地举办了以双语教学为主体的研讨会。以双语教学为主的科研课题也已列入国家“十五”规划的重点课题。全国性的双语教学研究机构也呼之欲出。”王旭东（2003：77－78）、陈昌文（2003）也介绍了双语教学的情况，并有一些新资料。

汉外双语教学的覆盖面相当广泛，从幼儿园到大学，从自然科学课程到文科课程乃至语文课程[1]，从课内讲授到课外活动，都有进行汉外双语教学试验的。汉外双语教学自出现至今，社会上一直议论纷纷，赞成者有之，反对者更有之。其实，赞成的声浪再大，也淹没不了双语教学所面临的诸多窘迫问题；同样，反对的理由再多，也阻止不了双语教学的开展，因为外语（英语）对人生的影响太巨大了，巨大到个人理智和社会理智都难以正常发挥作用的地步。所以，在当前的情势下，对双语教学进行深入研究比表示赞成或反对更重要。本文以中小学的汉外双语教学为讨论范围，先比较它与民汉双语教学的同异，然后提出双语教学亟待深入研究的若干问题。

一　两种不同性质的“双语教学”

加拿大著名的应用语言学家威廉·麦基（William F. Mackey, 1970：552）认为，“双语学校”的概念包含了很多并不相同的现象。“英国的学校中，只要学校一半课程用英语讲授就称为双语学校；在加拿大，为操法语的加拿大儿童所开的学校，全部课程用英语讲才叫双语学校；在苏联，除俄语外全部课程用英语讲的学校叫双语学校，或者有些课程用格鲁吉亚语，有些用俄语讲的学校叫双语学校；而在美国，英语作为第二语言教学的学校叫双语学校，如教会学校或周末民族学校。”他认为，“完全不同类型的双语情况

【1】搜狐网2003年12月10日转发《文汇报》文章《小学语文要用英语来教？不尊重母语是莫大悲哀》，称杨浦高级中学名誉校长于漪，有一次看到小学语文用英语教的“双语教学”。于漪认为：“语文教育是培养我们的民族情结、民族文化、民族精神的一种手段，而不是单纯意义上的语言工具。母语和学生之间的联系是一种亲情的联系，而我们现在的人对自己的母语如此不尊重，真是莫大的悲哀。”四川省彭州中学网刊载的彭州中学双语教学实验班情况介绍，有“语文教学中的双语教学实施方案”。

被不明智地归为双语学校，并用来作为双语研究的基础……‘双语学校’这个术语意义甚丰，即使在同一个国家里，在任何讨论中的见解都可能因人而异，因此，按目前的定义，双语学校无法成为研究的对象。”

威廉·麦基的这一观察具有普遍性，这一认识发人深思。双语学校的概念如此，双语教育、双语教学的概念亦如此。在我国，讨论国外情况还是国内情况，许多不同的“双语教学”现象也被混同为一，于研究于实践皆无裨益。实应较而析之，分别研究，区别对待。例如，民族学校的“双语教学”和汉族学校的“双语教学”，就是两种不同性质的双语教学。这可以从双语性质和教学目的两个方面来说明：

（一）教学使用的双语，性质不同

我国民族学校的双语教学，其双语是本民族语和普通话。本民族语是学生的母语；普通话是汉民族的共同语，也是中华民族相互交际的通用语。1982年12月4日通过的《中华人民共和国宪法》第十九条，指出普通话“全国通用”，2000年10月31日通过的《中华人民共和国国家通用语言文字法》第二条，把普通话明确法定为“国家通用语言”。从语言功能和语言地位的角度观察，民族语和普通话有三个明显的特点：

1．本土性。这两种语言都是本土语言，不是外语。

2．现实性。这两种语言都活跃在少数民族的现实语言生活中，发挥着交际功能，虽然民族语和普通话在交际功能上有分工，不平行。

3．义务性。这两种语言都是少数民族在中华民族这个共同体中生活应该掌握的。掌握母语有利于民族文化的保存与发展，有利于民族情感的维系，是民族成员的义务。掌握普通话有利于本民族发展，有利于族际交际、民族团结和国家统一，是中华人民共和国公民的义务。

汉族学校当前试验的双语教学，其双语是本民族语（普通话）和外语（就当前双语教学的实践来看，名为外语实为英语，[1]虽然有的地方教育行政部门也提出了其他外语的问题[2]）。普通话是本土的，外语不是本土的；普通话在我国现实语言生活中发挥交际功能，而外语，一般场合基本不用，只在极个别、很特殊的场合才有交际功能；学生有掌握普通话的义务，但没有掌握外语的义务。所以，汉外双语教学与民汉双语教学，两者教学语言的社会性质很是不同。

新加坡、香港也有不少学校进行汉英双语教学。英语是新加坡和香港的官方工作语言，具有社会交际的现实性。新加坡和香港的公民虽然没有掌握英语的义务，但是若不懂英语，就不能有较好的就业岗位，不能享受较好的政府信息服务，不可能有高质量的社会生活。因此，中国内地的汉外双语教学，与新加坡、香港双语教学的教学语言，社会性质也不相同。

（二）教学目的不同

民汉双语教学的主要目的，是让学生既掌握民族母语，又能较好掌握国家通用语言，使学生“民汉兼通”。戴庆厦、董艳（1995：49－50），把民族地区的双语教学分为三种类型：

1．一贯制双语类型。中小学教学语言以民族语为主，到大专

【1】江西省教育厅（2001）发布的双语教学试验试点工作的通知，措辞就是中小学中英文双语教学，而不是中外文双语教学。

【2】例如，辽宁省教育厅（2002）指出：“选修课采用原版教材。必修课引用原版教材作为辅助教材使用。实验可用英语、日语、俄语、德语、法语、西班牙语等多个语种，以英语为主。”

院校教学语言为民族语与汉语双语并行，或转为汉语为主。

2．小学双语型。小学低年级母语为主要教学语言，小学高年级汉语成为主要教学语言。

3．辅助双语型。小学低年级用母语辅助教学，小学高年级完全以汉语为教学语言。

这三种双语教学类型，适用于语言文字状况不同的少数民族。粗略看来，这些双语教学似乎都是让学生从母语逐步过渡到汉语，或母语与汉语并行。但这并不能说民汉双语教学的目的，就是在民族学校推广国家通用语言。请看两项有关的研究：

戴庆厦等（1999：147－156）指出，从清朝到民国，政府在民族地区主要是开设汉文课或汉文学校，教民族学生学习汉语。新中国成立后，鼓励民族学校使用本民族语文进行教学，并在需要和自愿的原则下开设汉文课。1951年政务院批准的马叙伦《关于第一次全国民族教育会议的报告》指出：“凡有现行通用文字的民族，如蒙古、朝鲜、维吾尔、哈萨克、藏等族，小学和中学的各课程必须用民族语文教学。有独立语言而尚无文字或文字不完全的民族，一面着手创立文字或改革文字；一面得按自愿原则，采用汉语文或本民族所习用的语文教学。关于少数民族学生学汉文问题，会议一致同意各少数民族的各级学校得按当地少数民族的需要和自愿设语文课。”（周庆生，2001：258）至此方有了真正的民汉双语教学。但是，1958年至1976年，因对民族关系、民族语言的不当认识而取消了民族语文教学。[1]“文化大革命”结束之后开始的民汉双语教学，在此种历史背景下看，其实是在恢复民族语文教学。

关辛秋（1996）先后调查了九项民族双语教学试验，其中有一

【1】其间也曾经有过短暂的调整，局部恢复过民族语文的教学。

项是幼儿朝鲜语“浸没式”试验。东北一些朝鲜族幼儿，因其父母基本不懂朝鲜语而不会讲母语。为帮助这些幼儿掌握母语，有些城市举办了朝鲜语幼儿园，使他们经过教育成为操双语者。

戴庆厦等（1999）和关辛秋（1996）的研究说明，民族学校（幼儿园）的双语教学，并不只是为了推广国家通用语言，也是为了扩大民族语文的教学。

民汉双语教学的另一目的，是让学生更好地学习科学文化知识。我国许多少数民族没有文字，有文字的民族中，只有少数历史较为悠久的民族文字可以表达现代科学文化（当然需要不断完善）。通过双语教学让少数民族学生掌握汉语文，显然对学习现代科学文化知识有利。此外也有调查表明，过去一些民族学校一开始就用汉语教学，导致少数民族学生大量流失，出现了“学校出文盲”的怪现象。（戴庆厦，1999：154－155）戴庆厦、董艳（1995：43）指出：“重视民族语文，抓好双语教育，在社会扫盲、普及文化、提高普及义务教育效果方面十分显著。……可以说，要摆脱贫困走上科技致富的道路，就必须处理好民族语言和汉语的关系。”双语教学在提高民族地区的文化水平、促进民族地区经济文化的发展等方面，具有重要意义。

汉外双语教学的目的，是加强外语教育。此说的主要根据有三：

第一，地方教育主管部门关于开展双语教学的文件或所制定的双语教学发展规划，明确指出双语教学是为了加强外语教育或普及外语教育。例如：

（1）江西省教育厅（2001）：“为进一步深化我省基础教育课程改革，切实加强中小学外语教学……省教育厅研究决定，从今年秋季新学年始，启动部分有条件的学校和学科进行中、英文双语教学试验试点工作，以加强我省中小学英语学习训练……”

（2）辽宁省教育厅（2002）："为推进教育现代化，应对入世挑战，培养国际化复合型人才，深入实施素质教育，提高中小学生外语水平，使我省中小学的外语教学水平逐渐实现与国际接轨，省教育厅决定在全省中小学全面普及外语教育，聘请外籍教师，引进外语教材和先进的教学管理模式，开展'双语'教学实验。"

（3）闸北区教育局（2001）："通过五年的实践，全区50%的教师能进行学科双语教学；在直观性强、操作性强的学科先行试点的基础上，随着试点年级的滚动，争取所有学校、所有学科（汉语除外）都有双语教学班；并有一批双语教学示范学校。培养一批具有现代教育理念、会外语、有专长、能用外语驾驭学科教学的复合型的新型教师；形成各学科双语教学骨干队伍；通过在其他学科用外语授课的形式，创设浓郁的校园外语学习氛围，在学科教学过程中体现外语的信息传递、思想交流、情感表达的功能，让学生发展交际技能、学习技能和思维技能，形成我区学科双语教学特色。"

第二，从试验的实际状况看，双语教学的主要做法是用外语讲授学科课程，或是希望形成听说外语的校园环境。再如，《人教版双语教材宣传单》及《人教版双语教材一览》，其实都是英文教材。2003年9月2日由中国日报网站主办的《21世纪小学生英文报》，被宣传为"中国第一份由国家级媒体主办的、直接面向小学生的双语报纸"。（无名氏，2003）

第三，一些理论研究的取向，也是把双语教学看做加强外语教育的举措。例如：

（1）华南师范大学国际与比较教育研究所（2003）发出的《双语教学与基础教育改革国际研讨会邀请函》："走向新世纪，中国都在积极推进英语教学，以策应知识经济兴起和经济全球化发展，特别是中国加入WTO后教育发展的要求，双语教学备受重视，三年来华南师范大学国际与比较教育研究所与美国、芬兰及香港教育学院合作开展‘综合式英语教学实验’，对以英语教学为主的双语教学作出重大的推动，为了进一步推进实验和提升双语教学成果，现课题组与惠州市教育局及广东省比较教育研究会联合于2003年9月18至20日在惠州市举办综合英语教学实验为主体的第三次‘双语教学与基础教育改革国际研讨会’，特致函邀请您等专家与会指导，发表高论，研讨中国外语教育与基础教育改革。”在这封邀请函里，“外语教育”、“英语教学”、“以英语教学为主的双语教学”、“双语教学”等概念共现，所指内涵基本相同。

（2）王本华（2003：117－118）指出：“双语教学就是将母语以外的另外一种语言直接应用于语言学科以外的其他各种学科的教学，使第二语言的学习与各学科知识的获取同步进行。……在双语教学中，学科知识的获取是主要目的……采用双语教学更大程度上是给学习者创造学习和使用第二语言的空间，使他们在掌握学科知识的同时，能够尽可能多地使用需要他们掌握的第二语言。而双语教学的终极目的，就是让学习者能同时使用母语和第二语言进行思维，能在这两种语言之间根据交际对象和工作环境的需要进行自由的切换，以便在精通母语和母语文化的同时更好地了解世界各国的文化，使他们具有进行跨文化交流的能力，并树立跨文化意识。”[1]

（3）张民生（2003：20－21）非常明确地指出：“‘积极推进中小学双语教学实验’旨在在更广阔的学科领域中，在更丰富的

【1】用汉语讲授学科知识，就当前的条件看，比用外语讲授学科知识更有利于教师教、学生学，因此把学科知识获取说成双语教学的“主要目的”是不符合实际的。至于说“终极目的”的实现，也需要以外语水平达到一定程度为前提。在研究者和试验者的心目中，双语教学可能有诸多目的，但是说到底是让学生能很好地掌握一门外语。

语言层面上扩大学习者的英语实践时空，拓展英语教学的外延，深化英语教学的内涵，优化英语习得环境氛围，整体提高学生的英语水平，在确保学科目标基本达成的基础上，体现英语教学和学科教学的有机结合。”

汉外双语教学的目的，不仅不同于民汉双语教学，而且也不同于美国等地的双语教学。美籍华裔语言学家李英哲（1996：150－151）指出：“在美国，联邦政府教育部中虽然有双语教育司，但是它们的双语教育主要是以使用单语，也就是英语为最终目标的一种教育方式，是一种暂时性、过渡性的双语教育。美国认为她主要是一个使用英语的国家，只想把从世界各地来的移民都同化成英语使用者。所以，可以说，美国过渡性的双语政策不是真正的双语教育。它其实是以单语（英语）为最终目标的暂时性的双语政策，主要目的是为了协助母语为非英语的儿童在刚移民到美国时以母语先接受教育，直到英语学好时，才停止在学校中使用母语，继而用英语进行所有教育。”[1]事实上，为加强外语学习而进行的双语教学，在世界上都是不多见的双语教学类型。

二　亟待研究的若干问题

近年来进行汉外双语教学试验的中小学至少有三四百所。（参见陈昌文，2003；无名氏，2004）这些试验向应用语言学家和教育学家提出了新课题，同时也提供了十分难得的研究机遇。就中小学的汉外双语教学而言，笔者把自认为最需深入研究的问题列举出

【1】周小兵（1996：334－335）也认为，美国的双语教育是“为了使新移民尽快掌握英文以适应美国社会”；但是，这种双语教育“也是为了让他们的后代不丢掉母语的民族文化”。他对美国双语教育的评价，与李英哲（1996）的评价有所不同。

来，并无结论，意在引发双语教学研究者的思考，或可为教育决策者提供参考。

（一）法律根据

教学语言是国家语言政策的重要体现，是国家语言规划的重要内容，是教育主权的有机组成部分。现行的《中华人民共和国宪法》第四条第四款规定“各民族都有使用和发展自己的语言文字的自由”，第十九条规定“国家推广全国通用的普通话”。根据宪法有关语言文字的精神，我国的多部法律法规都对学校语言文字的使用做出了明确规定。

首先要看到，民汉双语教学是有法律根据的。例如：

（1）1984年《中华人民共和国民族区域自治法》第三十七条第三款：“招收少数民族学生为主的学校，有条件的应当采用少数民族文字的课本，并用少数民族语言讲课；小学高年级或者中学设汉文课程，推广全国通用的普通话。”

（2）1992年《中华人民共和国义务教育法实施细则》第二十五条：“用少数民族通用的语言文字教学的学校，应当在小学高年级开设汉语文课程，也可以根据实际情况适当提前开设。”

但是，把外语作为教育机构的教学语言（外语课程除外）是没有法律根据的。例如：

（3）1986年《中华人民共和国义务教育法》第六条：“学校应当推广使用全国通用的普通话。”

（4）1992年《中华人民共和国义务教育法实施细则》第二十四条：“实施义务教育的学校在教育教学和各种活动中，应当推广使用全国通用的普通话。”“师范院校的教育教学和各种活动应当使用普通话。”

（5）1989年《幼儿园管理条例》第十五条：“幼儿园应当使用全国通用的普通话。”

（6）1995年《中华人民共和国教育法》第十二条：“汉语言文字为学校及其他教育机构的基本教学语言文字。”“学校及其他教育机构进行教学，应当推广全国通用的普通话和规范字。”

（7）2000年《中华人民共和国国家通用语言文字法》第十条第一款：“学校及其他教育机构以普通话和规范汉字为基本的教育教学用语用字。法律另有规定的除外。”“学校及其他教育机构通过汉语文课程教授普通话和规范汉字。使用的汉语文教材，应当符合国家通用语言文字的规范和标准。”

这些法律法规条文明确规定，普通话和规范汉字（或称“国家通用语言文字”、“汉语言文字”）是学校及其他教育机构法定的教育教学用语用字。汉外双语教学，把外语作为教学语言，甚至还希望把外语作为校园语言，尚缺乏现行法律根据。

有人已经关注汉外双语教学的法律依据问题了。上海市一位人大代表认为，在非外语学科中用外语教学是不妥当的，此举与国家现行法律不合拍。（陈韶旭，2003）《中国教育报》一位记者把汉外双语教学试验说成是“不合法状态下进行的公开活动”，认为“目前的双语教学已经把英语上升到了主要教育教学用语的地位，是法律本身疏漏了，还是这种地位的上升本身就不合法呢？双语教学最终能否得到法律的确认？这是摆在双语教学面前亟待解决的问题”。（刘华蓉，2002）

的确，怎样在法律层面解释外语作为中小学非外语课的教学语言的问题，决定着汉外双语教学的根本命运。在研究这一问题时，应注意世界正在讨论的语言权利（Language Rights）问题。学习和使用母语（Mother Tongue）及所在国官方语言的权利，被认为是

"必需的"语言权利，是不可剥夺的语言人权（Human Rights）。外语对于人的发展也异常重要[1]，因此有些国际组织呼吁把外语学习也列入语言权利的范围，当然，外语学习权利是"充实取向"的语言权利，不同于"必需的"语言权利。（托弗·斯库特纳布·坎加斯、罗伯特·菲利普森，1994：303－305）

（二）母语问题

半个多世纪以来，国际社会，特别是联合国教科文组织，非常重视人的母语权力问题，这是因为母语在人生发展和群体的语言保持（Language Maintenance）中具有重要地位。（李宇明，2003）母语对社会及其成员的意义，起码有三个方面需要明确提及：

1．世界认知。作为第一语言获得的母语，是最自然的思维工具和最便捷的认知工具，只有用这种母语思维，才能达到思维的最高境界。因此，作为第一语言获得的母语是最为理想的教学语言和学习语言，是最佳的思想创新工具。

2．母语认同。个体通过母语获得母语所承载的民族文化，民族文化是个体认知世界和形成人生价值取向的基底，人的社会归属感来自于对母语文化的认同，对母语的情感也就是对民族的情感。

3．母语功能。语言功能是指语言可以发挥交际职能的社会领域，一般可以把语言的功能领域三分为家庭、社会和国际：

（1）只能在家庭使用的语言，是弱势语言。

（2）社会领域可以再分为日常生活、商贸旅游、文学艺术、科技教育、大众传媒、行政司法等。语言使用的社会领域越广泛，

【1】联合国教科文组织（1953：518）说，世界上很多人都相信，"会说一门外语将是获得某种财富、自由、自制、权利和社会地位的保证。"王本华（2003：118）说："能否熟练掌握英语已经成为衡量一个人的知识结构甚至综合素质的一个重要方面。"

语言的功能就越强大，语言的活力就越旺盛，语言的地位也就越高。

（3）国际领域可以分为地区性和世界性，也可以依照外交、科技、商贸等进行分类。能够在国际领域发挥交际作用的语言，往往不是语言自身的力量，而是拥有这些语言的国家或民族有较高的国际地位。一个经济强国，也往往是一个语言大国。

个体语言发展是有规律的。一般而言，学前是口语发展最快的时期，小学、初中是书面语发展的重要时期，高中和大学是学习在科技教育、大众传媒、行政司法等领域运用语言的重要时期。汉外双语教学是在中小学母语发展重要时期开展的试验，把用汉语讲授的课程改为外语讲授，必然占去了学生使用母语的大量的时间和实践，减少了学校和教师发展学生母语的注意力与资源。因此，人们自然会产生“母语担忧”：

忧之一为个体母语问题。汉外双语教学是否会对学生母语的发展产生负面影响？是否会因这种负面影响而影响思维发展？是否会影响学生的母语情感和母语文化的认同？是否会影响学生在科技教育、大众传媒、行政司法等领域流利地使用母语？

忧之二为群体母语问题。进行汉外双语教学的都是“尖子学校”，进入这些学校的学生多是尖子生。如果中国尖子生的母语发展受到影响，特别是不能用母语在科技教育、大众传媒、行政司法等领域进行自由交际，那么汉语可能最终会失去在科技教育、大众传媒、行政司法等领域的表达功能，取而代之的将是外语。当汉语的功能萎缩为家庭交际、日常生活、商贸旅游、文学艺术等用语之时，大约也就与今天汉语在新加坡、香港的命运差不多了。

汉语是世界上有影响力的且正在快速向国际传播的大语种，汉语是中华文化的根基，汉语是中华民族立足于世的象征。因此，汉外双语教学必须认真考虑对母语的影响，起码应当有这方面的调研计划和对比试验。如果真是影响到母语，就应当有必要的补救措施，绝不能对学生母语的发展和汉语的未来有所损害。[1]

（三）学习效果

教学成效的最终体现是学生学习的效果。在双语教学试验中，学科的学习效果和外语的学习效果，都是非常值得关注的。

1. 学科的学习效果。前已有述，双语教学的基本做法，是教师用外语讲授学科课程，相应的也就是学生要用外语学习学科课程。教学语言的变化对师资造成的首要影响是，原本能够熟练讲授学科课程的教师遇到了语言问题，原来的外语教师虽无语言问题，但却遇到了学科知识传授的问题。这是否会影响学科教学质量？教学语言的变化，对学生也提出了新要求，要学会通过外语来接受信息、思考问题，要通过外语来学习学科知识和外语。这是否会影响学生的学科学习质量？

2. 外语的学习效果。双语教学的主要目的是提高外语教学的质量，那么外语学习的效果究竟如何？语言学习是语言输入、内化、语言输出、反馈等环节反复进行的过程，这种过程必须在一定的语言环境中进行。语言学习也是学习者通过大脑语言获得机制对语言输入进行各种主动加工的过程，大量研究表明，语言输入对语言学习起着十分重要的作用，它不仅是语言学习者的样板，是语言学习者语言知识获取的来源，而且由于合适的语言输入总是同学习者的语言水平保持着“略前”的比例，因此语言输入还起着带领学习者语言发展的作用。[2]问题是，在当前的师资状况下，学生

【1】2003年9月，搜狐网“文教视线”开辟《谁动了十三亿中国人的母语权？！》专栏，讨论当代中国鼓励英语而轻视汉语的种种现象，专栏作家蒹葭的《谁动了我的“母语权”？》，表达了人们对母语问题的关注。
【2】关于语言学习的理论问题，详见李宇明（1993）。

能够得到合适的语言输入吗？教师能够既把学科知识讲深讲透，又照顾到学生的外语水平吗？语言是在语言应用中获得的，语言应用是在合适的语言环境中进行的。外语在中国语言生活中不具有现实性，难以形成有利于外语获得的现实语境。没有适合的语言环境，能够获得地道的外语吗？

卢丹怀（2001）认为双语教育在全世界正面临新挑战。他指出：从20世纪80年代后期开始，美国社会对双语教育提出了质疑。“双语教育之所以遭到反对，主要是因为人们从双语教育的现实情况和结果体会到，使用两种语言来对新移民实行学校教育，这不是达到帮助他们提高英语水平、及早融入主流社会的有效之途。”[1]双语教育一直是香港追求的目标，但是卢丹怀（2001）指出，“香港的双语教育至今没有取得令人满意的结果。”[2]由此可见，汉外双语教学能够提高学生的外语水平，但是外语水平的提高效果要受到许多因素的影响，并不必然会像人们想象的那样。

（四）教学条件和教学模式

双语教学改变了教学语言，从而要求一系列教学要素的变化，首当其冲的是师资和教材。双语教学需要一支庞大的外语好、学科专业精、具有现代教育理念、能够使用现代教育手段的师资队伍，如何迅速建设起一支合格的双语师资队伍？双语教学需要用原汁原味的外语编写或用双语编写的、符合21世纪学术发展和教育理念

【1】这是温茨（Ron K. Unz）的观点。温茨是美国硅谷的百万富翁，他在加利福尼亚州提出废除学校双语教育的动议，1998年该州就此举行公民投票，61%支持温茨，结果导致该州大多数双语教育课程停办。1999年，温茨在亚利桑那州提出类似的提议，结果以63%的赞成票获得通过。温茨还相信，类似的成功不久会在卡罗拉多州和宾夕法尼亚州的Massachusetts出现。见卢丹怀（2001）。
【2】王本华主编（2003）收入了卢丹怀的这篇论文，但未见这里引述的美国、香港的情况，大约做了删节。

的、多个学科的多种层次的教材，以及与之相适应的教学参考书和教具（包括辅助教学的计算机软件）等，怎样来完成这样宏大的工程？

不同的教育情况，需要不同的教育模式。不同地区、不同学校、不同年级，教育的情况都各自不同，怎样根据各种不同情况采用合适的双语教学模式，非常值得探讨。例如，在哪个年龄段开设外语课程最合适？在哪个年龄段可以开展“双语教学”？哪类课程可以开展“双语教学”？双语教学有哪些模式？比如，根据双语使用的比例，可以把双语教学分为母语为主外语为辅、外语为主母语为辅、全部外语、母语外语自由使用等模式；根据双语在课堂上的分工（课堂用语，知识讲解，重难点辅导等），也可以分为不同的模式。[1]这些不同的双语教学模式各适合什么样的教育情况呢？

（五）教学成本

双语教学的成本十分昂贵。周小兵（1996：335）指出，美国纽约市长教育经费特别顾问巴蒂罗（Herman Badillo）1994年的调查发现，一般学生平均每年使用教育经费3 500－5 000美元，而纽约市双语教育和其他特殊教育的学生则为18 700美元，大约为一般学生的4倍。纽约市接受双语教育和其他特殊教育的学生只占全市学生的13%，但占用的教育经费却达到25%。为此，该市认为双语教育影响了正规教育，不断提出消减双语教育经费的方案。

在我国，大家逐渐接受了教育是崇高的公益事业的理念，教育经费，特别是基础教育经费，应当主要从公共财政中支付。我国是

【1】王本华（2003：123）注意到双语教学的模式，总结出了“渗透型、穿插型、示范型、选修课型”等类型。但认为这些模式是“由于双语教学刚刚起步，受教材、师资和学生现有英语水平的限制”造成的，言下之意，这些教学模式是不完善的。这显然与本文所主张的对双语教学模式的研究不同。

发展中国家，有限的教育经费支撑着世界上最大的教育，教育经费不足的问题难以在短期内有较大改观。这种国情允许在多大范围内开展相当于一般教育费用4倍的双语教学？而且，推广国家通用的语言文字是政府的职责，公共财政应当支付，课程式的外语教学属于国民教育计划中的内容，公共财政也可以支付，但是，双语教学超出了国民教育计划，这种强化外语教学的费用公共财政应该支付吗？

三　一些更深层次的问题

教育是未来的事业，今天的教育是为明天培养适用的人才，因此，应当站在明天来思考双语教学的相关问题。教育是关系到个人一生和民族未来的社会行为，在倡导双语教学时必须审慎思考一些更深层次的问题。

1．双语人真的方方面面都优于单语人吗？应当有一个调查，当今世界之精英，究竟有多少是双语人；当今世界上的双语人，究竟有多少是社会精英？双语使用不是平等的，双语中往往一强一弱，其中的强势语言大多都是作为第一语言习得的母语。还应当有一个调查，当今世界精英队伍中的双语人，究竟有多少能够熟练使用双语，即能够用双语进行自由思考，用双语进行自由交际（根据交际对象和工作环境的需要进行自由切换）？事实上人们对双语教育的学术认识十分有限，已有认识的结论也很不一致，甚至相当矛盾。（鲁宾，1979：547－550）

2．人人都能学好外语吗？语言学习不同于一般知识的学习。第一语言大都能成功获得，但第二语言学习并非所有人都能成功，因为人们的“语言学能”并不相同。要所有学生的外语都达到相当的水平，有无科学根据？

3．加强外语学习，究竟加强的是什么？是学习外语，还是用外语学习？是听说读写的交际能力，还是用外语思维的能力？语言不仅是人类最重要的交际工具和思维工具，而且还是文化的一部分，双语教学培养的并不只是运用外语进行交际和思维的能力，它还会传授与外语相伴相随的文化系统和价值观念。在世界观正在形成过程中的中小学生中进行如此大规模的文化引入，的确是应当谨慎的事情。我们应当努力培养双语人，但是，权衡利弊，分析成本与效益，除了双语教学之外，还有没有更好的加强外语学习的方法呢？

4．一个国家究竟需要多少外语人才？作为未来时代的一般公民，起码应当达到什么样的外语水平？一个国家需要哪些外语语种的人才？英语是否在21世纪的各个领域都一定是“龙头老大”？随着中国社会、经济和科学文化的发展，可以坚信，汉语在国际交际中的作用会越来越大。英语与汉语的国际地位差距是否会有所变化？

5．知识经济方兴未艾，信息时代正快步向我们走来。信息技术，特别是自动翻译技术的进步，将在因语言而形成的族际交际鸿沟之上架起桥梁。乐观点估计，较为实用的自动翻译系统在几十年内就会实现。那时，外语学习仍然很必要，但是其重要性绝不再像现在人们所感受的那样，一般的外语交际将由机器来完成或由机器来辅助完成。在进行外语规划和双语教学试验之时，不能不考虑信息技术的进步对外语市场的影响。

主要参考文献

包天仁 2002《双语教学要慎重》（刘华蓉采访整理），《中国教育报》2002年9月3日第3版。

陈昌文 2003《中小学双语教材的现状及其走势》，王本华主编

（2003）。
陈韶旭 2003《双语教学已在试点 相关法规亟盼出台》，人民教育出版社网，3月18日。
戴庆厦、董 艳 1996《中国国情与双语教育》，陈恩泉主编《双语双方言（四）》，汉学出版社。
戴庆厦等 1999《中国少数民族语言文字应用研究》，云南民族出版社。
付 克 1984《中国外语教育史》，上海外语教育出版社。
宫日英 1996《实行双语制 走向国际化——关于海南省语言规划的思考》，陈恩泉主编《双语双方言（四）》，汉学出版社。
顾明远 2003《从语言的功能谈到小学外语教学》，王本华主编（2003）。
关辛秋 1996《中国少数民族双语教育实验调查与思考》，陈恩泉主编《双语双方言（四）》，汉学出版社。
华南师范大学国际与比较教育研究所 2003《双语教学与基础教育改革国际研讨会邀请函》，中国教育先锋网，9月1日。
蒹 葭 2003《谁动了我的"母语权"？》，搜狐网"文教视线"，9月25日。
江西省教育厅 2001《关于启动中小学中英文双语教学试验试点工作的通知》，王本华主编（2003）。
姜宏德 2003《论双语教育目标定位中的几个关系问题》，《中国教育学刊》第4期。
拉尔夫·法索德 1992《本地语教育的再思考》，周庆生主编（2001）。
李英哲 1996《不同华人社会的双语教育与语言使用状况》，陈恩泉主编《双语双方言（四）》，汉学出版社。
李宇明 1993《语言学习异同论》，《世界汉语教学》第1期。

——— 1997《语言保护刍议》，陈恩泉主编《双语双方言（五）》，汉学出版社。
——— 2003《论母语》，《世界汉语教学》第1期。
联合国教科文组织 1953《本地语在教育中的应用：联合国教科文组织1951年专家会议报告》，周庆生主编（2001）。
辽宁省教育厅 2002《教育厅关于加强中小学外语教学开展中小学“双语”教学实验的意见》，人民教育出版社网，1月28日。另见王本华主编（2003）。
刘华蓉 2002《双语教学误入歧途？》，《中国教育报》，9月3日第3版。另见王本华主编（2003）。
卢丹怀 2001《双语教育面临新挑战》，《全球教育展望》第10期。
鲁 宾 1979《双语教育与语言规划》，周庆生主编（2001）。
洛恩·拉福热 1990《语言教学与语言规划》，周庆生主编（2001）。
全国人大教科文卫委员会教育室、教育部语言文字应用管理司 2001《中华人民共和国国家通用语言文字法学习读本》，语文出版社。
苏金智 2003《论语言权》，周庆生、王洁、苏金智主编《语言与法律研究的新视野》，法律出版社。
托弗·斯库特纳布·坎加斯、罗伯特·菲利普森 1994《语言人权的历史与现状》，周庆生主编（2001）。
王本华 2003《双语教学简论》，王本华主编（2003）。
王本华主编 2003《双语教学论丛》，人民教育出版社。
王旭东 2003《关于“双语教学”的再思考》，王本华主编（2003）。
威廉·麦基 1970《双语教育类型》，周庆生主编（2001）。

无名氏 2003 《中国首份小学生双语报纸诞生，引领素质教育先河》，广东教育厅网，9月2日。

——— 2004 《双语教学成焦点：赞成还是反对？》，香港网，1月6日。

严学宭 1985 《中国对比语言学浅说》，华中工学院出版社。

闸北区教育局 2001 《闸北区推进双语教学"十五"规划（征求意见稿）（2001—2005）》，人民教育出版社网。

张民生 2003《积极稳妥推进上海中小学双语教学实验工作》，王本华主编（2003）。

赵登明、凌　茜 2003 《英语在中国社会文化中的定位分析》，《光明日报》，5月13日第4版。

周庆生主编 2001 《国外语言政策与语言规划进程》，语文出版社。

周庆生 2001《教育语言政策嬗变：海峡两岸比较》，陈恩泉主编《双语双方言（七）》，汉学出版社。

周士君 2003《"外语热"暗藏文化危机！》，搜狐网"文教视线"，9月25日。

周小兵 1996《美国的双语交际和双语教学》，陈恩泉主编《双语双方言（四）》，汉学出版社。

周耀文 1992《论在我国民族地区建立多种形式的双语文教育体制》，陈恩泉主编《双语双方言（二）》，彩虹出版社。

［原载《语言文字应用》2003增刊号］

术语论*

我国有着悠久的术语研究传统。冯志伟（1997a：8－10）指出，汉代的《尔雅》可以看做古代的一部术语词典。此后，葛洪的《抱朴子》、祖冲之的《缀术》、郦道元的《水经注》、沈括的《梦溪笔谈》、徐光启的《农政全书》、宋应星的《天工开物》、李时珍的《本草纲目》等，都对科技术语的创造、搜集、整理等做出过重要贡献。

现代意义上的术语工作起自清末。1909年，清政府学部成立了以严复为总纂的科学名词编定馆，这是我国第一个科技术语的审定机构。自此之后，科技术语的审定便一直成为国家的一项事业。辛亥革命后的1919年，成立了科学名词审定委员会。1928年，国民政府在大学院设立译名统一委员会，1932年又成立国立编译馆，专司科学技术术语审定工作。

新中国非常重视术语工作。1950年就成立了学术名词统一工作委员会。1985年4月和10月，根据新时期的形势需要，分别成立了全国科学技术名词审定委员会和全国术语标准化技术委员会。100多年来，特别是新中国成立的50多年来，数千名专家对20多个学科

* 此文根据在第二届中国术语网换届大会（2001年12月6日，北京）上的讲话改写而成。

的术语进行了或进行着审定，并逐渐形成了中国术语工作的特色。

术语是人类科学知识的语言投射。术语研究本质上是对人类科学知识的系统梳理，术语的传播就是人类科学知识的传播。术语规范化，可以起到推进科学研究和技术发展、统一科技产品的技术规格、促进科技交流和科学知识传播的重要作用。因此，术语工作在现代社会意义重大，可以说是科教兴国的基础性工程之一。

一　术语本土化

人类的科学技术，是由世界各民族在自己历史进程中共同发展的，虽然不同的民族由于科学技术的发展水平不同，对人类科学技术的贡献也有不同。各民族科学技术的发展不是孤立的，而是相互借鉴相互促进的。科学技术的相互借鉴相互影响，必然伴随着术语的相互借鉴相互影响。

不同民族的科技术语，用不同的民族语言表达或贮存。从理论上说，当今社会任何民族的术语工作，都会牵涉三个方面：1．术语本土化；2．术语规范化；3．术语国际化。本节先讨论术语本土化的问题。

（一）术语本土化的实质

术语本土化，是指将外族语中的科技术语引入本民族语言中，其实质是改变术语的语言形式、用本族语言翻译外族的科技术语。例如：computer是产生于美国以英语为载体的术语，汉语将其本土化为“计算机”或“电脑”，radar是由Radio Detection And Ranging的首字母缩写而成的英语术语，汉语将其翻译为“雷达”。computer、radar所表示的概念意义并没有变化，只是改换了术语的语言形式。

由于近代西方在科学技术方面占有优势，自洋务运动以来，中国术语工作的十分重要的任务就是术语本土化，在引进外国科学技术的同时也将外国的科技术语汉语化。

（二）意译、音译和形译

外族术语经过术语本土化之后,就成了本民族的术语，因此使用什么样的方式翻译术语十分讲究。100余年来，术语翻译最常用的有意译、音译和形译三种基本方式，此外还有音译兼意译、音译加意译和形译加意译三种变式，共计六种方式。

1．基本方式

（1）意译

意译是将外族语中术语的意义用本族语表示出来。将computer翻译为“计算机”或“电脑”，就是意译。意译的难度很大，几近于新造词，翻译者既需要对源术语的意义有准确的把握，又需要具有较高的母语水平，在本族语中找到合适的对应表达。但是，意译术语的好处是最利于本族人的理解，并能增强汉语对科学技术的表达能力，意译一个术语，就等于增加了汉语的一个科技“细胞”。

（2）音译

音译是使用本族语言中相同或相近的语音将源术语的语音译写出来。例如：“克拉利翁”（尖音小号），译自英语的clarion；“马赛克”（用黏土烧成的小瓷砖，可镶砌成各种图案），译自英语的mosaic。不同语言的语音不可能一一对应，因此，音译必须经过本族语的改造，只是相似而不一定相同，有时还会增音减音。音译中使用的汉字，只起记音符号的作用，字义已被消解。不过，用什么样的汉字对译什么样的外族语音节，常有约定，从规范化的角度考虑还会定出标准。汉族人骨子里不喜欢汉字无意义，有时会“牵强附会”地赋予这种只起记音符号作用的汉字以意义，如将E-mail译为“伊妹儿”，将英文前缀mini译为“迷你”或“迷尔”。但这种牵强附会的意义与源术语的意义没有关系，仍然是音译而不是意译。音译的好处是快捷方便，且能表明该术语的外来身份，但是，本族人掌握起来要费些工夫。

（3）形译

形译是将源术语的书写形式照搬进本族语。这种引进方式之所以冠以“译”字，是因为这些外族语形式进入汉语之后，读音上要发生变化，语言上要符合汉语的习惯，比如不再有性数格的形态变化，要遵守汉语词语的组合规则等等。过去较多地利用形译翻译日语中的术语，因为汉字是日本文字之源。据刘正埮等（1984），“标本、低能、地下水、电报、动脉、反射、方程式、高射炮、火成岩、金刚石、静脉、领空、上水道、退化、温床、血栓、液体、因子营养、游离、元素、原子”等术语都直接照搬日语。当然，这些词语有许多也是日语译自其他语言，从其他语言到汉语，日语起到了中间加工站的作用。近些年，形译西方语言特别是英语的现象多了起来，例如：ASCII、CAD、CD、CPU、CT、DNA、DOS、DVD、E-mail、E-book、ISO、MTV、SOS、UFO、VCD、WTO等。形译具有方便快捷的特点，形译日语较适合汉族人的心态，有似曾相识之感，使用较多。形译西方语言有利于术语国际化，但是西文字母与汉字形体相差太远，汉语容纳形译西文术语的能力是相当有限的，而且本族人掌握起来也要费些工夫。

2. 变式

意译、音译和形译三种基本方式混用，又生成出许多变式。

（1）音译兼意译

如将radar译为“雷达”，采用的是音译，但雷达与radar在意义上似乎有些关联，含有点意译的成分。这就是所谓的音译兼意译。音译兼意译的术语同上文提到的“伊妹儿”“迷你”等不同，“伊妹儿”“迷你”依照汉字“牵强附会”出的意义，与“E-mail”“mini”本身的意义没有关联。

（2）音译加意译

“斯柯达炮、啤酒”是音译加意译，“斯柯达、啤”是音译，“炮、酒”是表示类属的意义成分。这些术语中的意义成分，有些是从源术语中意译过来的，如“斯柯达炮”译自英语的skoda gun，“炮”意译gun；有些是翻译时加上去的，源术语中并没有与之对应的成分，如“啤酒”译自英语的beer，“酒”是加上去的。

（3）形译加意译

如“B超、X射线”，“B、X”是形译，“超、射线”是意译。

音译兼意译、音译加意译和形译加意译三种变式，都是用意译弥补音译、形译之不足。

（三）意译优先

本土化后的术语就成为本族语的术语，因此术语翻译必须考虑本族语的语言特点和已经形成的术语体系。从语言特点看，汉语偏重意译和含有意译的方式。术语体系是依照逻辑的上下位概念构成的树形结构。例如，依照一般的看法，语言结构的术语系统如下图所示：

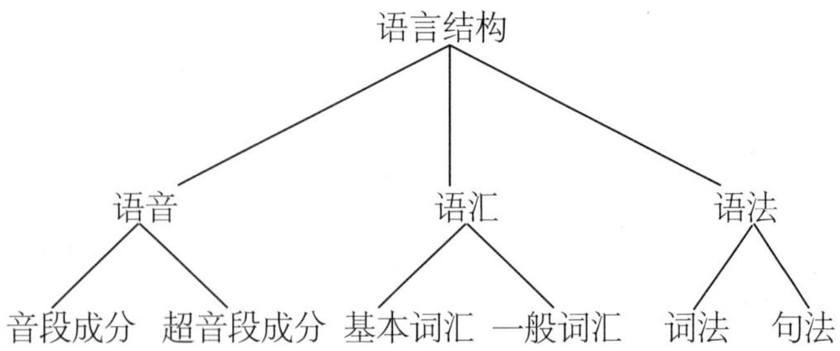

在第三层次下面还可以延伸许多个层次。这一术语系统有两个特点：第一，术语是依照上下位概念系联的；第二，每层术语的语言构造具有规律性。如果将语法改为音译形式“葛郎玛”或形译形式Grammar，就破坏了术语系统的语言结构的规律性。汉语术语结构系统的语言结构基底，是由汉语语素构成，这也决定了术语意译的优先性。

二　术语规范化

术语规范化，包括对本族自生术语的规范和引进术语的规范。术语规范有三项基本任务：1. 系统梳理；2. 规范歧异术语；3. 术语关联。

（一）系统梳理

术语规范的首要任务和首要步骤，是从宏观上对术语按照学科的概念体系进行梳理。这种梳理之所以重要，其一，整理术语的目的就是建立这样一个系统；其二，通过梳理可以发现哪些术语有问题，并用系统化而非原子化的观念与手段解决这些问题。

（二）规范歧异术语

术语规范的重点和难点，是歧异术语。歧异术语主要有同名异实的多义术语、同实异名的同义术语两种。术语原则上要求能指与所指一一对应，即一个术语指称一个概念，一个概念用一种语言形式表示，因此，歧异术语在术语系统中理论上是应尽量避免的。但就具体情况而言，有许多细节需要讨论：

1. 同名异实问题

歧异术语应在一定的应用领域内界定。多义术语在一些情况下会出现，甚至是允许的。在不同的学科中，在学术领域和日常领域中，术语可以指称不同的概念。例如：

铁塔：①（建筑领域等）用铁造的塔，或用铁色釉砖砌成的塔。

②（输电领域）架设高压输电线的铁架子。

同化：①（生物学）不相同的生物逐渐变得相近或相同。

②（语言学）一个音变得和邻近的音相同或相似。

透视：①（绘画领域）用线条或色彩在平面上表现立体空间的方法。

②（医疗领域）利用X射线透过人体在荧光屏上形成影像来观察人体内部。

温床：①（农业）寒冷时节培育蔬菜、花卉等幼苗的苗床。

②（日常）对某种事物产生或发展有利的环境。[1]

同一学术领域中也会有同名异实的多义术语存在。李宇明（2002）曾经研究过同一个词既表示整体又表示部分的“整体与部分同词”现象，举的例子有：

足球：① 一种主要用脚踢的球类运动。

② 足球运动使用的球。

小麦：① 一年或二年生草本植物，茎直立，中空，叶子宽条形，子实椭圆形，腹面有沟。子实供制面粉，是主要粮食作物之一。

② 这种植物的子实。

文章认为，异物同词现象主要涉及两类范畴：球类运动和植物。表示球类运动的词语，几乎都是整体与部分同词，例如“棒

【1】以上例子，参见《现代汉语词典》（修订本）。下文的一些例子也取自该词典。

球、冰球、橄榄球、高尔夫球、篮球、垒球、乒乓球、排球、台球、网球、羽毛球……”。植物中的异物同词现象主要有农作物、蔬菜、瓜类、果木、花木、草药等，例如“高粱、芝麻、棉花、番茄、萝卜、南瓜、橄榄、苹果、桃、牡丹、芍药、天麻……”。

近来笔者又发现，一些体操项目也有这种现象。例如：

跳箱：① 体操器械的一种，形状像箱，略呈梯形，高低可以调节。

② 体操项目之一，运动员以种种不同的姿势跳过跳箱。

其他如“鞍马、单杠、吊环、高低杠、双杠、跳马”等。[1]

这些词语也是体育学和植物学等学科的术语，在进行这些领域的术语规范时，应尽量进行意义分化或区分。比如“桃”，将表示植株意义的定名为“桃树”，将表示果实意义的定名为“桃子”。再如“排球”，将表示运动项目意义的定名为“排球运动”或“排球比赛”，将表示体育用球意义的定名为“排球”。

2．同实异名问题

不同时期、不同地域、不同学科、不同的术语构造方式或术语引进方式，都可能产生同实异名的同义术语。同义术语是术语规范的对象，但在具体的规范活动中，也有许多问题需要讨论。

术语可以有原式和缩略式，如“微型计算机”可以缩略为“微机”。原式与缩略式是广义上的同义术语，但是允许并存。并存的原式与缩略式，需要确定正条与副条。一般情况下原式是正条，但也有因缩略式使用更为频繁而成为正条的，如“高中”就比“高级中学”通用。

【1】某些武术、杂技项目也可能有异物同词现象。例如：单刀：①短柄长刀，武术用具。②武术运动项目之一，表演或练习时只用一把单刀。

学术领域的术语，日常交际中可以有俗名，如“电脑”是“计算机”的俗名，“微电脑”是“微型计算机”或“微机”的俗名。不能要求日常交际都用正规的术语，正名、俗名可以并存。

不同地域术语本应统一。但是，华人社区分布在海内外，由于历史与现实的各种原因产生了一些同实异名的术语。周其焕（2001）分析了海峡两岸航空名词的一些差异，例如：

英文	大陆	台湾
airship	飞艇	飞船
communication	通信	通讯
date	数据	资料
fighter	歼击机	战斗机
general aviation	通用航空	普通航空
information	信息	资讯
laser	激光	雷射
memory	存储器	记忆体
network	网络	网路
robot	机器人	机械人

这些术语在目前情况下统一起来还有些困难。现在不同的华人社区，比如海峡两岸，已经开始注意在一些领域编写对应术语词典，积极沟通，在沟通中相互理解并逐步走向术语统一。这方面的工作应当积极展开。

（三）术语关联

术语关联，就是通过各种系联手段建立起术语之间的联系。上文所说的系统梳理，可以看做广义上的术语关联。除此之外，还要考虑三个方面：

1．建立不同学科相关术语的关联。不同学科可能研究相同的对象，可能使用相同的研究方法和设备，因此常出现同一术语为不同学科使用的现象。如上面列举的航空名词中，communication、date、information、laser、memory、network、robot等，就具有广泛的跨学科性。通过关联，使不同学科之间相互沟通，而且也可以发现不同学科术语使用的歧异，以便规范。例如张燕燕（2001）曾指出，robust在自动控制和导航领域采用音译方式译为“鲁棒”，测绘领域原来也译为“鲁棒”，20世纪50年代译为“稳健”，80年代又改译为“抗差”；再如root-mean-square，物理学、电工学定名为“方均差”，在数学中则为“均方差”。这种现象通过术语关联才易发现，并在此基础上通过不同学科进行协商来达成统一。

2．建立术语与俗名、不同地区术语名称、相关语种之间的关联。

3．建立术语正条与已经规范不用的术语名称之间的关联。

术语关联能够增加信息量，方便沟通与查询，而且也能为规范歧异现象提供基础，并反映规范工作的过程。因此，术语关联是不可忽视的工作。

此处尚需指出的是，术语一旦流布开来，为人习用，再进行规范就比较困难。例如：“选单”与“菜单”，“光碟”与“光盘”，“因特网”与“互联网”等等，国家有关部门虽然规定了“选单、光碟、因特网”等为规范说法，但混用情况至今不减。为克服“事后规范”的被动局面，应采取“以事前推荐为主，事后规范为辅”的方针。如前所述，我国上百年来的术语工作，主要是术语引进，这种状况恐怕还要持续相当长的时期。既然如此，就应集中精力追踪国际术语动态，将那些有引进价值的术语及时翻译过来推荐给学界和社会，并适时确定为标准。现在，全国科学技术名词审定委员会和全国术语标准化技术委员会，正在加强“事前推荐”的力度，很值得提倡。

三　术语国际化

本文的“术语国际化”有两重含义：1．将本土术语输出到国际社会，这可称为“术语输出”；2．本土术语与国际社会尽量采取一致的形式，这可称为“术语一致”。

（一）术语输出

术语输出是术语本土化的逆过程，是国家实力及其国际影响力的表现之一，当然也是术语输出的民族对人类科学技术发展的贡献。术语能否输出，主要依赖于民族的科学技术的领先水平；输出哪些领域的术语，表明在该领域学术发展中占有优势。据统计，地理术语较多地来自德语，航天术语较多地来自英语和俄语，现代信息技术和计算机科技术语较多地来自英语，这表明德国曾经在地理科学上较为发达，美国和苏联在航天技术方面领先世界，美国在现代信息技术和计算机方面具有优势。

我国在古代是术语输出大国，传统的汉字文化圈都曾从我国吸收了大量的科技术语，就是西方也曾受到过中国科技术语的影响。伍铁平（1982）指出，北纬35°以北的许多国家表示“书”的词都是借用汉语的“经”。“经”（书）一词通过古代突厥语的中介，往西借入了整个斯拉夫世界，又进入阿尔明尼亚语、立陶宛语和匈牙利语。吴淑生、田自秉（1986）指出，古时西方许多民族把我国叫Serica（丝），Serica和英语中的silk，都是古代汉语“丝”的译音。周振鹤、游汝杰（1986）指出，许多语言中的“茶”，如荷兰语的thee、英语的tea、德语的tee、法语的the、俄语的chai、阿拉伯语的shai、波斯语的chay和罗马尼亚语的ceai等，都是音译我国南方“茶”的读音或我国北方“茶”的读音。茶是通过南方水路和北方陆路分别进入上述民族的。

今天我国也仍然具有一定的术语输出资本。传统上独具特色的科学技术领域，如中医中药、藏医藏药、武术、传统语言学等，在今天的科技学苑中仍在发挥作用，并吸引着国际的注意力。现代科学领域中我国虽然整体上还不占优势，但也在突飞猛进，在一些领域接近或达到了国际先进水平。

术语输出不仅要靠我国科技事业的发展，而且还必须有自觉的战略筹划。首先，中国学者要认识到术语输出的重大意义，树立术语输出的自觉意识，在论文论著撰写和拥有自主知识产权的发现发明中，优先使用汉语语素构造术语（包括有意识地使用汉语拼音构造术语），逐渐增加“汉源术语”在国际术语库中的比重。

其次，要努力扩大汉源术语的影响力。主要措施是：

1．科技工作者应关注本土的科技发展，有意识地采用汉源术语，扩大汉源术语的学术影响力。

2．努力将汉语的科技文献译成外文，出版一些面向世界的外文杂志和外文书籍，向国际社会介绍我国传统的和现代的科学技术成就，加大中国科学技术对国际的影响，加速汉源术语的国际传播。

3．翻译家或用外文写作的学者，加强协调，统一汉语术语的外语翻译，这种翻译既要符合外文习惯，便于外国人采用，又要具有中国特色，使国际采用者能感受到这些术语源自中国。

4．就我国领先或独具特色的学术领域，编制汉外对照术语词典，集中反映汉源术语的面貌。

5．注意汉源术语国际传播的根基。积极协调海内外华人社会的科技生活，在海内外华人的科技活动中树立“汉源术语”的威望。传统的汉字文化圈，文化上比较接近，相互间术语的吸收借鉴已成传统，应特别考虑汉源术语在汉字文化圈中的作用。

（二）术语一致

科学技术以史无前例的速度发展与传播，科技术语的形成周期越来越短，科技术语的数量呈“爆炸式”增加。为适应信息时代世界一体化的进程，不少人都在提议术语国际化，即各国科技术语要使用相同或相近的书写形式。例如，ISO在西方各种语言中都是这么一个形体。冯志伟（1997a：1）曾指出term是个国际化很高的术语：

term	英语、荷兰语、瑞典语、威尔士语
terme	法语
termi	芬兰语
termin	俄语、保加利亚语、罗马尼亚语、斯洛伐克语、捷克语、波兰语
tèrmine	意大利语
término	西班牙语
Terminus	德语
termo	葡萄牙语

印欧语系各语言同祖，西方语言都使用拼音文字，有可能使用书写形式相同或相近的术语。但是汉语与印欧语系和其他语系的语言差别很大，汉字不是拼音文字，要达到术语的国际一致相当困难，因为形译西方语言的方式必然是有限的。这正如西方语言不可能较多采用以汉字为载体的汉语术语一样。

但是汉语也不能无视术语国际化的潮流，使用术语应尽量做到国际一致。当然这种一致应是“广谱”的一致，而不是狭隘的一致。首先是在国际学术规范和学科体系的基础上建立术语体系。其次，意译术语可以尽量考虑“仿译”，即按照外文术语的语言结构对译，如将equivalent term译为“等价术语”，将on line译为“在线（的）”，将E-book译为“电子图书”等。第三，适度采用音译、形译以及音形译的变式。第四，汉源术语利用汉语拼音构形或缩写，如“汉语水平考试”简写为HSK，“普通话水平测试”简写为PSC等。第五，建立汉语与外语的多语对应术语系统，以便中外沟通。

除了世界一体化之外，许多人士和国际组织也在思考文化多元化的问题。面对“单一市场、单一语言、单一文化”的信息化时代的发展趋势，2001年10月在巴黎召开的联合国教科文组织第31届大会，审议并通过了《教科文组织文化多样性宣言》。[1]文化多元化是更高层面的问题，在进行术语国际化的时候，也不能不考虑文化多元化的问题。

四　当前术语工作中的其他问题

在讨论了术语本土化、术语规范化和术语国际化之后，还有三个问题需要提出：1．关于社会科学的术语问题；2．关于我国少数民族的术语问题；3．关于术语工作的现代化问题。

（一）关于社会科学的术语问题

重理轻文的社会偏见在术语工作中也有所表现，我国百余年来的术语工作，主要是在自然科学与技术领域进行的，社会科学的术语工作做得较少。进入21世纪，社会科学的术语工作也应当受到重视。这是因为：

第一，社会科学是我国科学的有机组成部分。社会科学与自然科学同等重要。开展社会科学的术语工作，有利于社会科学的发

【1】详见中国联合国教科文组织全国委员会秘书处（2001：47—48）。

展。社会科学术语混乱的状况十分严重，急需进行术语整理。

第二，当前学科之间的交叉渗透，成为科学发展的潮流和新的学科生长点，社会科学与自然科学的交叉渗透，产生了许多新的学术门类，并且形成了与我国经济和社会发展密切相关的重要技术。例如，语言学是社会科学，语言学同数学、计算机科学结合形成的计算语言学，是语言信息处理的学术基础，其技术成果成为现代信息技术的重要组成部分；语言学同心理学、神经学结合形成的心理语言学和神经语言学，是研究人类信息加工和认知规律的关键学科；语音学同声学、计算机科学结合，对语音合成、语音识别和计算机语音处理的作用是别的学科无法替代的；语言学同法学结合所形成的多种技术，如“音纹识别”等，在公安侦破等方面发挥了重要作用。

第三，我国文化源远流长，社会科学有许多独具特色的门类，在国际上有自己的学术地位，如民族学、文学、史学、语言学等。加强社会科学研究，有利于我国社会科学及其术语的国际传播。

第四，社会科学术语的构成和运用，同自然科学术语有同有异。比如，社会科学术语引进的数量远赶不上自造的数量，术语的“汉化”程度很高；社会科学术语比自然科学术语更多地使用引申义或比喻义，对词义精确度的要求不如自然科学术语高；社会科学术语更经常地用于社会日常文化生活，术语与社会日常用语相互转化的机会多，两者相同或相通的数量较大。研究社会科学术语构成和使用的特点，有利于更全面地认识术语的特点，也更有利于认识自然科学术语的特点，丰富术语学理论，改进术语学整理的方法。

规范社会科学术语，有利于社会科学的发展，有利于社会科学同自然科学的交叉渗透并促进自然科学与技术的发展，有利于术语学的发展，有利于汉源术语的输出和中国文化及社会科学对世界发生影响。当前全国科学技术名词审定委员会同中国社会科学院合作，正在开展语言学术语的规范工作，实乃远见卓识之举。当然，由于社会科学的术语规范实践不多，怎样有效地进行社会科学的术语规范，还是值得研究的课题。

（二）关于我国少数民族的术语问题

我国有55个少数民族，分布在广袤的国土上，具有悠久灿烂的文化。这些少数民族至今还使用着100多种语言或方言，有近10种常用的文字。首先应当认识到，加强少数民族语言的术语工作，在西部大开发的国家战略中占有重要的地位。民族地区的发展，最终依赖于少数民族文化水平的提高和科学技术的普及应用。提高少数民族的文化水平，普及科学技术，都必须有适合少数民族学习和应用的科技术语体系。

其次，少数民族语言文化的发展，也需要扩充科技词语，规范科技术语。一个民族的语言科学含量低，不能很好地表达现代科学技术，不能算是完善的、有活力的语言。因此就民族语言文化的发展来看，需要做好少数民族的术语工作。

第三，少数民族丰富的文化中，含有独具特色的传统科学技术，这是人类的共同财富。开发少数民族传统的科学技术术语系统，并将之国际化，不仅有利于传统的保存，而且也会为今天的学术和社会的发展作出贡献。

少数民族的科技术语，也有术语本土化、术语规范化和术语国际化三大任务。少数民族的术语本土化，传统上主要是通过汉语引进的；少数民族的术语国际化，使用汉语中介也会方便得多。普通话是中华民族通用的语言，为了加快少数民族的术语工作，应当建立汉民双语对照或汉民多语对照术语系统，这样既有利于国内术语沟通，又能将汉语术语研究成果，最大限度地辐射到少数民族的语言中，加快民族术语工作的步伐。

我国少数民族语言数量大，不可能全面展开，有不少民族已经兼通汉语或转用汉语，有些民族书面语系统没有得到很好发育，因此，可以选择使用本民族语言的人口多、书面语发育较好的民族，开展工作。学校教科书和官方编辑机构，使用术语比较规范，基础好，需求大，影响面广，可以先以教科书、出版物等为起点展开术语工作，然后再推向其他领域。

（三）关于术语工作的现代化问题

因特网是上世纪末发展起来的对人类生活方方面面都发生重大影响的最重要的技术。现代化是个动态概念，今天来讨论术语工作的现代化，应当是基于因特网的现代化，在术语的搜集、整理、编纂、征询意见、推荐、发布、建库、查询、维护等一系列环节中，都应尽可能地利用和适应因特网。

比如，利用网络建立数字化的即时更新的科技文献海量数据库，利用数据库及时检索到新生术语和需要整理的术语。采用上下文及各种定义方式，对术语进行编纂整理，利用网络及其他传媒向专家和社会广泛征询意见。根据征询意见的结果将初定术语向社会推荐，并适时发布。建立多语种的面向网络的术语数据库，供社会查询和相互交流。

网络和网络社会最重要的观念是共享。就术语工作而言，共享最主要的是成果共享和智慧共享：1. 将各种术语资源尽快地转化为网上数据库，网上数据库的建立应有一致的标准或采用可以自由交换的方式，并应尽量向公众开放，实现成果共享；2. 充分发扬学术民主，在术语搜集、整理的整个过程中，都应广泛听取社会意见，集中全社会智慧，从而将术语工作由少数专家从事的职业变为以专家为主、社会广泛参与的社会化工作，实现智慧共享。

五　结语

中国术语工作任务重、难度大。首先，术语工作与语言文字的状况密切相关。我国的语言状况十分复杂，民族语言众多，汉语的方言状况异常复杂，大陆与香港、澳门、台湾语言生活存在一定差异。其次，对术语及其规范化程度的要求与教育、经济、科技的发展也密切相关。我国幅员广阔，东部地区与西部地区，大陆同港澳台地区，教育、经济和科学技术的发展很不平衡。第三，随着学科的交叉渗透和国家科教兴国战略的实施，术语从一个学科迁移到另一个学科、从某个行业扩散为社会通用词语的速度加快，数量增多。在这种复杂的情况之下，术语在汉语内部的协调，术语在不同民族、不同社区和不同科技门类之间的协调，困难很大，需要投入更多的精力和财力。随着世界经济一体化进程的加快，特别是中国加入了世贸组织，术语国际化的要求越来越高，中国与国际上的术语协调也显得更为急迫。

就学术而言，研究对象越是复杂，研究工作越是困难，越容易出大的学术成果。在术语本土化、术语规范化和术语国际化的学术研究及具体实施过程中，在继承中国术语学丰厚传统的基础上，通过认真借鉴德国—奥地利学派、俄罗斯学派、捷克斯洛伐克学派和加拿大—魁北克学派等国际现代术语学术流派的理论与方法，中国也能够为国际术语学作出自己应该作出的贡献，甚至形成术语学的中国学派。

主要参考文献

蔡宗健　1977《中国术语标准化与国际文化交流》，《术语标准化与信息技术》第4期。

冯志伟　1997a　《现代术语学引论》，语文出版社。

冯志伟 1997b 《信息时代中汉字的标准化和共通化》，《术语标准化与信息技术》第1—3期。
——— 1998 《字母词的使用要看对象》，《术语标准化与信息技术》第3期。
胡 坦 2001《术语民族化问题——藏语科技术语的发展》，《术语标准化与信息技术》第3期。
李宇明 2002《整体与部分同词现象及其认知理据》，《汉语学习》第2期。
刘 青 2002《科学术语规范化在信息传播中的重要作用》，《科技术语研究》第1期。
刘正埮等 1984 《汉语外来词词典》，上海辞书出版社。
粟武宾 1998《术语学——本地化不可缺少的理论基础》，《术语标准化与信息技术》第1期。
S. E. 莱特、G. 布丁 1996 《术语管理手册（第一卷），属于管理的基本方面》（于欣丽、周长青译），中国标准出版社。
王孟本 2001《生命科学各学科名词的一义多词问题》，《科技术语研究》第3期。
王渝丽 1999《我国术语数据库的建设及其发展趋势》，《术语标准化与信息技术》第1期。
吴淑生、田自秉 1986 《中国染织史》，上海人民出版社。
伍铁平 1982《论语言的类型对比》，华中工学院中国语言研究所《语言学进修班教学参考资料》（油印本）。
张燕燕 2001《也谈不同学科间的名词规范》，《科技术语研究》第3期。
周其焕 2001《海峡两岸航空名词差异一瞥》，《科技术语研究》第4期。
周锡令 2002《术语翻译问题及对策管见》，《术语标准化与信息技术》第1期。
周振鹤、游汝杰 1986 《方言与中国文化》，上海人民出版社。
周智佑 2001 《数据库服务产业的发展概况》，《术语标准化与信息技术》第1期。

[原载《语言科学》2003年第2期]

大众媒体与语言

媒体是传播信息的工具。人类社会依赖信息交流而存在而发展，古往今来创造了形形色色、功能各异的传播信息工具，如报刊、书籍等各种样式的出版物，戏曲、音乐、绘画、电影等各种艺术形式，广播、电视、因特网各种现代媒体等等，它们都是广义的传播信息的媒体。本文所讲的媒体或曰大众媒体，是一般意义上的，主要指面向大众的报刊、广播、电视、因特网等。

一　媒体与语言传播

媒体的社会使命是向大众传播信息。信息的载体多种多样，其中语言（包括文字，下同）是人类信息的最为重要的载体，媒体主要是运用语言来传播信息，即使是较多使用图像的电视也是如此。这决定了媒体在传播信息的同时，也在向大众传播语言。不管媒体的工作人员还是媒体的举办者如何看待媒体的职能，但客观上媒体都具有信息传播和语言传播的双重使命。

大众媒体是历史发展到一定阶段的产物。在大众媒体产生之前，语言的传播方式称为“古典传播方式”；大众媒体产生之后，语言的传播方式称为“现代传播方式”。

（一）语言的古典传播方式

语言的古典传播方式主要有三种类型：

A．个体的或小范围的语言交际。这种交际主要是个人之间的日常口语交际，此外也有少量的个人之间的书面交际（如书信往来）、小范围的群体口语交际（如各种会议）和书面交际（如古代的政府公告等）。

B．书院或私塾的语言教育。

C．经典文献的传阅。

在上述三类传播方式中，A方式是最主要的语言传播方式。古代的交通、通讯很不发达，农业是社会的主要生产形态，人们的活动半径很小，因而语言交际的半径也比较小，交际的内容较为单一；能够进行超地域、超阶层的群体交际的，限于少数头面人物；由于教育不普及，能够进行书面交际的人员也十分有限。这决定了语言传播的速度十分缓慢。

书面语的产生为语言规范的形成奠定了基础，古代语言的规范主要反映在教育用语和经史子集的文献语言中，因此，B、C两类方式在语言传播中的地位应是十分重要的。但是，在古代，读书识字只是少数人的事情，而且教育用语和经典文献中的语言都比较稳定保守，厚古而薄今，口语与书面语严重脱节，口语的发展变化不能及时反映到教育用语和经典文献中，“之乎者也”成了读书人阶层的“语言专利”。因此B、C两类语言传播方式虽然很重要，但是在现实语言生活中所发挥的实际作用却非常有限。

我国幅员辽阔，人口众多。由于语言传播半径小，典范的教育用语和文献语言对大众语言影响较小，从而导致了各地语言的严重分歧，方言众多，交际障碍重重；语言传播缓慢，语言内部的差异十分显著。

（二）语言的现代传播方式

大众媒体产生之后，语言传播方式逐渐现代化。语言的现代传播方式主要包含两方面的内容：

第一，语言可以利用现代媒体进行传播。最早出现的重要媒体是报刊。自1858年起，伴随着洋务运动的兴起，中国人先后创办了《中外新报》《华字日报》《羊城采新实录》《昭文新报》《循环日报》《汇报》《新报》《广报》等。（周光庆、刘玮，1996：17）到了清代晚期，报刊的作用已经不小。20世纪的上半叶，中国有了广播[1]，20世纪50年代有了电视。[2]经过几十年的发展，如今广播、电视在我国已经基本普及。上个世纪末，又出现了功能强大的因特网。1994年4月20日，中关村地区教育与科研示范网络（NCFC）通过美国Sprint公司连入因特网，我国被国际上正式承认为有因特网的国家。到2002年6月30日，我国的联网计算机已经达到1 613万台，网民数量已经激增到4 580万人，接近西方发达国家的水平。[3]这些媒体的出现，使语言获得了新的革命性的传播方式。

第二，语言的古典传播方式随着时代的进步也有了重大发展。首先，人的活动半径随着交通、通讯、商业的发展和社会的进步而逐渐加大，特别是改革开放以来，北方人口向东南沿海地区大量流动，亿万农民工进城谋生，带来了南北语言的大融合和城乡语言的大交流，语言交际半径迅速扩展。其次，清代末年废科举兴学校，私塾逐渐退出历史舞台，现代意义的学校建立起来，教育逐渐普

【1】1940年12月30日，中国共产党领导的第一座广播电台——延安新华广播电台建立。见张颂主编（1994：7）。

【2】1958年5月，我国第一座电视台——北京电视台开始试播。见张颂主编（1994：22）。

【3】资料来自中国互联网络信息中心网页（http：//www.cnnic.net.cn/）。

及，教育内容逐渐现代化。特别是我国实行义务教育制以来，基础教育得到了快速发展，文盲人数大大减少，从而使教育和书籍这两类传播方式在语言传播中发挥了基础性作用。再次，各种会议增多，会议规模有时可以达到千人万人，不同地区、不同阶层集体交际的机会迅速增多。

媒体的出现与发展，加上古典传播方式的现代化，构成了“以媒体为主导、以教育为基础”的语言的“现代传播方式”。语言现代传播方式的结果是：

1．语言传播速度迅速提高。语言传播半径极大，传播的接受者数量巨大，传播的语言内容丰富多彩，语言传播速度迅速提高。新的语言现象可以在较短的时间内（在只有报纸的时期）、甚至在一天或更短的时间内（广播电视、因特网出现之后），就传遍全国全世界，使得语言发展变化的速度急剧加快，语言空前活跃，生机盎然。

2．不同群体、不同领域的语言交流频度激增。在语言现代传播方式中，不同地域方言群体、不同社会阶层之间，因教育普及和媒体的沟通作用，语言交流的障碍逐渐扫除。甲地的语言较方便地传入乙地，A阶层的语言较方便地传入B阶层，标准语时时刻刻影响着不同地方和不同社会阶层的语言，汉语内部的差异逐步缩小。口语与书面语交互影响交互促进，两者的距离保持在一个合适的限度内。

二　媒体与语言规范

媒体不仅传播语言，而且与语言规范的关系也十分密切。媒体与语言规范的关系主要表现在两个方面：第一，形成、丰富语言规范；第二，向社会传播语言规范。

（一）形成、丰富语言规范

语言规范不是语言学家在书斋里的逻辑演绎，而是对大量语言实践的研究与总结；语言规范不是一成不变的教条，而是随着语言的变化不断地丰富与发展。媒体是使用语言的“大户”，就某种意义而言，媒体就是一种语言行业。媒体在丰富的语言实践中，不仅会巩固已有的语言规范，而且能够创造和发展新的语言规范。新华社在外国人名、地名的汉语翻译中所创造的规范，广播、电视在汉语词语读音方面所创造的规范，就是这方面的典型事例。

媒体语言与社会通用语言有相同之处，也有因行业特点而不同于一般语言运用的独特领域。例如新闻语言就是媒体出现以后逐渐形成的新的语言运用领域。新闻语言的各种规范的形成，是新闻界实践的结果。再如广告语言，是商品经济与媒体结合产生的新的语言样式，报刊、广播、电视和因特网，因媒体形式不同，也形成了或正在形成广告语言的不同特色。广告语言的规范的形成，虽然集中了广告制作者的语言智慧，但也有赖于媒体的广告语言实践。

此外，媒体语言是语言学家研究的重要对象，通过对媒体语言的研究，语言学家能够从中发现语言的发展变化，总结出许多重要的语言规律，并在此基础上建立语言的各种规范。语言文字应用研究所当年编辑的具有重要影响的新词新语词典，就是对媒体语言研究的结果。最近国家公布的《第一批异形词整理表》就充分利用了《人民日报》的语料库。这说明，媒体语言的语料对语言规范的形成与发展起着重要作用。

（二）传播语言规范

语言规范不仅体现在成文的规范中，而且也体现在具体的语言运用中。媒体在传播语言的同时，也在传播语言规范。媒体对语言规范的传播，不仅表现在刊载成文的语言规范和宣传语言规范的文章上，而且更重要的，媒体语言本身就是在传播语言的各种规范。广播、电视播音员的读音是汉语语音规范的体现，媒体的用词用语用字、篇章结构，是汉语词汇、语法、文字和语用规范的体现。

三　媒体的语言影响力

媒体的语言影响力，指的是媒体对社会语言生活发挥作用的大小。对社会语言生活发生影响的力量来自于诸多方面，但总体来看，媒体的语言影响力是巨大的，媒体对社会语言生活发挥着主导作用，带领着语言向前发展。

例如，“五四”时期兴起的白话文运动，主要是在报刊上试验白话文的写作并逐渐形成白话文的规范，同时也通过报刊传播白话文运动的主张，传播白话文的规范。报刊对现代汉语书面语的形成与发展，发挥了不可代替的作用。

再如，早在清代末年，一批志士仁人就提出了统一语言的问题，并形成了后来的轰轰烈烈的“国语运动”。新中国成立以后，国家特别重视普通话的推广，方言分歧带来的交际障碍大大减弱。回顾百年来语言统一的成就，最为显著的时期应是20世纪80年代以后的20年。这20年普通话普及的速度和质量前所未有，其中最主要的原因之一就是广播、电视的发展与普及。广播、电视提供了普通话语音的样板，而且广播、电视的播音员、主持人在社会中具有较强的亲和力，许多人愿意模仿他们的语言，从而加速了语言的传播。

当然，不同类型的媒体对语言的影响的方面是不同的。报刊主要影响书面语，广播、电视主要影响口语或书面语的口语表现形式。因特网出现的时间还不长，语言使用还不具有权威性，对社会主流语言的影响还比较小，它对语言的影响，当前主要是在语言的新鲜用法和网络的特殊语言现象上。

不同的媒体或媒体栏目，对不同受众群落的语言影响力也有差别。例如，现代青年人这一受众群落，受青年报刊、娱乐栏目的主持人、网络文学、网上BBS的语言影响最大。

不同媒体的语言影响力有大有小。一般来说，权威媒体和社会亲和力强的媒体，对语言的影响力大。权威媒体主要影响社会主流用语，社会亲和力强的媒体主要影响大众特别是青少年的用语。

应当注意的是，媒体的语言影响力与媒体使用语言的状况也有相当密切的关系。信息主要凭借语言才得以传递，语言运用得好坏，语言运用得规范与否，直接关系到媒体的质量与威望。媒体的质量与威望如何，关乎到媒体的语言影响力。重视语言运用，不仅是媒体的社会职责，而且也是媒体自身发展所必需的。

四　结语

媒体的产生与发展，使语言传播方式进入现代阶段。媒体在向大众传播信息的同时，也在向社会传播语言与语言规范；媒体是一种语言行业，它的语言实践对语言规范的形成和发展起着相当重要的作用。媒体具有巨大的语言影响力，主导着今天的社会语言生活。媒体语言的使用状况，关乎媒体本身的质量与威望，也关系到社会语言生活的质量与走向。因此，媒体应当十分重视自己的语言运用，为社会树立语言运用的榜样。

语言文字工作者应把媒体语言作为工作的重点，研究媒体语言，全力支持媒体发挥良性的语言影响，帮助媒体解决遇到的各种语言困难，最好能同媒体研究者、工作者一道建立“媒体语言学”。应用语言学是由应用语言学理论和领域语言学构成的研究语言应用规律的科学。领域语言学研究各个语言运用领域的语言问题；对各个语言运用领域的语言问题的研究，形成应用语言学的各种分支学科。在以往的应用语言学研究中，教学领域的语言研究取得的成果最多，之后随着计算机语言处理的发展，诞生了计算语言学。语言教学和计算语言学是当前应用语言学的两个公认的分支学科。关于媒体语言的研究也已经有了一些成果积累，媒体语言学有望成为应用语言学的一个新的分支学科。领域语言研究的深入开展，各种领域语言学的建立，是应用语言学发展的重要方向，也是应用语言学兴旺发达的重要表现。

最后需要指出的是，因特网是20世纪人类创造的最伟大的成果之一，是信息时代的翅膀。网络不仅有望发展为最重要的现代媒体，而且还将改变人类的生活方式乃至生存方式。网络语言对青少年已经发生了不小的影响，学生作文中大量使用网络语言的现象已经成为人们议论的热点话题。可以预见，网络语言将对社会语言生活发生越来越大的影响。研究网络语言，锤炼网络文学语言，提升网络语言的品位，引导网络语言良性发展，将成为媒体语言学研究的新的重要的任务。

主要参考文献

曹志耘 1992《广告语言艺术》，湖南师范大学出版社。

郭 熙 1991《试论新闻语言的基本特征》，《南京大学学报》第4期。

——— 1999《中国社会语言学》，南京大学出版社。

李宇明 2002《清末文字改革家的方言观》，《方言》第3期。

梁家禄等 1984《中国新闻事业史》，广西人民出版社。

牛印文等 1990《广播电视语言应用》，四川辞书出版社。

邵敬敏 1991《广告实用写作》，华东师范大学出版社。

王均主编 1995《当代中国的文字改革》，当代中国出版社。

文字改革出版社 1958《清末文字改革文集》，文字改革出版社。
吴　郁 1999《主持人的语言艺术》，北京广播学院出版社。
许嘉璐 2000《未成集——论新时期语言文字工作》，语文出版社。
应天常 1999《节目主持艺术论》，北京广播学院出版社。
于根元等 1994《现代汉语新词词典》，北京语言学院出版社。
于根元 1996《二十世纪的中国应用语言学》，书海出版社。
于根元主编 2001《中国网络语言词典》，中国经济出版社。
语用所广告语言研究课题组 1995《广告语言课题研究纲要》，《语言文字应用》第1期。
——— 1996《广告语言课题研究纲要补》，《语言文字应用》第3期。
张颂主编 1994《中国播音学》，北京广播学院出版社。
——— 2001《广播电视语言艺术》，北京广播学院出版社。
周光庆、刘玮 1996《汉语与中国新文化启蒙》，东大图书公司（台北）。

［**原载姚喜双、郭龙生主编《媒体与语言——来自专家与明星的声音》，经济科学出版社，2002年**］

语言生活与精神文明

运用和应用语言文字的各种社会活动和个人活动，可概称为“语言生活”。说话、作文、命名、看书、听广播、做广告、语言教学等等，都属于语言生活范畴。

大约距今3至5万年，人类获得了语言，便有了原始语言生活。大约距今6千年前后，人类创造了文字。文字的产生带来了社会的文明史，也使人类的语言生活有了超越时空的性质，并涉及社会的诸多领域。随着现代各种语言文字的传输、加工技术的发展，语言生活在社会中的地位越来越重要，社会对语言生活的质量要求也越来越高。扫除文盲，造就大量的双言双语人，掌握传输、加工语言文字的各种现代化技术，提高语言生活的水平和质量，已为当今社会所必需。

语言生活不仅是社会生活的一个重要组成部分，而且，它也记录着、传递着、影响着社会的物质生活或精神文化生活。可以说，语言生活的文明、健康程度，反映着甚至决定着社会生活的文明程度；促进社会的精神文明建设，不能不重视对社会语言生活的观察和引导。

一　生机勃勃的语言生活

我国当前的语言生活生机勃勃，充满活力。语言生活的生机和活力，突出表现在新词语的大量涌现、新的语法现象的出现和一些新的语体、风格的迅猛发展三个方面。

（一）新词新语

词汇是语言感知社会的最敏感的触角，社会的细微变化都会首先被词汇系统感知。新时期以来，新词新语接踵涌现，词义的新意义新用法令人目不暇接。[1]特别值得重视的是，一大批能灵活构词的"词语模"的形成和发展[2]，例如：

一迷：　歌迷　舞迷　球迷　影迷

一盲：　科盲　舞盲　法盲　计算机盲

一热：　文化热　文凭热　出国热

一星：　球星　歌星　影星　笑星

一族：　追星族　工薪族　打工族　飞车族

一工程：　希望工程　菜篮子工程　211工程　米袋子工程　"五个一"工程

一明星：　体坛明星　歌坛明星　反扒明星

一状元：　高考状元　养鸡状元　交粮状元

炒一：　炒股　炒汇　炒新闻　炒名人

词语模由模标（上面例子中的"迷、盲、热、星、族、工程、明星、状元、炒"）和模槽（上面例子中的"一"）两部分构成，

【1】参见语用所"新词新语新用法研究"课题组（1993），张德鑫（1993）。

【2】顺着这种想法，笔者后来专门写了一篇《词语模》的论文，见邢福义主编《汉语法特点面面观》，北京语言文化大学出版社，1999年。

人们根据表意需要，可以较自由地把语素“压入”模槽中构成新词语，并形成以模标为标记的一个个词语族。于是，一簇簇的新词语如雨后春笋般涌现出来，及时反映新时期潮水般涌现出来的新事物、新观念。

（二）语法新现象

新时期也出现了一些富有表现力的新的语法现象。例如，程度副词和语气副词，本来只能修饰性质形容词和一些心理动词，但是现在却出现了程度副词、语气副词修饰非谓形容词和名词的新现象：

很专业 很生活 很绅士 很乡村 很青春 忒女性 忒风尘 太专门 太人工

真英雄 非常东方 十分男子汉 特别哥们

再如，动词重叠之后一般是不能再带结果补语的，但是，现在却出现了不少动词重叠带结果补语的新现象：

说说清楚 讲讲明白

此外，还把南方方言中的语气副词“好”、感叹词“哇”和“有+动词”的格式引入到普通话中，丰富了现代汉语的表达手段。

（三）语体风格新发展

一些新的语体迅猛发展，最为世人瞩目的是商业用语、新闻用语和体育用语。这一情况表明，商业、新闻和体育是新时期发展较为迅速的部门。

新时期的话语风格也发生了而且正在发生重要嬗变。“文化大革命”期间形成的充满火药味、以气势见长的“威逼型”话语风格已不多见，说理的、诱导的、商洽的、感染式的“平等型”话语风格，成为当今语言生活的主流风格。话语风格由“威逼型”嬗变为“平等型”，表明了民主意识的增强，人与人之间、社会与其成员之间的关系发生了淡化“权势”、强化平等、尊重个体的重大变化。

可以毫不夸张地说，新时期语言生活的发展变化，完全能同20世纪初“五四”时代的语言生活的发展变化媲美。活跃的语言生活是活跃而生机勃勃的社会生活的反映，从中我们可以感受到怦怦跳动的时代脉搏，听到改革开放的时代脚步声，看到不同地区、不同国度的文化撞击出闪烁的火花。

二　语言生活中的问题

但是也毋庸讳言，当今的语言生活还存在着诸多不尽如人意的地方。其主要问题是：语言生活还缺乏应有的良好的秩序；语言生活中伴有一些不文明不健康的思想意识。

（一）词语问题

就语言运用来看，受指责最多的是词语引进的问题。首先是“赘余引进”。例如，本已有“激光”这一通行的意译词，又引入“镭射”这一音译词。伴随着“镭射电影、镭射光碟、镭射唱片、镭射放映厅”的传播，“镭射”二字便射向了大江南北的城市和乡镇。“镭”是一种放射性元素，与激光并无任何关系。所以，“镭射”往往会引起误解，不如“激光”的命名科学。类似的还有“收银台、酒家、买单、作秀”等。这种赘余引进，徒增词汇系统的负担和混乱，没有什么积极意义。

一些新词语，其语素和词的意义不符合汉语习惯，给人以怪模怪样的感觉。例如，在汉人的心目中，“城”总是要有一定的规模，一个铺面、一栋建筑不成其为“城”。但是近期却出现了许多“鞋城、帽城、服装城、家具城、美食城、娱乐城、图书城、电影城”，真是大“城”小用。建筑行业流行用“××广场”“××花园”命名，其实是“广场无场、花园无园”。

（二）错别字

就文字的使用来看，错别字、不规范字充斥街巷市井。大街的标语、影院的海报、食堂的菜谱、小贩的招贴、私人的名片，甚至连一些报刊书籍、影视屏幕和计算机的字库，都成了错别字、不规范字的安乐所、滋生地和传播源。此外，在汉字中夹杂日文和西洋字母的现象，汉语拼音的书写不合规则的现象，也随处可见。

（三）不健康的语言意识

一些不文明不健康的思想意识在语言生活中也有所表现。首先是商品、店铺的名称流露出一些人复旧、媚洋的心态，如“×帝、×王、××皇、××后、××皇后、×妃、×霸、××贵族”和“中国夜巴黎、凡尔赛宫、迷你发屋”之类。有人把这些名称戏谑为“帝王将相复辟”和“八国联军入侵”。

其次，像“摆平、搞定、修理修理、马子、雷子、大姐大”之类黑社会和流氓用语，竟在社会上普遍流行。一些脏字眼就像“标点符号”一样，夹杂在一些人的话语中，甚至是一些衣着光鲜的时髦女郎和西装革履翩翩绅士的话语中，似乎只有以此才能显示自己是“先锋派”一族。

此外，一些有识之士早就指出，当今许多人的言谈举止，缺乏应有的文化内涵和起码的礼貌修养，甚至可以用“俗不可耐”“痞气十足”来形容这样的言谈。我觉得，言谈的文化内涵和礼貌教养，恐怕是更深层次的、更不容忽视的语言文明问题。

三　语言的自我调节、人工干预及语言羞耻心

（一）关于语言的自我调节

语言生活中的这些不尽如人意之处，在语言生活迅速发展嬗变的滚滚洪流中是难以完全避免的，而且语言的自我调节机制会逐渐地对其中一些问题进行调整和规范，使之逐渐地有序化。因此，对于语言生活中的这些负面现象，不必大惊小怪，更不能希冀用几番说教、颁几项行政命令和亮出几顶“帽子”就可在短期内解决问题。而且，语言文字的规范化和语言生活的有序化总是相对的。规范需要一定的弹性和张力，规范得太死反而会抑制语言的活力，导致语言僵化，妨碍语言的发展和语言生活的正常运转。

当然，这丝毫不意味着社会可以对语言生活采取听之任之的“不干预”态度。因为：

第一，语言的自我调节是一个相当缓慢的过程。例如，第二人称有平称、敬称之分，敬称之中也有单数、复数之别。在近代汉语中，第二人称的平称复数形式合音为“您”，“您”表尊称单数，尊称复数形式一直在词汇平面上缺位。大约在20世纪80年代，“您们”这一复数形式才通行起来。[1]第二人称尊称的单数和复数形式的发展完善，起码用了将近一个世纪的时间。

第二，语言自我调节的范围是有限的，并不能对语言生活的全部内容都发生作用。一般说来，语言的自我调节作用对语音、语法系统较强，对词汇系统的作用次之，对文字和语用的作用更次之，而对语言生活中的不健康不文明的思想意识，几乎难以发挥作用。这就是说，语言生活中的一些问题，并不能完全依靠语言的自我调

【1】关于“您”与“您们”的问题，可参见李宇明（1984）和吕叔湘（1955）、吴蒙（1982）、方若（1982）及徐振礼（1983）。

节机制去解决。

第三，语言自我调节功能的发挥，需要有一个适宜的社会生活环境和良好的社会语言心态。纷乱的社会生活只能导致语言生活的纷乱，庸俗的生活环境只能有庸俗的社会语言生活。不良的社会语言心态也会极大地妨碍语言自我调节功能的发挥。“二简”的出台，繁体字的回潮，词汇的赘余引进等，不良的社会语言心态都在其中发挥了一定的作用。

因此，虽然纯粹的描写语言家们可以声明他们的责任只是描写语言，但是社会语言学家、语用学家，特别是社会语言规划的制定者、宣传者和执行者，却有责任和义务对语言生活进行合理适度的干预和耐心科学的引导，为语言自我调节机能的发挥创造良好的条件，并采取一定的措施来辅助、弥补语言调节机能不便或不能发挥作用的方面，以使社会语言生活健康、文明、有序。

（二）语言羞耻心

新时期，国家根据语言学界对汉语、汉字和语言应用诸领域的研究成果，汲取新中国建成几十年来语言文字规划中的经验教训，针对我国语言生活的实际情况和未来的发展，完善并新订了一些用词用字的规范，颁布了一些较为科学的法规和条例，并采取了包括普通话水平测试在内的一系列措施。职能部门和一些地方政府，对娱乐业店名进行了整顿，对广告用语法规的形式进行了规定。这些规定对语言生活的良性发展起了一定的积极作用。

这些规定和措施还需要进一步完善，特别是要注意关于语用的法规的制定和完善。但当前最主要的任务，是如何使这些法规成为公众自觉遵循的准则。要完成这一任务，当然需要宣传，但我觉得更重要的是提高全社会的语言文化水平和“语言羞耻心”。

健康而文明的语言生活，是以社会的语言文化水平作为基础的。语言水平，特别是书面语水平，是由社会的语文教育水平决定的。平心而论，当前我国语言水平总体上看是比较低的，不仅有一定数量的文盲存在，而且即使是有一定文化水平的人，语文底子也相当薄弱。这种状态是当年的“文化大革命”毁灭知识、摧残教育的后遗症之一，也是近些年来愈演愈烈的“应试教育”的苦果。宣传主要解决的是“能而不为”的问题，而教育才能解决“不能为”的问题。

更为严重的是，现在不少人失却了“语言羞耻心”，不以规范地高水平地使用语言文字为荣，不以语句不畅、错别字连篇为耻。有些人为追求商业利润，盲目地崇洋求奇，照搬海外的商业用语；有些人为寻求所谓的新的“话语”，而一味地要“超越语言”，或倡导“痞子文学”，有意地破坏语言结构规律，甚至连一些教师、大学生、新闻记者、作家，也不因写了错别字而脸红心跳。出版界流行的“无错不成书”的说法，正是语言羞耻心失落的典型写照。一个民族若没有语言羞耻心，就绝不可能有文明健康的语言生活。

四 结语

要言之，我国当前的语言生活充满活力，新词语不断涌现，新的语法现象不断产生，新的语体迅猛发展，话语风格也在随着社会的前进而嬗变。但是，语言生活还缺乏应有的秩序，且伴有一些不健康不文明的负面现象，重要的是要加强社会的语文素质教育，树立语言羞耻心。

当前，全国上下正在狠抓精神文明建设，落实“科教兴国”的战略措施。这种大环境为建设健康而文明的语言生活提供了很好的机遇，而通过抓语言文明，也可以促进社会的精神文明建设。

主要参考文献

方　若 1982《关于“您们”》，《中国语文》第4期。
郭　熙等 1993《汉语新词语词典》，江苏教育出版社。
刘一玲 1993《寻求新的色彩，寻求新的风格——新词语产生的重要途径》，《语言文字应用》第1期。
李宇明 1984《试论“们”在现代汉语人称代词中的类化作用》，《华中师院学报》第1期。
吕叔湘 1955《语法论文集》，科学出版社。
吴　蒙 1982《“您们”、“孀”、“二”和“两”》，《中国语文》第2期。
徐振礼 1983《谈“您们”的用法》，《中学语文教学》第1期。
于夏龙 1992《从方言吸取营养——普通话新词语产生的重要途径》，《语言文字应用》第2期。
语用所“新词新语新用法研究”课题组 1993《整理汉语新词语的若干思考》，《语言文字应用》第3期。
张德鑫 1993《第三次浪潮——外来词引进和规范刍议》，《语言文字应用》第3期。

[原载《语文建设》1997年第1期]

语言文字工作

中国当前语言文字工作任务

通用语言文字规范标准的建设

规范汉字和《规范汉字表》

词语规范的若干思考

辞书与语言文字规范

关于普通话水平测试的思考

关于普通话作为教师职业语言的问题

努力培养双言双语人

我国的语言生活问题

中国当前语言文字工作任务*

作为特定的行政领域的概念，“语言文字工作”是指国家和各级地方政府管理语言文字而进行的各项活动，主要包括制定语言规划和落实语言规划两个基本方面。确定语言文字的工作任务，起码应从三个方面考虑：第一，语言文字在国家发展中的地位；第二，语言文字在社会生活中使用的现实状况；第三，已有的语言文字工作基础。根据这几个方面的考虑，中国当前的语言文字工作主要有五大任务：一、大力推广普通话；二、实现汉字的规范化和标准化；三、推行《汉语拼音方案》，扩大汉语拼音的适用范围；四、加速语言文字的信息化进程；五、科学处理各领域中语言文字应用的问题。

---

* 2001年6月，北京与东京都联合举办第12次日中交流研讨会，会议主题为“汉字文化的未来”。我和日本著名作家井上靖先生作特邀发言。这一发言曾以《中国现代的语言规划——附论汉字的未来》为题在《汉语学习》2001年第5期发表。2002年12月1日，北京大学汉语语言学研究中心、北京大学中文系和中国语文现代化学会在北京联合举办“语文现代化与汉语拼音方案国际学术研讨会”，我在日本发言的基础上增加了一些内容，以《中国当前语言文字工作任务》为题在会议上作了演讲，后被收入陆俭明、苏培成主编的会议论文集《语文现代化和汉语拼音方案》（语文出版社，2004）。另外，此文也被收入苏新春、苏宝荣编《词汇学理论与应用（二）》（商务印书馆，2004）。

一　大力推广普通话

民族语言的统一，是建立统一市场、实现工业化的重要条件之一。西方工业化国家，早在200或100多年前就实现了民族语言的统一。我国古代是以雅言、通语、官话等代行民族共同语的职能，清末开始提出语言统一问题，并逐渐发展为“国语运动”。（参见黎锦熙，1933；王均，1995）。推广普通话正是历史上语言统一、国语运动等文化运动在新时代的延续。

新中国几十年一贯制的语言政策之一就是大力推广普通话。1955年至1956年，在学术研究的基础上，把现代汉民族共同语定义为“以北京语音为标准音，以北方方言为基础方言，以典范的现代白话文著作为语法规范的普通话”。（费锦昌，1977：221）并在全国范围内开展了轰轰烈烈的推广普通话运动。当时推广普通话的方针是12个字：“大力提倡，重点推行，逐步普及”。（王均，1995：279）

1986年召开的全国语言文字工作会议，要求把推广普通话工作的重点放在“重点推行，逐步普及”上。（王均，1995：521）并明确提出：各级各类学校采用普通话，普通话成为教学用语；各级各类机关工作时一般使用普通话，普通话成为工作用语；广播（包括县以上的广播台、站）、电视、电影、话剧使用普通话，普通话成为宣传用语；不同方言区的人在公共场合的交往基本使用普通话，普通话成为交际用语。[1]

1992年《国家语言文字工作十年规划和“八五”计划纲要》根据形势的发展，明确提出新时期国家推广普通话的新的12字方针：

【1】详见全国人大教科文卫委员会教育室、教育部语言文字应用管理司（2001：292）。

“大力推行，积极普及，逐步提高。”1997年全国语言文字工作会议提出普及普通话的具体目标：在全国范围内，2010年前初步普及普通话，2050年前全面普及普通话。

2000年10月31日，第九届全国人大常委会第十八次会议审议通过了《中华人民共和国国家通用语言文字法》，把普通话称为国家通用语言，并用法律形式将国家推广普通话的方针、任务固定下来。

回首几十年推广普通话的历程，会发现推广普通话取得实效较大的时期是在1980年代以来的新时期。推究其原因主要有以下四点：

1．因市场开放而带来的全国人口大流动；

2．广播电视的逐步普及；

3．教育事业的发展使人的文化素质提高；

4．教师、播音等行业把普通话作为职业要求，推进了普通话培训及其水平测试工作。自1994年国家决定开展普通话水平测试工作以来，已经测试了400多万人，培养了2 300多名国家级测试员和20 000名地方测试员，对推广普通话起到了相当大的作用。

但是，由于我国方言和民族语言众多，再加上其他的社会原因，要实现1997年全国语言文字工作会议提出的推广普通话的目标，还需要加大工作力度。当前国家提出的推广普通话的重点领域有四个：

1．国家公务人员。公务员既是国家的形象，又是国家意志的具体实施者，带头执行《国家通用语言文字法》，在推广普通话中起模范带头作用，是公务员的职责和义务。

2．教育战线。教育战线是文化的制高点，是文化的社会传播源，同时担负着培养下一代的光荣使命，因此教育战线是推广普通话的重点领域。

3．新闻出版。新闻出版对社会影响巨大，而且往往被社会看做语言规范的标杆，新闻出版行业应当在推广普通话中起榜样作用。

4．公共服务行业。语言是用于交际的，公共服务行业要为天南地北的大众服务，使用普通话应当是对公共服务行业的职业要求。

只要这四个重点领域普及了普通话，社会的普通话水平就会有质的进步。当前推广普通话的主要措施有三：

1．抓好一年一度的普通话宣传周活动。通过普通话宣传周，传播当代的语言规范观念，宣传国家的语言文字政策，制造强大的舆论声势，吸引社会各行业人士关注并参与推广普通话工作。

2．开展城市语言（文字）评估。城市是文化的中心，是社会的表率，推广普通话应充分发挥城市的辐射作用，由大城市带动小城镇，由小城镇带动农村。

3．按照“以测促训”的方针积极开展普通话水平测试，规定不同职业的普通话水平要求，使普通话与人才市场的准入制度挂钩。

二　实现汉字的规范化、标准化

清末以来进行的汉字改革运动，目的大多是要废除方块汉字，改用拼音文字。（参见黎锦熙，1933；倪海曙，1948；许长安，2000）新中国成立后，出于当时文化建设的需要对汉字进行了大规模的整理和简化，而且在实践中逐渐认识到在相当长的一段时期内还不能废除汉字。1958年周恩来总理在中国人民政治协商会议全国委员会所作的报告《当前文字改革的任务》中明确表示，对汉字的前途“现在还不忙作出结论”，因为“不属于当前文字改革任务的范围”。1977年公布的《第二次汉字简化方案（草案）》，在1986年被明确废止，提出“对汉字的简化应持谨慎态度，使汉字的形体在一定时期内保持相对稳定”。自此以后，实现汉字的规范化、标准化就成为文字工作的主要任务。

汉字标准化是汉字规范化的升华，是文字现代化的重要内容，是现代语言生活对文字工作的新要求。汉字标准化常被概括为“四定”：定量、定形、定音和定序。

（一）定量

汉字历史悠久，经历了甲骨文、金文、篆文、隶书、楷书等多次历史形体的嬗变，不同方言（特别是南方方言）又有一些方言字，汉字传入外族后又出现了一些外族汉字，因此使汉字的总量难以精确计算。

汉字定量，并不是要确定汉字的总量，而是确定当今需要使用的汉字数量，研究其使用频率。每个时代所用的字都是有限的，在现代的语言生活中需要使用多少汉字，应当有一个定数。不同的汉字使用频率是不相同的，根据使用频度，汉字可分为常用字、次常用字、罕用字等，这种级等的划分也属于定量工作的一部分。1952年，中央教育部公布了2 000字的《常用字表》；1988年发布了《现代汉语常用字表》（3 500字）和《现代汉语通用字表》（7 000字）。之后，出现了信息交换用的字符集，如GB13000.1字符集收入汉字20 902个，现在又有字量更大的字符集出现。在现代语言生活中，特别是考虑到信息处理、人名地名用字、科技用字等，究竟应该确定多大的汉字字量（即使是计算机字库，也并不是字量越大就越好，无限制地追求大字量，是当前计算机字库建设的一个误区），怎样划分字量的使用等级，是急需解决的问题。

（二）定形

定形就是确定汉字的字形。当前使用的汉字（包括港澳台地区）可分为简化字、繁体字和传承字。简化字同繁体字是相对待的概念，如“馬”被简化为“马”，“马”是简化字，“馬”是繁体字。没有被简化且沿用至今的字称为传承字，如“山、的、大、白”等。大陆对简化字的字形在一定用字范围内进行了规范，但是随着字量范围的扩大，还需要解决诸如偏旁类推等问题。繁体字和传承字也需要定形规范。而且简化字、传承字、繁体字在字形上能否和谐一致，怎样和谐一致，还需要使用汉字的不同社区相互沟通。

因书写方式、书写风格和使用功能的不同，汉字形体会发生各种变化。如印刷体同手写体的笔画就有不同，同是印刷体，宋体字与楷体字、仿宋体字、黑体字也有差异。为了讲求字体风格的多样化，还有各种辅助性的印刷字体，如现在计算机字库中的隶书、新魏、细黑、彩云、幼圆等。用于呼机、手机、掌上电脑等的低点阵汉字，会出现笔画的合并。这些领域中的汉字形体也需要研究，对于常用的宋、仿、楷、黑这四大印刷字体以及低点阵汉字，应制定出具体的形体规范，对于手写体和印刷用的辅助性字体，应对汉字形体给以原则的规定和若干示范性的字样。

（三）定音和定序

字音规范，除了一般的审音工作外，还要特别考虑成语用字、地名用字的读音，外国地名、国名用字的读音，古人名、古地名和古代诗文用字的读音。字序问题过去为辞书编纂领域所关注，但是随着信息检索和各种排序的社会要求（如人名排序、地名排序等）越来越迫切，字序规范的问题涉及的领域越来越多，地位也越来越重要。字序主要是根据字音和字形来确定，并应提倡以音排序。但是由于同音字较多，汉字排序不能完全靠字音，必须结合字形。《现代汉语通用字表》和2001年12月发布的《GB13000.1字符集汉字折笔规范》，奠定了汉字排序的基础，今后的主要任务，是在更大字量里面对其合理性进行检验，并将其应用到各种相关的实际工作中。

在“四定”的基础上还要研究汉字的各种属性，研究汉字教学和汉字全集问题，研究社会实际用字等问题。现在社会上用字混乱的现象比十年前大有好转，但还没有得到根本转变。要实现社会用字规范化，除了加强社会的规范观念之外，重点要管理好新闻出版用字和计算机字库，因为新闻出版用字影响大，计算机字库已成为社会用字的主要来源。此外，国家语委正立项研究汉字水平测试的问题，适当时候启动对出版、编辑、教育、文秘等从业人员进行的职业达标性汉字水平测试，以推进社会用字水平的提高。

三　推行《汉语拼音方案》，扩大汉语拼音的适用范围

早在明代，西方传教士利玛窦（Matteo Ricci，1552－1610）、金尼阁（Nicolas Trigault，1577－1628）就开始为汉语设计罗马字母方案，教会罗马字一直影响到20世纪初叶，并有多种方案。（周有光，1979：18－25）1892年卢戆章设计出第一个中国人的切音字方案，（参见许长安，2000）自此揭开了语文现代化的帷幕，开始了半个多世纪的拼音化运动，包括切音字运动、注音字母运动、国语罗马字运动、拉丁化新文字运动等。新中国在总结历史经验和广泛征求意见的基础上，比较近千种拼音方案的优劣长短，用十年之功，成就了今天的汉语拼音方案。1958年第一届全国人民代表大会第五次会议正式批准了《汉语拼音方案》。

《汉语拼音方案》不仅在中国文化建设中起到了十分重要的作用，而且也逐渐为国际所承认，在国际事务中得到应用。1977年9月，联合国第三届地名标准化会议建议，采用汉语拼音作为中国地名罗马化的国际标准。1979年6月15日，联合国秘书处采用汉语拼音作为中国人名、地名的罗马化标准。1981年，ISO文献工作技术委员会第19次会议，将《汉语拼音方案》作为拼写中国专有词语的标准。此后，美国国会图书馆也采用汉语拼音作为中文的检索标准。

《汉语拼音方案》具有学术上的合理性，具有广泛的国内外的应用基础，再搞什么新的汉语拼音方案设计，显然是没有必要的，不明智的，而且也是难以行得通的。《国家通用语言文字法》规定，“国家通用语言文字以《汉语拼音方案》作为拼写和注音的工具”，“《汉语拼音方案》是中国人名、地名和中文文献罗马字母拼写法的统一规范，并用于汉字不便或不能使用的领域”。当前的主要任务是落实《国家通用语言文字法》的规定，努力推行《汉语拼音方案》，并且根据信息化时代语言生活的新特点，探讨汉语拼音所可能的适用范围，以便帮助汉语和汉字发挥作用。这方面的工作主要有：

1．汉语拼音是学习汉语、汉字的有效工具，应充分发挥汉语拼音在汉语教学中的作用。汉语教学包括汉语本土母语教学（特别是基础教育阶段的母语教学）、少数民族的汉语教学、华侨华裔子弟的汉语教学、对外汉语教学。

2．充分发挥汉语拼音在推广普通话和扫除文盲中的作用。

3．充分发挥汉语拼音在信息检索、信息处理、信息产品运用和信息教育中的作用。

4．进一步完善汉语、少数民族语和外语中专有名词（包括人名、地名及其他专有名词）汉语拼音拼写规则。

5. 研究汉语篇章的汉语拼音拼写法。汉语拼音方案虽然不是文字方案，但《国家通用语言文字法》规定《汉语拼音方案》是国家通用语言文字的拼写工具。目前汉语拼音在拼写汉语方面还有许多不完善的地方，如大小写问题、词语连写问题、标调问题、同音词分化问题等，应当积极研究。

6. 研究汉字文本、少数民族文本和外语文本中夹用汉语拼音的方式及读法等问题。

7. 研究汉语拼音在盲文、聋哑手指语、灯语、旗语等特殊人群、特殊场合的辅助语中的应用问题。

8. 研究有关汉语拼音的自动排印、网络传输等技术。

值得注意的是，现在社会的汉语拼音应用水平还很不理想，不少人还不具有汉语拼音的应用能力，小学因“减负”而出现了弱化汉语拼音教学的倾向，对汉语拼音的社会宣传和实践研究也还相当不够。应当深入分析形成这种状况的原因，采取切实有效的措施，使汉语拼音在现代语言生活和国际交流中辅助汉语汉字充分发挥作用。

四　加速语言文字的信息化进程

世界正进入信息化时代。为迎接信息化时代的到来，发达国家都在制订发展规划，希望占据信息化的制高点。我国在制定“十五”计划时，提出了“加速发展信息产业，大力推进信息化”“以信息化带动工业化”的发展战略。语言文字是信息的最主要的载体，据专家估计，语言文字所负载的信息量占整个信息量的80%左右，因此，语言文字的信息化是国家信息化的关键。

经过几十年的努力，汉字的计算机键盘输入、显示、储存、交换以及印刷排版技术获得了突破性的进展。据新华网2001年12月20

日报道，由中国工程院倡议主办、由39位来自中国工程院、中国科学院的院士组成的评委会，评选出了25项“20世纪我国重大工程技术成就”，“两弹一星”名列第一，“汉字信息处理与印刷革命”排名第二。

但是也应看到，我国语言文字信息化的道路还相当漫长，汉字和语音的计算机输入还有许多问题需要解决，对词汇、语法、语义的机器处理才刚刚开始，机器翻译和信息自动检索的水平还相当低。具体来说下一步的主要发展目标是：[1]

1. 继续完善汉字的机器处理。如：尽快克服“万马奔腾”的局面，优化各种键盘编码方案；建立低点阵汉字显示规范；制定计算机各种字库的建设规范；进一步完善国内和国际的汉字编码、传输协议等。

2. 推进非键盘输入的科技进程及其商品化。汉语汉字的非键盘输入，包括语音输入、手写联机输入、手写脱机输入、印刷汉字扫描识别等，具有良好的科技前景和重要的实用价值，必须给以高度重视。

3. 建立汉语口语、书面语的海量平衡语料库、各种专业语料库和相关的各种数据库，统计汉语汉字的各种信息，并通过语料库深加工和知识库的逐步扩充，培养计算机处理语言的能力，迅速提高计算机语言处理的水平。

4. 加强双语或多语种的对比研究，尽快提高机器自动翻译的质量。

5. 加强对汉语篇章的研究，提高机器自动信息检索、文本摘要和对信息垃圾的过滤水平，以满足信息时代的需求。

【1】详见傅永和（1999），陆俭明（2000），许嘉璐（1999、2002a）。

6．以汉语汉字的信息化带动少数民族语言文字的信息化。中国有56个民族100多种语言，正在使用的有影响的文字系统近10种。少数民族语言文字的信息化是国家信息化和西部开发的重要组成部分。西部是一个包括地理位置、经济发展状况和民族分布等因素在内的综合性概念，包含内蒙古、新疆、西藏、青海、宁夏、甘肃、陕西、四川、重庆、云南、贵州、广西等12个省、自治区、直辖市和湘西土家族苗族自治州、鄂西土家族苗族自治州。西部地区土地面积有690多万平方公里，占我国国土面积的71.9%。西部人口约为全国总人口的29%，其中少数民族人口超过8 000万，占全国少数民族人口的80%左右。（参见吴仕民，2001）西部开发不仅要解决资金、物资、管理、人才等问题，而且更须解决语言信息化问题以使信息畅通。建设能够与汉语、英语兼容的多民族语言文字信息处理平台及相关项目的开发，无疑是具有战略意义的。

为加速语言信息处理进程，也为了适应中国加入WTO的新形势，必须不失时机地建立信息技术和信息产品的各种规范标准。通过各种规范标准的建立，加强技术成果的共享性，减少低水平重复建设，保证语言信息产品的技术规格和市场公平竞争。同时，要加强对语言信息技术及其成果的评测，以保证各种规范标准的实施，保护先进技术的利益，推进企业采用先进的技术标准。

语言信息处理虽然是技术工程，但也需要社会工程的配合。这种社会工程主要是努力使社会语言生活健康规范，为语言信息化创造良好的社会环境。计算机、多媒体和因特网正在快速推广应用，海量真实文本正在成为计算机语言文字处理的对象，社会语言生活对计算机语言文字处理的影响越来越大，计算机介入日常生活越深，每个语言文字使用者所输出的语言文字成为计算机处理文本的可能性也就越大。为使语言信息处理在现在的技术条件下顺利发展，必须尽快使社会语言生活健康规范。（参见李宇明，2001c）

五　科学处理各领域语言文字应用的问题

科学处理语言文字在各个社会领域中的各种应用问题，也是新世纪语言文字的重要工作。语言文字的活力在于应用。语言文字应用的本质就是与不同的语言环境相结合。语境是多种社会要素的组合，不同的语境构成不同的社会领域。不同的社会领域对语言文字有不同的要求，语言文字的应用必须适应不同领域的不同要求，于是就必然发生各种各样的变化，具有不同领域的应用特点。这些不同的变化和特点，便构成了“领域语言学”的研究对象。

领域语言学是应用语言学的重要内容，是语言学家大显身手参与社会发展的重要场地。过去研究较多的是教育领域，之后是信息处理领域，语言教学和语言信息处理已经形成应用语言学的重要分支学科。最近，术语研究受到政府和学者的高度重视，因为术语是人类科学知识的语言投射，术语研究本质上是对人类科学知识的系统梳理，术语的传播就是人类科学知识的传播，术语规范化，可以起到推进科学研究和技术发展、统一科技产品的技术规格、促进科技交流和科学知识传播的重要作用，因此是落实科教兴国战略的基础性工程之一。术语学在我国正在建立，也应当成为应用语言学的分支学科。随着领域语言学的发展，应用语言学的分支学科会不断增多。

在其他的语言文字应用领域，如广播、新闻、法律、广告、地名等已有不少成果，但总的说来，我国领域语言研究的覆盖面较窄，还有一些空白领域；多数领域的研究还不够深入，特别是缺少经典式的研究；研究的方法还比较传统，特别是没有很好地利用数据库的方法；研究多是就事论事，较少进行理论的探讨与升华。这种状况应该引起学界的高度注意。

发展领域语言学，应当加强应用语言学的理论建设。语言的本体研究与语言的应用研究是相辅相成的。语言的本体研究是语言文字应用的基础，语言文字的应用研究为本体研究提供活力。（参见许嘉璐，2000b；于根元，1996）但是当前关于本体研究和应用研究的关系并没有处理得很好，存在着较严重的“重本体轻应用”的倾向，其结果是我国应用语言学的理论建设薄弱，学科体系不完整，学术观念更新缓慢，语言规划的学术含量不足等，从而严重制约了我国应用语言学的发展。

应深入了解各行业语言文字的使用情况，了解各行各业对语言文字工作的需求，同相关学科一起发展领域语言学。例如，在汉语书面语中夹用罗马字母现象越来越多，这些罗马字母有的是照搬外文字母，有的是汉语拼音字母。这些字母该怎样读，是广播行业所关心的问题。这些字母词要不要收入词典，收入的话该如何排序，是字词典编纂者所关心的问题。这些含字母的词语，常常是计算机所用的词表中的“未登录词”，给计算机自动文献检索和信息处理带来一定困难。应用语言学者应当了解各领域诸如此类的困难，并提出合理的解决方案。

发展领域语言学，人才队伍建设是关键。应用语言学的各分支学科大都具有学科交叉的性质，应用语言学人才应当是复合型的人才，既要懂得语言学，又要懂得某一或某些相关的学科。但文理分家的教育制度和科学体系，十分不利于复合型人才的培养，应尽快通过教育创新解决应用语言学人才的培养问题。（袁贵仁，2001）例如：高校应当开办应用语言学专业；在相关的学科开设应用语言学课程；在研究生培养上应注意学科“嫁接”，把不同学科背景的教师组合起来形成研究生指导小组，或招收不同学科背景的学生攻读应用语言学的学位，或让语言学专业的学生攻读其他学科的学位。研究应用语言学的人才问题，探索应用语言学人才培养模式，对应用语言学发展来说具有战略意义，应引起教育行政部门、高校领导和相关学科专家的高度重视。

主要参考文献

费锦昌主编 1997《中国语文现代化百年记事》，语文出版社。
傅永和 1999《中文信息处理》，广东教育出版社。
黎锦熙 1933《国语运动》，商务印书馆（上海）。
李宇明 2001a《通用语言文字规范和标准的建设》，《语言文字应用》第2期。
—— 2001b《中国现代的语言规划》，《汉语学习》第5期。
—— 2001c《信息时代需要更高水平的语言文字规范》，《术语标准化与信息技术》第3期。
刘 坚主编 1998《二十世纪的中国语言学》，北京大学出版社。
陆俭明 2000《跨入新世纪后我国汉语应用研究的三个主要方面》，《中国语文》第6期。
吕冀平主编 2000《当前我国语言文字的规范化问题》，上海教育出版社。
倪海曙 1948《中国拼音文字运动史简编》，时代书报出版社（上海）。
全国人大教科文卫委员会教育室、教育部语言文字应用管理司 2001《中华人民共和国国家通用语言文字法学习读本》，语文出版社。
王 均主编 1995《当代中国的文字改革》，当代中国出版社。
吴仕民 2001《西部大开发与民族问题》，民族出版社。
许长安 2000《语文现代化先驱卢戆章》，厦门大学出版社。
许嘉璐 1999《语言文字学及其应用研究》，广东教育出版社。
—— 2000a《现状和设想——试论中文信息处理与现代汉语研究》，《中国语文》第6期。

许嘉璐 2000b 《未成集——论新时期语言文字工作》，语文出版社。

于根元 1996 《二十世纪的中国语言应用研究》，书海出版社。

袁贵仁 2001 《以规范标准建设为核心，开创语言文字应用研究新局面》，《语言文字应用》第3期。

周恩来 1958 《当前文字改革的任务》，人民出版社。

周有光 1979 《汉字改革概论》，文字改革出版社。

——— 1992 《新语文的建设》，语文出版社。

［原载《汉语学报》2002年上卷（总第5期）］

通用语言文字规范标准的建设*

——学习《中华人民共和国国家通用语言文字法》的体会

《中华人民共和国国家通用语言文字法》（以下简称《通用语言文字法》），于2000年10月31日第九届全国人民代表大会常务委员会第十八次会议通过，并从2001年1月1日起开始实施。这是我国语言生活中的一件大事，并将对我国的社会、经济、科技、教育等方方面面的发展产生重要影响。

制定《通用语言文字法》的目的之一，正如该法第一条所言，就是“推动国家通用语言文字的规范化、标准化”。要保证《通用语言文字法》的顺利实施且能够发挥越来越大的作用，必须制定或修订一系列相关的通用语言文字的规范标准作为支撑。[1]正因如此，必须重视通用语言文字的规范标准的建设，必须采取有力措施加快通用语言文字的规范标准的建设步伐。

---

* 此文发表时使用“于月”笔名。原文中的“规范和标准”“规范或标准”，今皆改为“规范标准”，因为要区分语言文字的“规范”和“标准”实在困难。笔者在《辞书与语言文字规范》中对此问题有专论，可参阅。

【1】当然，要使《通用语言文字法》顺利实施并发挥越来越大的作用，除了制定或修订规范标准之外，还有许许多多的工作，如：制定或修订与通用语言文字法配套的法规（包括地方法规），加大宣传力度以增强全社会的法律意识、规范意识和语言文字意识等。本文主要讨论语言文字的规范标准的建设，其他问题暂置不论。

一 通用语言文字本身的规范标准

根据《通用语言文字法》的要求和实施《通用语言文字法》的需要，应该建设的通用语言文字的规范标准，可以大体上分为两类：第一类，通用语言文字本身的规范标准；第二类，通用语言文字在各个领域中应用的规范标准。先谈第一类。

（一）普通话的规范

《通用语言文字法》第二条指出："本法所称的国家通用语言文字是普通话和规范汉字。"这就是说，普通话不仅仅是当今汉民族的共同语，而且已经法定为我国的通用语言。1956年2月6日国务院《关于推广普通话的指示》，从语音、词汇、语法三个方面定义了普通话。这一定义已较明确，但从执法的角度看，还较为笼统，需要一系列规范标准使其具体化、明晰化。

普通话的语音标准从语音系统上看是明确的，但还有一些具体问题需要解决。首先是异读词问题。自1956年1月普通话审音委员会成立到1985年《普通话异读词审音表》修订，许多词语的读音有了规范。不过，审音是在特定时期进行的，不同时期审音的指导思想会有或大或小的变化，而不同的审音指导思想往往会带来不同的审音结果，因此应当根据时代的发展对《普通话异读词审音表》进行再修订。当然，确定普通话的语音规范，不仅仅是异读词的规范，轻声、儿化、多音语素等也迫切需要规范。而且语音是在发展变化的，例如"打的""的士"的"的"读阴平（dī），就是语音的一个新变化。语音规范应当随着语音的新变化不断进行调整。

几十年来普通话词汇和语法的社会规范，主要是通过词典、教科书和一些普及性的词汇、语法著作进行的，取得的成绩不小，但也应看到这两方面的规范化工作还远远跟不上社会语言生活的需求。从宏观上看，普通话应当有经过较大语料库检索得到的、并根据语言发展变化而不断调整的常用词表和通用词表[1]，应当建立规范的而且不断更新的术语库，应当制定或完善外语词和少数民族词语的汉译或转写规范，建立或完善外国和我国少数民族人名、地名的汉语转写规范，应当研制缩略语规范[2]，等等。此外，还应进行普通话异形词的规范（如“交代”与“交待”），进行普通话同音词、特别是同一语域的同音词的整理（如“期中”与“期终”），应时时跟踪记录社会出现的新词新语（包括各种术语和网络用语）并研究其规范问题。

语法的规范比词汇规范的柔性更大，列出整个语法现象的规范清单在相当长一段时期内都是不现实的。但是，应当有主要起语法作用的虚词的用法规范；应当建立消解歧义表达的技术规范，例如“X以上/下/内”是否包括X等；应当研究具有特种用途的“受限语法规范系统”。

（二）汉字的规范化与标准化

建国50多年来，汉字的规范化和标准化建设取得的成绩最大。对汉字进行了整理和简化工作，发布了《第一批异体字整理表》《简化字总表》；确定了印刷汉字的一些字形规范，如《印刷通用汉字字形表》《印刷魏体字形规范》和《印刷隶体字形规范》。在现代汉语的用字字量方面，发布了《现代汉语常用字表》和《现

【1】本文所讲的应当建立的规范，有许多工作几年来或十几年来都在做，有些甚至已经达到了项目鉴定或审定的水平。本文的这种表述是以公开发布的为准，特作此注，以免误解。

【2】在汉语书面语中，夹带汉语拼音和外文字母的情况越来越多，例如GB（“国标”的拼音缩写）、GF（“规范”的拼音缩写）、IT、IC、VCD等，这些形式多为缩略语。在研究缩略语规范时，也应包括这类现象。

代汉语通用字表》。在汉字的其他属性方面，发布了《信息处理用GB13000.1字符集汉字部件规范》《现代汉语通用字笔顺规范》《GB13000.1字符集汉字笔顺规范》《汉字结构方式表》《汉字统一部首表（草案）》等。但是，随着时代的发展，社会对汉字规范化和标准化的要求更高，这方面还有大量的工作要做。

通过研制《规范汉字表》来确定规范汉字的总字量。《规范汉字表》内部可以分常用字、通用字、特殊用字等不同级等（不同级等内部还可以再分等级），以满足社会语言文字生活的不同需要。对《规范汉字表》中的多音字进行整理，将那些不增加表义信息或者表义作用不大的读音给规范掉。研究《规范汉字表》中所有汉字的结构规律，进而在更大范围内确定笔画、笔画类属、笔顺、构件及其组合、部首及汉字归部等方面的规范，确定汉字各种形体（包括印刷体和手写体）的规范原则及具体标准。根据不同需要确定汉字的各种排序原则及多种排序规范。通过这些工作真正实现汉字的定量、定形、定音、定序，使汉字规范化、标准化。

当然，长远一点看，在《规范汉字表》的基础上，还应进一步考虑研制《汉字字符总集》。《汉字字符总集》不仅包括所有的规范汉字（基本集），而且也应包括各种辅助集，如：港台现在使用的繁体字，在方言区流行的方言字，为某种特殊需求而要用到的异体字，古文字，以及日本、韩国使用的汉字等。

（三）进一步发挥汉语拼音的功能

《汉语拼音方案》1958年公布，1982年成为国际标准。为多方面发挥汉语拼音的作用，有关部门相继发布了一些有关汉语拼音的规范，如：《汉语拼音字母名称读音》《汉语拼音正词法》《汉语拼音正词法基本原则》《中文书刊名称汉语拼音拼写法》《中国人名汉语拼音字母拼写法》《中国地名汉语拼音字母拼写规则》《少数民族语地名汉语拼音字母音译转写法》《中国各民族名称的罗马字母拼写法和代码》等。并且借助汉语拼音设计了《汉语手指字母方案》《中国盲文》等。

汉语拼音在现代语文生活中是不可缺少的，所以《通用语言文字法》第十八条专为汉语拼音的性质、作用等作了规定。在进行通用语言文字的规范标准的建设时，不能忽视关于汉语拼音的各种规范标准。为使汉语拼音的作用得到充分发挥，还有很多实验要做，还有很多问题需要研究[1]，还有很多规范标准需要制定或修订。[2]

二　通用语言文字在各领域应用的规范标准

语言文字在具体使用中是千变万化、丰富多彩的，而且不同的社会领域对语言文字有不同的规范要求，这就需要形成通用语言文字在各个应用领域中的规范标准。这些规范标准的制定，反过来也会使语言文字本身的规范标准更完善。《通用语言文字法》第二章专门阐述了国家通用语言文字在一些主要应用领域

【1】例如汉语拼音的缩写该怎么读？1982年8月17日，国家标准局、中国文字改革委员会就统一标准代号读音问题致函广播电视部，指出，目前在广播电视中都把标准代号的汉语拼音字母读成英文字母的名称音，这是不妥当的。事实上，从1982年至今，这种现象仍然在广播电视和人们的口头语言中广泛存在。这可能不是个规定的问题，而是需要研究的问题。

【2】需要指出的是，社会上汉语拼音的规范意识很差，汉语拼音在使用中的混乱现象比文字混乱状况更甚。这种现象与社会掌握汉语拼音的水平不够有关，也与认识上的分歧有关。有人对汉语拼音的作用认识不全，仅仅看到了汉语拼音作为注音识字的工具这一个方面，以为学了一些汉字后，汉语拼音这根“拐杖”就要扔掉，于是轻视汉语拼音的教学，甚至认为小学生学习汉语拼音是“增加负担”，汉语拼音课程成了“减负”的对象。有人认为，汉语拼音不是文字，因此谈不上“正字法”和“正词法”，于是对《汉语拼音正词法》《汉语拼音正词法基本原则》《中文书刊名称汉语拼音拼写法》等规范便不当回事，更不会关心汉语拼音的其他实验研究。

中的法律要求，这些法律要求下面大都需要有或多或少的规范标准。除了《通用语言文字法》第二章提到的领域外，还有许多规范标准需要制定。例如：在户籍管理、公共服务、报章杂志上都会碰到人名的问题，需要制定《汉语人名用字表》；许多地名用字属罕用字，有的读音也比较特殊，有必要规范汉语地名用字，制定《汉语地名用字表》。

要详细地讨论这些问题太占篇幅，下面主要从语文教育、信息产业两个领域作些举例性的分析。

（一）语文教育领域的规范标准

提高国民的语文水平，是清末以来100多年的语文运动始终不渝的一个目标。语文教育可以分为学校语文教育和社会语文教育。就学校语文教育而言，对以汉语为母语的学生的普通话水平还没有统一的明确的要求；[1]基础教育用字根据的是一般的常用字表，并不特别适用，像“蝌、蚪、蜻、蜓”这些字不是最常用字，但是一二年级的小学生就需要学，因此应当根据教育规律制定分级等的《基础教育当用字表》；现代汉语还没有建立《基本词表》《通用词表》等，但是即使有了《基本词表》《通用词表》，也应当制定《基础教育基本词汇表》。这些字表和词表不仅要管着语文课本，而且也应当是其他科目教材用字用词的依据。值得一提的是，当前学生写字，遵循的都是楷书的笔画笔顺，楷书是印刷体的规范[2]，手写体应该建立行书规范。对汉语为非母语的外族、外国学生进行汉语汉字教学，也应当有适应这

【1】当前对师范学校的毕业生有明确的普通话水平的要求，但对小学生、中学生、师范学校之外的大中专学生，还没有明确的普通话水平的要求。

【2】实际上，汉字教学多遵循宋体，宋体是专用于印刷的一种楷书字体，更不适合手书。

种教育的字表和词表。

社会语文教育包括扫除文盲和在全社会推广普通话、规范汉字。扫盲所要求的实际是国民所应具有的最低识字水平，其实也应看做是就业的最低识字标准。时代的不同，要求国民所应具有的最低识字水平也会有所不同，应当根据时代的进展不断修订脱盲的标准，也就是就业的最低识字标准。

普及共同语是工业化国家的基本政策，也是信息时代的基本要求。我国要达到普及普通话的目标，还有一段路程。通过普通话水平测试来推动普通话的推广，是20世纪90年代推广普通话的新特点，而且成效显著。1991年开始试用的《普通话水平测试等级标准》和1994年开始试行的《普通话水平测试实施办法》，应当在试用、试行的基础上进行修订完善，并要对不同的地区、不同的人群、不同的职业提出不同的达标要求。此外，还应加速研制《文字应用水平等级标准》，以测试人们的文字应用水平。

（二）信息产业领域的规范标准

21世纪是信息化的世纪，信息产业如朝阳般喷薄东升。汉语汉字进入计算机和因特网，形成了通用语言文字的一个新的应用领域。满足信息产业的需要，及时制定这一领域的通用语言文字的规范标准，使《通用语言文字法》第十五条（“信息处理和信息技术产品中使用的国家通用语言文字应当符合国家的规范标准”）得到贯彻和落实，具有重大的社会意义和经济价值。而且应当看到，随着我国加入世贸组织的时日临近，这一工作便愈来愈急迫。

在汉语汉字的机器输入方面，“万码奔腾”的混乱局面早已使业内人士忧心忡忡，应当尽快制定语音输入、汉字（包括使用汉语拼音）键盘输入、手写输入等的评价标准，加速“万码”

在“奔腾”中的优胜劣汰。自1980年起，国家有关部门陆续公布了一些信息交换用的汉字编码字符集等，公布了信息交换用或图形信息交换用的宋体、仿宋体、楷体、黑体的点阵字模集及数据集，这些字符集、字模集、数据集，对于汉字的编码与输出起了很大的作用，但现在急需扩充完善。而且机器“由繁到简”“由简到繁”的自动转换问题，古文字的计算机处理问题等，也需要考虑解决。

汉语汉字的信息处理，又称“中文信息处理”，当前正在打破“字处理”阶段，向“词处理”“句处理”的阶段进展。这方面公开发布的规范标准只有《信息处理用现代汉语分词规范》。为满足汉语汉字信息处理的需要，应尽快研制现代汉语分词词表、现代汉语词类及其标记规范、现代汉语句法基本集，以及文献的自动检索、摘要、翻译的评价标准等等。

现在信息产品越来越多，更新换代越来越快；因特网的中文域名及因特网上的汉语汉字规范问题，引起越来越多的人的关注。这些也需要相关的规范标准出台。

三　规范标准的建设思路

通用语言文字规范标准的建设，学术性、政策性都很强，在有些时候、某些领域还具有时效性，如飞速发展的信息产业领域中的规范标准建设，时效性就非常强。根据学术性、政策性和时效性的要求，科学地建设通用语言文字的规范标准，本身就是一个值得研究的问题。

（一）建立规范标准的理想体系

暂时忽略影响规范标准建设的时间、研究水平、社会条件等外部因素，仅从学理上讲，通用语言文字本身及其各应用领域，应当建立哪些规范标准，应列出清单，并对清单上的规范标准进行归类梳理，建立起规范标准的理想体系。“理想体系”的建立，有赖于对通用语言文字本身的认识，有赖于对通用语言文字在各个领域中应用的认识，其基础是关于通用语言文字的基础研究和应用研究。当然，随着基础研究和应用研究的不断深入，随着通用语言文字本身的发展变化和社会的发展变化，规范标准的“理想体系”也应进行不断的调整和增删。

有了这样一个理想体系，可以做到眼观全貌，胸有成竹，可以避免规范标准建设中的重大疏漏，可以克服随机行为和久旋一处的习惯倾向。在此基础上，根据已建规范标准的情况，根据现实需要和工作基础，分清轻重缓急，有计划有步骤地安排规范标准的研究、审定和发布，该布点的布点，该将多个规范标准连成片的连成片。这样所形成的就是一张操作进度表。

（二）建立科学的运作机制

通用语言文字的规范标准，必须建立在科学研究的基础之上，并应有严格的审定、公布程序，不能“吾辈数人，定则定矣”。

首先，国家职能部门应根据通用语言文字规范标准的理想体系和操作进度表，通过广泛征询意见，拟订一定时期的科研指南和科研管理办法。根据科研指南和科研管理办法，面向社会立项研究。项目可以采用招标和委托等不同的方式；项目承担人可以是科研院所、高等院校、学术团体、相关企业及其他社会人士，项目申请人能否承担项目，由项目评审组评审决定。研究项目经立项部门聘请专家组鉴定结项，然后交由权威的“国家通用语言文字规范标准审定委员会”审定，由国家职能部门发布。

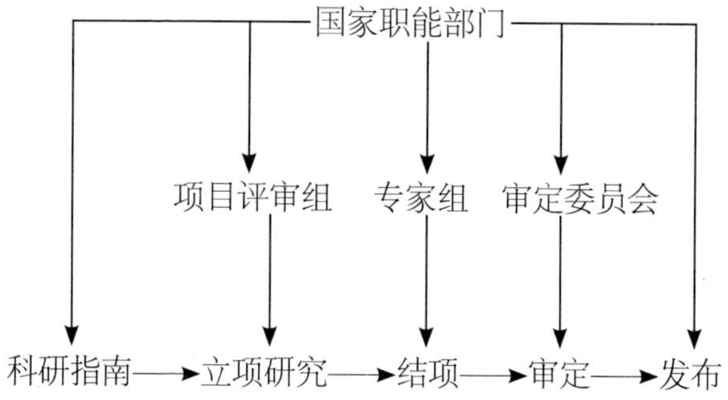

通用语言文字的规范标准，从科研指南到研究、发布的运作机制如上图所示。这样的运作机制，能够保证国家职能部门的主导作用，使规范标准的研制有序化；能够保证规范标准制定的科学研究基础和民主程序，使所制定的规范标准具有科学性、可行性和权威性；而且也能够调动社会方方面面的积极性。当然，社会上的自然研究成果，也可以申请审定，达到要求的也可以作为国家的规范标准。

通过这样的运作机制，可望经过一段时间的努力，使通用语言文字的规范标准对于社会需求来说，可以“基本够用，基本管用”。

（三）处理好几个关系

在进行通用语言文字规范标准的建设中，要注意处理好各种关系。

1．刚与柔的关系

语言文字是非常复杂的现象，到了各个应用领域，本身就非常复杂的语言文字现象就会变得更为复杂。因此，语言文字的规范标准，有的可以刚硬一点，有的则需要柔软一点。比如，语音、文字方面的规范标准可以刚硬一些，词汇、语法方面的规范标准就需要柔软一些；用于机器的规范标准可以多一些刚性，用于人的规范标准可以多一些柔性；研究基础较好的有把握的规范标准可以刚一点，研究基础不太好的规范标准应当柔一些；技术性强的适应于建“标准”，显得刚一些，技术性差的适应于建“规范”，显得柔一些。

“柔”有很多种“柔法”，比如用“初稿、征求意见稿、草案、试行、试用、推荐使用”等字眼或方法，这样既宣传了规范标准，又使规范标准具有柔性。该刚时柔，往往会失去一些机遇；该柔时刚，往往会导致规范工作失败。

2．学理与俗实的关系

语言文字的规范标准，必须遵从语言文字的发展规律，有学理上的根据；同时，也要尊重语言生活的实际，有世俗现实（简称“俗实”）方面的基础。并非所有现象都依照语言文字的内在规律发展演变，在历史长河中常会出现讹变，而且这些讹变还可能形成大众化的俗实，导致学理与俗实的矛盾。在语音、字形、词语、语法等方面，都可以找到不少学理与俗实相矛盾的例子。不同的规范观念，在处理学理与俗实的矛盾时往往有不同的态度，对一些现象进行规范时的争论和规范之后的议论，也往往是偏重于学理或是偏重于俗实的分歧。从理论上说，应当根据学理来制定规范标准，但是，一旦某些现象具有广泛的群众基础而又有悖学理时，就已经“习非成是”，应当“从众从俗”。这就是说，尊重学理而不拘泥于学理。

语言文字的使用是面向全社会的，某些不太理想的语言文字现象如果流布社会，某种不符合语言文字规范的产品如果占领了市场，就会造成新的“俗实”。而要匡正这种“俗实”不仅非常困难，甚至会造成较大的经济损失。例如“身分”和“身份”是一组异形词，在这组异形词中，一般认为应推荐使用“身分”，并期望最终能用“身分”代替“身份”。这从学理上讲也许是对的，但是大陆公民的身份证已经印作“居民身份证”，要用“身分”代替“身份”，就必须更换大陆人的身份证，但这样一换就要浪费上亿元的人民币[1]，真是“一字”比“千金”还贵重。因此，规范标准不仅仅只是对约定俗成的“追认”，有时还必须具有先导性。

3．制定与维护的关系

通用语言文字的规范标准的建设包括制定和维护两方面。制定就是新建规范标准，但是只有制定是不够的，应当既制定又维护。对规范标准的维护主要表现在两个方面：第一，对“试行、试用、初稿、草案”一类的“准规范”“准标准”，要进行跟踪调查，并在一定的时限内对试用的情况进行总结，或废止，或修订后继续试行，或修订后转为正式的规范标准；第二，对已经发布的规范标准，在使用中发现有不合适的情况，就应当根据不合适的情况的性质进行修订或是决定废止。如《出版物上数字用法的规定》已试行多年，有进行修订的必要。

在规范标准建设的初始阶段，制定是主要任务，但是规范标准制定多了，对规范化、标准化的要求高了，维护就必须及时跟上。在信息时代的今天，更要克服“重制定轻维护”的观念。加强维护，是使语言文字的规范标准具有权威性、有效性的重要保证。当前，把已经公布的规范标准进行全面梳理，消除规范标准中明显不合适的条款，调整规范标准之间的矛盾抵牾之处，实乃当务之急。

4．科学性与时效性的关系

科学性是规范标准的生命，只有具有科学性的规范标准才能经

【1】此例是曹先擢先生在一次座谈会上提到的。这个例子也说明，行业主管部门应有较强的语言文字规范意识，在语言文字使用上，必要时应事先听听国家语委和语言文字学家的意见。

受住历史的考验。但是，如果社会或社会的某个领域急需建立某种规范标准，而从学术上看建立这种规范标准的时机还不完全成熟，这时科学性就与时效性发生了矛盾。如果没有“维护”的观念，要解决科学性和时效性的矛盾是相当困难的。计算机软件在设计之初也多是存在问题的，聪明的计算机学界是通过升级来逐步解决这些问题的。对于从学术上看还不完备但又有紧迫要求的规范标准，不妨可以采用计算机软件设计的思路，先用柔性的办法公布规范标准，然后及时维护使之“升级”。当通用语言文字的规范标准与市场的关系越来越密切的时候，应当特别加强时间意识。

此外，汉语汉字不仅在大陆使用，港台和海外的华人群体也在使用，外国很多人也在学习汉语汉字，日本和韩国也在使用数量不等的汉字。对原有的规范标准进行维护时，在制定新的规范标准时，要尽量减少地区或国家之间的分歧，起码不要再人为地扩大分歧。同时也应看到，就汉语汉字的规范标准而言，在某些领域还存在着竞争的问题，在世界经济一体化和我国改革开放的时代背景下，为汉语汉字制定规范标准，还应放眼海外和国际社会，还应充分考虑到某些领域的竞争。

最后需要一提的是，在现代化的社会里，不仅语言文字要现代化，语言文字的规范标准建设也要现代化。这种现代化不仅要有现代化的思路、现代化的运作机制，而且要注意借助语料库、计算机和网络等现代化的工具研制、审定规范标准，促进语言文字规范标准的建设手段的现代化。

主要参考文献

陈建民 1999《中国语言学与中国社会》，广东教育出版社。

戴昭铭 1994《规范语言学探索》，《北方论丛》编辑部出版。

费锦昌主编 1997《中国语文现代化百年记事》，语文出版社。

冯志伟 1999 《应用语言学总论》，广东教育出版社。
傅永和 1999 《中文信息处理》，广东教育出版社。
国家对外汉语教学领导小组办公室编 1990 《各国推广本族语情况汇编》，北京语言学院出版社。
李行健 1997 《语文学习新论》，陕西人民出版社。
刘 坚主编 1998 《二十世纪的中国语言学》，北京大学出版社。
陆俭明 2000 《跨入新世纪后我国汉语应用研究的三个主要方面》，《中国语文》第6期。
吕冀平、戴昭铭 1990 《语文规范工作四十年》，《语文建设》第4期。
吕冀平主编 2000 《当前我国语言文字的规范化问题》，上海教育出版社。
全国人大教科文卫委员会教育室、教育部语言文字应用管理司 2001 《中华人民共和国国家通用语言文字法学习读本》，语文出版社。
王 均主编 1995 《语文现代化论丛》，山东教育出版社。
王 均 2000 《语言文字应用研究丛书》评介，《语言文字应用》第4期。
谢世涯 1989 《新中日简体字研究》，语文出版社。
许嘉璐等主编 1996 《中国语言学现状与展望》，外语教学与研究出版社。
——— 1999《语言文字学及其应用研究》，广东教育出版社。
许嘉璐 2000a 《现状和设想——试论中文信息处理与现代汉语研究》，《中国语文》第6期。
——— 2000b 《未成集——论新时期语言文字工作》，语文出版社。
姚亚平 2000《90年代我国语言文字应用研究的主要特点与经

验》，《语言文字应用》第4期。
于根元 1996 《二十世纪的中国语言应用研究》，书海出版社。
于根元主编 2000 《世纪之交的应用语言学》，北京广播学院出版社。
语文出版社编 1997 《语言文字规范手册》（1997年重排本），语文出版社。
赵丽明、黄国营编 2000 《汉字的应用与传播》，华语教学出版社。
中国社会科学院语言文字应用研究所编 1988 《汉字问题学术讨论会论文集》，语文出版社。
周有光 1992 《新语文的建设》，语文出版社。

［原载《语言文字应用》2001年第2期］

规范汉字和《规范汉字表》*

《中华人民共和国国家通用语言文字法》（以下简称《通用语言文字法》）第二条指出："本法所称的国家通用语言文字是普通话和规范汉字。"第三条指出："国家推广普通话，推行规范汉字。"《通用语言文字法》正文使用规范汉字或通用（语言）文字计30余处，但当前无论在学术研究界还是在社会实践中，对"规范汉字"的内涵与外延都还缺乏明晰的认识。有效界定规范汉字，实为时代之需，执法之急。本文对"规范汉字"和正在研制中的《规范汉字表》发表些不成熟意见，以就教于方家。

一　关于规范汉字

理论上可以这样定义规范汉字："规范汉字是经过简化和整理的现代汉语用字，是中华人民共和国的国家通用文字。"第一句表述规范汉字的实质，第二句表述规范汉字的法律地位。规范汉字的法律地位，由《通用语言文字法》赋予，毋须再论，下面仅谈该定义的第一句话。

"规范汉字是经过简化和整理的现代汉语用字"这一命题，隐

---

* 本文还收入李宇明、费锦昌主编《汉字规范百家谈》（商务印书馆，2004）。

含着规范汉字的四种特性：时代性，地域性，领域性，规范性；换言之，应当从这四个方面来界定规范汉字。

（一）时代性

汉字经数千年滋生积淀，字量已八万有余。看些资料：

（1）东汉，许慎，《说文解字》，（不计“重文”）9 353字。

（2）晋朝，吕忱，《字林》，12 824字。

（3）梁朝，顾野王，《玉篇》，16 917字。

（4）唐朝，孙强，《玉篇》（增字本），22 561字。

（5）宋朝，司马光，《类篇》[1]，31 319字。

（6）金代，韩道昭，《四声篇海》[2]，56 001字。

（7）清朝，《康熙字典》，47 000多字。

（8）1915年，陆费逵等，《中华大字典》，48 000多字。

（9）1986年，《汉语大字典》，56 000字左右[3]。

（10）《中华字海》，86 000字左右。

最早的字典《说文解字》收字9 000多，晋代《字林》已过万，唐代《玉篇》（增字本）超过2万，宋代《类篇》超过3万，金代《四声篇海》是古代字典中收字最多的，已达56 001字，字量甚至比1986年出版的《汉语大字典》还多。字量最大的当数近年出版的《中华字海》，收字已逾8万。[4]从《说文解字》问世（公元121年）至《中华字海》出版不到1 900年，汉字增加了7万多，平

【1】《类篇》由王洙、胡宿、张次立、范镇等相继编修，于1066年由司马光最后整理而成。

【2】《四声篇海》原名《改并五音类聚四声篇海》，又名《重编改并五音篇》，成书于1208年，即金章宗泰和八年。详见李建国（2000：142）。

【3】韩敬体先生告诉作者，有人统计，这部词典实际收字只有54 000多字。

【4】将古今汉字全部收集起来，肯定还不止此数。要精确统计字量是困难的，好在本文的目的不在于精确统计字量，只是说明汉字字量发展的轮廓。

均每年增添字量约38个。

如此浩瀚的字量，其实并不代表任何一个时期的用字状况，其中多数是收而备查之字，有些是历史上从未出现过的类推简化字。除此之外，有许多也是古用今不用或今用古不用的。很显然，规范汉字只是这8万余字中的一小部分。

社会发展到一定阶段，必然会提出规范文字的要求。起码自秦以降，各代都有其规范文字（正字）。秦汉时规范汉字是小篆，唐代规范汉字是颜元孙《干禄字书》中所谓的正体，今天的规范汉字应是现代汉语用字。现代汉语是指1919年“五四”运动以来逐渐形成的现代汉民族共同语[1]，亦即今之普通话，因此也可以说，规范汉字就是记录普通话的汉字。

普通话不是封闭的匀质的语言体系，还在不断吸收古代和方言的语言成分；[2]普通话除表达现实生活之外，还会谈论历史，需要使用历史词语。[3]因此，记录普通话所需汉字有一般与特殊之分。特殊用字，主要包括书写历史词语的特殊用字和吸收古代、方言语言成分时的特殊用字。没有特殊用字，就不能满足普通话的表达需要，所以它们也应属于规范汉字的一部分。

（二）地域性

汉字的使用有共性，但也具有地域性，各地的方言字就是汉字地域性的表现之一。特别是千百年来汉文化不断向四周辐射，华人

【1】广义的现代汉语，还包括现代的汉语方言。

【2】普通话也吸收外语成分，从书写角度看，吸收的方式有两种：一是使用汉字，二是使用字母。使用的汉字一般是现代汉语用字，字母则不属规范汉字讨论的范畴，因此讨论规范汉字的时候可以不考虑吸收外语成分的问题。日本的情况有点特殊，汉语向日本借词有“原型照搬”的习惯。日本当用的1 945个汉字中，有一些是特殊的日用汉字，有一些在字体上与我国现行汉字有差异。可考虑将特殊的日用汉字列个清单，以备临时借用。但不宜将这些字作为规范汉字的组成部分。

【3】历史词语指记录历史事物的词语，如“皇帝、郦食其、阿房宫、汴梁”等。

一代一代移居世界各地，汉字也随之远播。如今海外有些国家、地区和华人社区仍使用汉字。方言用字暂且不论，目前海内外使用汉字的情况可分三种：[1]

1. 简化字系统，包括简化字和传承字。如中国、新加坡、马来西亚和海外的其他华人社区。

2. 繁体字系统，包括繁体字和传承字。如我国的台湾、香港、澳门和其他一些海外华人社区。

3. 日韩汉字系统。

不同的汉字系统，使用于不同汉字系统的区域，相应地，人们的汉字规范观念有差异，规范汉字的概念亦有差异。我们的规范汉字，是指简化字系统。

（三）领域性

这里的“领域”是指用字领域，不同领域用字有不同特点，字量不同，字种也有差异。现代基础教育领域的用字量大约为3 000－3 600。看些资料：

（1）1954年，中国大辞典编纂处，《识字正音3500字表》，3 559字。

（2）1965年，北京市教育局中小学教材编审处，《常用字表》，3 100字。

（3）1984年，人民教育出版社，《六年制小学语文课本统编教材生字表》，3 189字。

（4）1988年，国家语言文字工作委员会、国家教育委员会，

【1】这三种系统的划分是从总体上着眼的。在具体的语言生活中，使用简体系统的也会夹杂些繁体字，使用繁体系统的也夹杂些简化字，日本韩国也会偶用华人社区的简繁字，日韩汉字也会偶尔进入华人社区。

《现代汉语常用字表》，3 500字。

这大致反映了我国现代教育领域的用字情况。一般的新闻出版领域，用字量大约在6 000以上8 000以下。下面是有关资料：

（1）1965年，中华人民共和国文化部、中国文字改革委员会，《印刷通用汉字字形表》，6 196字。

（2）1976年，七四八工程查频组，《汉字频度表》，6 376字。

（3）1981年，国家标准局，《信息交换用汉字编码字符集·基本集》，6 763字。

（4）1985年，北京航空学院计算机科学系、中国文字改革委员会汉字处，《社会科学自然科学综合汉字频度表》，7 754字。

（5）1987年，新华社技术研究所，《1986年度新闻信息流通频度》，6 001字。

（6）1988年，国家语言文字工作委员会、中华人民共和国新闻出版署，《现代汉语通用字表》，7 000字[1]。

人名地名、科技、中医药、考古等领域也会用到一些特殊的字。大型词典、大型丛书的用字量较大，例如：

（1）清，《四库全书》（不含小学类），27 160字。

（2）近代，《四部丛刊》（不含小学类），28 222字[2]。

（3）1979年，《辞海》，14 872字。

（4）《汉语大词典》，29 000多字。

规范汉字显然不能也不该覆盖所有的用字领域，其主要涉及的应是教育和一般的新闻出版等领域。人名地名和科学技术是现代信息传递不可缺少的领域，中医药、考古等今天仍然十分活跃，因此

【1】以上材料均见国家语言文字工作委员会、中华人民共和国新闻出版署1988年3月25日发布的《现代汉语通用字表》的说明。

【2】《四库全书》和《四部丛刊》的数据，由张轴材、王晓明先生提供，非常感谢。

规范汉字也应包括这些领域。至于囊括古今文献的大型丛书和大型字书的用字，就不一定是规范汉字能覆盖的领域。此外，将古书按照今天的书写习惯重新排印的“古书今排”现象，也是现代文字生活的一个重要部分，界定规范汉字是否要考虑“古书今排”问题，需仔细研究。

（四）规范性

规范汉字既称“规范”，就是经过整理的。不同时代对文字整理的内容和方式有同有异，规范标准有宽有严，但经过整理是共同的。秦代实行“书同文”，许慎《说文解字·第十五上》说：“秦始皇帝初兼天下，丞相李斯乃奏同之，罢其不与秦文合者。斯作《仓颉篇》，中车府令赵高作《爰历篇》，太史令胡母敬作《博学篇》，皆取史籀大篆，或颇省改，所谓小篆者也。”（许慎，121：315）小篆作为秦汉的规范文字，是经过李斯、赵高、胡母敬[1]等人（包括后来的《说文解字》）整理的。以颜师古的《颜氏字样》、杜延业的《群书新定字样》和颜元孙的《干禄字书》等为代表的字样之学的著作，对唐代的文字进行了整理，确定了唐代文字的正体。（参见李建国，2000：113－122）

现代的规范汉字也应是经过整理、具有规范性的。中华人民共和国的文字整理工作从简化汉字始。1956年，政府公布“简化字方案”，有515个简化字和54个简化偏旁，1964年类推成为有2 236个简化字的《简化字总表》，1986年国家语言文字工作委员会将其稍作调整重新发表。《简化字总表》和1965年公布的《印刷通用汉字字形表》，形成了简化字系统的字形规范。1988年发布的《现代汉

【1】“胡母敬”亦写作“胡毋敬”。新版《辞源》“胡母”条云：“复姓。……按‘母’亦作‘毋’。旧有读mǔ、读wú二说……”

语通用字表》，初步确定了现代汉语通用字的字量。1985年，国家语言文字工作委员会、国家教育委员会、广播电视部发布的《普通话异读词审音表》，确定了现代汉语通用字的读音规范。规范汉字应在此基础上扩大整理范围，形成新的规范。

从时代性、地域性、领域性和规范性四个方面看，规范汉字不是纵贯古今、横括海内外、覆盖所有用字领域的自然发展的汉字，而是特定时代、特定地域、特定领域的经过整理而具有规范性的汉字，将其定义为“经过简化和整理的现代汉语用字”是可取的。

二 关于《规范汉字表》

语言文字的规范有刚柔之别，文字规范属于刚性规范，只有内涵定义往往是不够的。古代文字规范常由字书或启蒙读本体现，如《说文解字》《干禄字书》《康熙字典》等字书，秦时的《仓颉篇》《爰历篇》《博学篇》，汉代史游的《急就篇》，南朝周兴嗣的《千字文》，相传为宋代王应麟所编的《三字经》等启蒙读本。现代则多采用字表方式，用枚举法明确划定外延。如我国的《现代汉语常用字表》《简化字总表》《现代汉语通用字表》，日本的《当用汉字表》，新加坡的《简体字总表》，马来西亚的《简化汉字总表》等。为达到用枚举法明确划定规范汉字外延的目的，应当制定一个科学的代表现代汉语用字规范的《规范汉字表》。早在20世纪90年代，国家有关部门就曾立项研制《规范汉字表》。2001年国家语委再次立项，2003年列入教育部工作要点，以求有成。

（一）研制《规范汉字表》需考虑的新情况

《规范汉字表》的研制，是对以往关于汉字、特别是现行汉字研究、整理成果的梳理集结，同时也是为了适应新世纪的语言生活。随着时代的进展，对制定汉字规范具有影响的语言因素和非语言因素都发生了一些重要变化。比较重要的变化有：

1．教育逐步得到普及，人民文化水平有了很大提高。1949年我国文盲半文盲高达80%以上。（中华人民共和国教育部，2001：2）2000年全国已基本普及九年义务教育，青壮年文盲率降至4.8%，成人文盲率降至8.72%。（中华人民共和国教育部，2002：101－102）教育普及和文化水平提高，社会用字必有所变化，对文字规范的要求会有所提高，而且扫盲已不再是文字整理需考虑的主要问题。

2．对汉字发展规律有了新认识。长期以来，简化被看做汉字发展的基本规律，甚至认为汉字越简越好。其实汉字要很好发挥交际作用，应保持相对稳定，特别是汉字经上世纪五六十年代简化之后，已没有必要再大量简化[1]，因此1986年正式宣布废除了《第二次汉字简化方案（草案）》。过去还曾认为，表音文字是最先进的文字，汉字的发展方向是拼音化，但时至今日，仍看不到汉字一定要拼音化的发展趋势。[2]汉字整理决非权宜之计，而是百年千年大计。

3．对传统文化的态度发生了变化。随着世界经济一体化，人们也更关注文化的多样性，对传统文化的研究与学习提到了较为重要的位置。毋庸讳言，早年在制定文字规范时，对文化传承问题的考虑是不充分的。

4．随着国家的改革开放，海内外华人在文化、科技、经济等方面的交往日趋频繁，现在制定汉字规范，不能不认真考虑海内外交往的需要，甚至也需将日韩汉字系统和外国人的汉语学习纳入视

【1】下文将论述，汉字的临时简化还是需要的。
【2】虽然汉语拼音在现代发挥的作用越来越大。

野，尽量不扩大汉字各系统间的差别。

5．“人人交际”是过去的主要交际方式，现已逐渐进入信息时代，计算机和因特网介入生活越来越普遍、越来越深入，“人机交际”成为制定文字规范必须认真考虑的因素。“人人交际”几千字便基本够用，且要求规范要多些柔性；而“人机交际”则要求规范有较多的刚性，整理汉字的数量也要多一些。两种交际的文字规范观念不同，对规范标准的要求也有重要差别。

6．新时期，语言生活特别活跃，文字使用频率等诸多方面都发生了一些变化，文字规范必须与时俱进，适应新的语言生活。

（二）《规范汉字表》需解决的若干问题

第一，重新审视已有规范

已有的文字规范，由不同时期不同人制定，尽管他们都是智者，但“千虑一失”的现象难免，规范之间也有不尽协调不尽一致的地方。制定规范必受时代各种因素的制约，规范也有不甚完备之处。因此对已有的相关规范有重新审视之必要，以纠正疏漏，弥合规范之间的矛盾。例如：

1．异体字

仔细推敲，“异体字”概念的使用并不一致：A．指音义相同但形体不同的一组字，概念中没有渗入规范的成分，如说“岭、岺”是一组异体字；B．异体是对正体而言的，如“岭”是正体字，“岺”是“岭”的异体字。A适用于对汉字没有整理时或在整理过程中，B出现于正异确定之后，可以用于汉字整理过程中和汉字整理之后。本文“异体字”的概念严格限于B。

正体字和与之对应的异体字，本应音义全同，但在1955年中华人民共和国文化部和文字改革委员会联合发布的《第一批异体字整理表》中，正异之间的字义关系却错综复杂，大致可以概括为全同

型、包容型、反包容型、交叉型四种：[1]

全同型是指正异之间音义皆相同，如“岭”和“岺”。

包容型是指正异之间音同但意义多寡不对等，正体字有多个义项，异体字只有正体字的某个或某些义项。在字义上正体字包容异体字。例如，“雕”有两个义项：①一种凶猛的鸟。②雕刻。它的异体字“鵰”只有义项①，“雕”包容“鵰”。[2]

反包容型也是指正异之间音同但意义多寡不对等，它与包容型不同的是，异体字有多个义项，正体字只有异体字的某个或某些义项，在字义上异体字包容正体字。例如“熔”只有“熔化”一个义项，但是它的异体字“镕”按照1979年版《辞海》的解释有三个义项：①熔化；②铸器的模型；③矛的一种。显然“镕”包容“熔”。[3]

交叉型是指正异音同但意义交叉。正体字和异体字都有多个义项，两者只在某个或某些义项上重合，正体字不能包容异体字的所有义项，异体字也不能包容正体字的所有义项，正异义项之间形成交叉关系。例如，《第一批异体字整理表》中“雕”的异体字还有“彫”。“彫”起码有两个义项：①同“雕刻”之“雕”。②同“凋零”之“凋”。因此，“雕”与“彫”是交叉关系。

字义关系是全同型和包容型的，称“狭义异体字”，字义关系是反包容型和交叉型的，称“广义异体字”。《第一批异体字整理表》对异体字作了废除处理，而且没有很好区分狭义与广义，一些广义异体字也被废除。异体字整理在历史上起了不小的积极作用，但也暴露出一些弊端，应重新审视：首先，应把异体字限制在狭义

【1】对异体字的分类有多种，各类异体字的名称也不统一。可参见高更生（1991）和张书岩（2002）。

【2】此例引自张书岩（2002：6）。

【3】当然，现在“镕”已经恢复了正体字的地位。

范围内；其次，复查对每个异体字处理的合理性；第三，异体字可以存而不废[1]，因为异体字在一些人名地名（包括古代的人名地名）中还用得到，进行学术研究还用得到，阅读（包括检索）1955年之前的文献和现代海外汉语文献时还用得到。存而无害，废却有弊。

2．类推简化

《简化字总表》的第二表，规定了可作简化偏旁用的简化字132个、简化偏旁14个，但对类推简化的范围和规则没明确说明，仿佛可以无限类推。几十年语文实践表明，《简化字总表》之外的繁体字完全不作类推简化不大可能。例如，西汉扬雄所著、有“悬之日月而不刊”美誉的《方言》，全名为《輶轩使者绝代语释别国方言》，有词语“輶轩”；南北朝颜之推《颜氏家训·音辞第十八》中的“南方水土和柔，其音轻举而切诣，失在肤浅，其辞多鄙俗。北方山川深厚，其音沈浊而鈋钝，得其质直，其辞多古语”有词语“鈋钝”。今天讲方言、编辞书，“輶轩、鈋钝”这两个词还会用到。《简化字总表》和《现代通用字表》都收“轩、钝”而不收“輶、鈋”，即“轩、钝”简化而“輶、鈋”未简化。“輶轩”同属“車”旁，“鈋钝”同为“金”旁，但其偏旁却是一繁一简，书写这两个词时繁简并连，如上文这样，实在有悖书写习惯。《现代汉语词典》《辞海》收“𬨎”字，用到《𬨎轩使者绝代语释别国方言》书名，都将其左偏旁“車”简化为“车”。

但是无限类推简化弊端很大，比如，可能类推出一些重（chóng）字和结构不美观的字，而且还将大大增加汉字字量，而所增之“简化字”有许多又难得一用。现在有字书尝试无限类推，

【1】这是裘锡圭、曹先擢二位先生的建议，我认为很有道理。

使汉字数量大增，已引起学界关注甚至不满。看来可行之法是实行有限类推简化。所谓“有限类推简化”包括两层含义：第一，在特定的用字范围之内（比如《规范汉字表》）类推出固定的简化字。第二，在某特定用字范围之外，根据用字需要依照一定规则临时类推简化。比如可以制定这样的临时类推简化规则：a）具体规定可类推简化的偏旁（或简化字），以及它们所在的字的部位，并给以示例；b）同一篇文章、同一部著作、或同一系列丛书，采用同一类推简化标准；c）规定不许或不需临时类推简化的情况；d）如果同一著作或系列丛书类推简化的字较多，可附临时类推简化表，以方便读者和计算机信息检索。

3．地名用字

过去曾用同音替代法处理过一些较为生僻的地名用字，如用“爱辉”替代“瑷珲”，用“务”替代“婺”等。地名是文化的活化石，地名具有很强的理据性，地名是当地人乡土情感归属的象征性符号。地名的这些特点被同音替代后是否会受到破坏？而且，当时用同音替代法处理地名用字是个案式的。例如贵州婺川县改为务川县，但江西的婺源、婺江仍用“婺”，产于婺源的“婺绿茶”、流行于浙江金华一带的“婺剧”都仍用“婺”。对处理地名生僻字的同音替代法，应重新权衡其利弊得失。此外，过去简化汉字也采用过同音替代法，对此也应重新审视。

第二，确定字量和字级

要通过对社会用字情况的调查来确定《规范汉字表》的字量和字级。调查的方法主要有以下几种：1．利用各种语料库、数据库对用字情况进行科学的统计分析，把握现实用字实际；2．对大型现代汉语辞书（不包括古今汉字兼收的字书）和有影响的大型系列丛书的用字情况进行调查和统计分析；3．对已有的字表、字频统计数据进行分析；4．向有关行业部门和科研机构征询相关领域的用字情况。

对这些调查结果进行综合、分析后，就可大体确定《规范汉字表》的字量，再经合理适度的人工干预，便可将字量最后确定下来。

确定字级的基本原则是社会通用度。《规范汉字表》大致设想为三级：第一级为“常用字”，字量大约为3 000－3 600，主要解决基础教育用字问题。第二级（包括第一级字在内）为“通用字”，字量约在6 000以上8 000以内，主要解决社会通用字和新闻出版领域的一般用字问题。第三级为“特用字”，在前两集的基础上再加一些特殊用字领域的特殊用字，基本解决人名、地名、科技、中医药、考古等领域用字问题，基本解决大型现代汉语辞书、系列丛书用字问题，基本解决现代汉语的特殊用字问题（即上面所说的历史词语的特殊用字和普通话吸收古代、方言语言成分时的特殊用字）。有此三级（或者再少增加一些字），也许“古书今排”的需求亦可满足。

第三，理清字际关系，标示有关属性

汉字在几千年的历史发展中，字与字之间的形音义关系异常纷繁。几十年来，用辞书、字表的方式对现行汉字进行了不断整理，取得成绩不小，但整理的字量范围和精度都还不足以制定《规范汉字表》，学术研究和整理的任务仍相当艰巨。

1．字际关系

处理好规范字、异体字、繁体字的关系，合理安排三者的位置，是《规范汉字表》的重任之一。字际关系的处理，既讲究科学性，又须便于操作。便于操作的意思是，既易于将三者区分清楚，以利规范汉字的推行，又能将三者有效联系起来，以利于在现实文字生活中三者对转和信息检索。

同时，需对一定范围内的传承字进行整理，新入字表的传承字，还应依照现在印刷新形体确定标准字形。《国家通用语言文字法》规定了使用繁体字的场合，教学、科研、古书出版还需要使用繁体字。繁体字系统也存在着异体、讹变，需要整理。通过对繁体字系统的整理，可帮助《规范汉字表》更好处理正异繁关系。繁体字与简化字还存在着新旧字形的差异，为繁体字规定新字形的标准，恐怕也是整理内容之一，因为在繁简合用的场合，字形不能一新一旧；在需要对一些字临时类推简化时，繁体字有新字形也会方便许多。

2．汉字属性标示

汉字属性分形音义三方面，字表不是字典，无须将汉字属性标示无遗。对字表而言，形、音属性是主要的，字义只在必要时（如有助于说明读音、区分字形、辨别正异繁关系等）才作简要提示或词语例示。

标示字音就需审音。不仅要审过去未审之字音，而且要根据语言变化对有些字、词读音重审。例如安徽“六安”、江苏“六合”之“六”（lù），现在当地人已多读liù，“六”的这个字音要不要改动？“亚洲”之“亚”、“法国”之“法”、“柏林”之“柏”、“氛围”之“氛”等，社会读法已不一致，怎样裁定？此外，一些古代的人名地名，如“郦食其、龟兹”等，人们常依现代字音来读，为省却特殊记忆之苦，能否干脆将现代字音定为它们的标准读音？这些都是值得讨论的问题。

字形属性的内容很多，字表只需标示：a）规范字及其相应的繁体字、异体字；b）笔画数；c）笔顺；d）归部。此外，必要时还需标示某些字的笔形、部件，或是对笔形、部件组合后形成的相交、相接、相离状态等作注说明。

上述这些需要标示的字形属性，归部的难度较大。自《说文解字》起，汉字就利用部首来编排，每个汉字都要归入一定字部。随着汉字形体的变化和字典编排技术的演进，古今部首数量变化不小。请看：

（1）东汉，许慎，《说文解字》，部首540。

（2）南朝，顾野王，《玉篇》，部首542[1]。

（3）金代，韩道昭，《四声篇海》，部首444[2]。

（4）明代，《六书本义》，部首360（卢戆章，1892）。

（5）明代，梅膺祚，《字汇》，部首214[3]。

（6）《现代汉语词典》，部首189，另有"X见X"类部首30[4]。

（7）1979年，《辞海》，部首250。

（8）1987年，《辞源》，部首214，另有"X同X"类部首29。

（9）《汉语大词典》，部首200，并有附类部首50，共计250[5]。

（10）《汉语大字典》，部首200，并有附类部首53，共计253。

（11）1983年，中国文字改革委员会、国家出版局，《汉字统一部首表（草案）》，部首201（季羡林等，1988：203－204）。

部首数量古今嬗变，部首分合各家不一，同一汉字的归部也有歧异。《规范汉字表》必须根据现行汉字的实际情况，综合现代重要辞书的处理方案，在《汉字统一部首表（草案）》的基础上统一部首的数量与形体，明确字之归属，做到"部有定数，字有定部"。

第四，合理排序

汉字排序方式有频序、音序、形序多种，形序又有以笔形为

【1】其中与《说文解字》相同者529个。
【2】将《玉篇》542部删去121部，又依《龙龛手鉴》增23部。详见李建国（2000：142）。
【3】《康熙字典》同。
【4】《现代汉语词典》和《辞源》的部首数量，曾得到韩敬体先生的指正，非常感谢。
【5】1998年版《新华字典》同。

序、以笔画数为序和以部首为序等分别。古今大量的辞书、字表，已经积累起丰富的排序经验，但汉字排序上的许多细节还未解决，有待完善。更为重要的是，《规范汉字表》同辞书的性质不同，须便于不同领域使用，便于所有表内字的查找对照。因此可能需要采用多种方法排序，或不同字级的字采用不同的方法排序，或用多种方法排出多个不同用途的字表，其中一个为主表，其他为附表。

以上四个问题只是举例性的，还有一些相关问题也需解决。有效解决这些问题，就能实现1986年全国语言文字工作会议提出的“定量、定形、定音、定序”的汉字标准化的目标。（全国语言文字工作委员会秘书处，1986：27）

三　余言

《规范汉字表》肯定会对已有规范进行修补，但改动须异常审慎。语言文字涉及全社会，规范的改动必然会给人带来重新学习的负担。而语言文字规范的掌握一般是在学习阶段，一旦掌握就可能终生不变。如“象、像”的区分，“呆板”中“呆（dāi）”的读音，至今还困惑着不少人。因此对已有规范，可改可不改者不改，可大改可小改者小改。非改不可者，也要做好宣传，并在执行中保持一定弹性。

《规范汉字表》隐含着许多关于汉字的规范，可以考虑将表中的隐性规范变为显性规范，或附在表中，或经国家规范管理部门发布。显性规范比隐性规范更明确、更严密，并需在更大的字量中进行验证，因此比制定隐性规范难度更大。不过，这样有利于保证字表质量，方便社会对字表的理解，也可以使《规范汉字表》的成果应用于更大的字量范围。

总之，《规范汉字表》的制定，事关我国乃至世界华人文化发展和现代语言生活的大局，必须科学而审慎。研究之时，要充分重视以往的规范实践，充分吸收已有的学术成果，充分收集社会各界的意见，并注意利用现代化手段分析现代用字状况，使字表具有较高的科学含量，能够满足现代汉语的书面交际，适应信息时代的发展需求，经得起时间考验。成稿之时，必须虚心征求全社会意见，也许还需要向海外使用汉字的国家、地区或社区通报情况。《规范汉字表》需经权威性的学术审定，然后由国家发布实施。

主要参考文献

高更生 1991《谈异体字整理》，《语文建设》第10期。

何群雄 2001《汉字在日本》，商务印书馆（香港）。

季羡林等 1988《中国大百科全书（语言文字）》，中国大百科全书出版社。

李建国 2000《汉语规范史略》，语文出版社。

李宇明 2003《搭建中华字符集大平台》，《中文信息学报》第2期。

李运富 2002《试论地名标准化"语文标准"的原则问题》，《语言文字应用》第2期。

卢戆章 1892《中国第一快切音新字》原序，见文字改革出版社（1958）。

全国语言文字工作委员会秘书处 1987《新时期的语言文字工作——全国语言文字工作会议文件汇编》，语文出版社。

苏培成 2003《重新审视简化字》，《北京大学学报》第1期。

魏 励 1990《〈第一批异体字整理表〉的调整》，《语文建设》第6期。

文字改革出版社 1958《清末文字改革文集》，文字改革出版社。

许 慎 121《说文解字》，中华书局，1963年第1版。

语文出版社 1993《语言文字规范手册》（增订本），语文出版社。
张书岩 2002 《研制〈规范汉字表〉的设想》，《语言文字应用》第2期。
中华人民共和国教育部 2001 《辉煌的篇章——中国“两基”工作纪实》，教育科学出版社。
——— 2002 《跨世纪中国教育》，高等教育出版社。
周恩来 1958《当前文字改革的任务》，人民出版社。

［原载《中国语文》2004年第1期］

词语规范的若干思考*

词语是语言的最重要、最活跃的成分，也是语言规范的主要对象。因为：第一，除去方音的因素不论，同一语言社团交际的阻隔，主要来自使用词汇的差异。如方言词、外来词、专门术语、行话等等。第二，随着社会的发展而不断涌现的新词语，往往会超出常规，或是与已有的构词法相左，或是打破人们熟悉的词汇系统的格局。例如：

打的、大哥大、邮编、卡拉OK、VCD……

这些词初看起来似乎不大顺眼。把“出租车”说成“的士”就已经怪怪的了，还减缩为“的”做“打”的宾语性成分构成新词“打的”。“大哥大”的结构是“形容词性成分+名词性成分+形容词性成分”，这是普通话所不曾有的词语结构。“邮编”是“邮政编码”的减缩，取的是“邮政”和“编码”这两个词的第一个音节，但是“编码”中“码”比“编”有意义，所以不少人认为“邮码”比“邮编”好。“卡拉OK”把汉字同拉丁字母放在一起，而

---

* 2001年12月，由厦门大学主办，教育部语言文字应用研究所、北京广播学院、商务印书馆、厦门市语委协办的“全国汉语词汇规范问题研讨会”在厦门召开，本文是提交会议的论文。原文发表时因篇幅原因曾被删减了一些段落，收入本集时恢复了一些段落。

"VCD"竟然全用拉丁字母。这些新词语都有超出常规之处，成为多年来词汇规范者的议论话题。

但是，词语规范的难度很大，原因不仅在于已有的词汇本身就相当复杂，生殖又极快，而且对于词语的规范规律至今缺乏足够的认识，常常是许多被认为不规范的词语却具有极强的生命力，如前面所举的"打的、大哥大、邮编、卡拉OK、VCD"等词语，虽饱经批评，但至今仍活跃在语言生活中。尽管如此，词语规范还是可能的和必要的。本文谈一些对词语规范的理论思考，以就教于方家。

一　规范应全面考虑语言的职能

语言是人类用于交际、思维和文化传承的最为重要的符号系统。这一定义学术界并不一定都同意，但却是较全面地概括了现在人们对语言的认识，特别是对语言的交际、思维和文化传承的三大社会职能的认识。词汇作为语言的重要子系统，在进行规范时当然应当充分考虑到语言的三大社会职能，而在过去一个相当长的时期里，人们进行语言规范时多是只考虑语言的交际职能，这自然是不全面的。

交际和思维具有极大的惯性，这种惯性在自幼习得语言时就形成了基底，并在以后的语言实践中逐步完善。这里所谓的"惯性"，是指建立在语感基础上的语言使用习惯。改变语言的使用习惯是相当不容易的，需要有一个更改惯性的环境和较为长期的过程。因此，对已有词汇进行规范，应当充分考虑到使用语言的惯性。

2001年12月，教育部和国家语言文字工作委员会（2002）发布的《第一批异形词整理表》，就充分考虑到了语言使用惯性。首先，该整理表整理的338组异形词，是在收集到的1 500余组异形词中选出的。这338组异形词中的绝大多数，社会使用已经表现出较明显的倾向，根据社会使用倾向确定的每组异形词的推荐词形，其实是以规范的形式将社会使用语言的惯性确定下来。其次，该整理表是推荐试行性质的，每组异形词确定一个规范词形向社会推荐试行，而同时并不明言废除其他相应的形式，使社会既有规范可依，起到引导作用，又不给使用者造成心理压力。当然，这样也给出版物和计算机词库留足了改版、更新的时间，最大限度减少了可能造成的经济损失。

语言不仅是人类交际与思维的工具，而且也是记录文化、传承文化的最为重要的载体。当代的语言是上万年历史积淀的结果，词汇规范要充分考虑到语言的历史连贯性，考虑到语言的文化载体性质。还说异形词，若仅从交际职上能看，一组异形词只使用一个形式也许就足够了，但是，《第一批异形词整理表》并没有废除其他相对应的词形，这里面也有文化上和语言历史连贯性的考虑。各个异形词都是历史的产物，这些不同形式的产生都包含着一个“语言故事”，或构词理据不同，或因通假用字所致，或有雅俗风格之小别，甚或有意义之微异。例如：

“鬓角”与“鬓脚”的构词理据就不相同，“鬓角”是因其部位呈锐角而得名，“鬓脚”是由“鬓发之根”而得名。

“百废俱兴”和“百废具兴”，“具”通“俱”，是假借字。

“淡泊”与“澹泊”，前者风格趋俗白，后者风格较文雅。[1]

“人才”与“人材”，仔细琢磨，意义上也许稍有差异，后者含有比喻的因素。

【1】这些例子，参见国家语委异形词规范研制组（2001）。

这些差异在整理异形词的时候也许可以忽略不计，但是这些词必然记录着语言的“历史故事”，对研究汉语发展史和阅读历史上的文献还有一定价值。这也是《第一批异形词整理表》只给出了一组异形词的推荐形式而没有废除其他形式的一个重要原因。

二　规范应考虑不同领域的词语特点

不同使用领域的词语有共性也各有特点，词语规范需要考虑不同领域的词语特点。词汇一般分为通用词汇和专用词汇，通用词汇是全民族交际通常使用的词汇，专用词汇是某一领域或行业交际常用的词汇。通用词汇中存在着较多的同义词、多义词等，专有名词和科技术语，则都要求所指具有唯一性，同义术语、多义术语往往成为规范对象。仅此而言，通用词汇与专有名词、科技术语就有不同。

专有名词和科技术语也有各自不同的特点。例如专有名词中的地名，具有极强的民族文化特征，许多地名都是古代文化和古代语言的“活化石”。譬如河南的“项城、息县、邓州、巩县、杞县、温县、密县、许昌、禹州、上蔡、新蔡、虞城”等地名，都来自夏至春秋时代的古国名，保留着当年中原大地古国林立的史实。河北的邯郸是古赵国的国都，邯郸的一些地名如“回车巷、插箭岭、铸箭炉、梳妆楼、照眉池”等，便记录着发生在古赵国的多个故事。（李如龙，1998：107－108）

张惠英（2001： 230－237）在研究海南地名时曾经指出，海口的美兰机场的“美兰”其实是“母栏”（母氏之家）的雅化，以“母”命名的习惯可以追溯到甲骨文、金文时代，且与东南亚的一些地区有相通之处。“美兰”及海南的一些相关地名，保存了语言学的丰富资料，昭示了古文明的某些迹象。

地名规范要充分考虑“得名之由”和人们的雅化心理，不能只从书写的繁简着眼，简单地使用同音替代。地名的读音常常保留着古音或方音，地名语音的规范也是值得很好研究的课题。

科技术语比一般词语更看重对概念的准确揭示，因为术语系统本质上就是概念系统，科技术语的规范实质上就是对各有关学科概念系统的梳理。（参见冯志伟，1997）对历史上的科技术语进行整理是必要的，但是科技术语工作更应着眼于现在和未来。毋庸讳言，当前西方在科技发展上占优势，将外语中的科技术语快速而准确地翻译成汉语，就成了当代中国术语工作的一个重要任务。科技术语应当按照汉语的构词法进行汉化，最高境界自然是“信、达、雅”，但是，科技术语的翻译往往时效性特别强，来不及仔细琢磨，于是便有了原形照搬或对原形稍加改造的字母词[1]，如“IT行业、E时代、NT技术、DVD、ISO”等。

当今科学技术发展的一个重要特征，是横向传播周期急剧缩短，一个领域的科学技术较快地渗透到其他学科，科技术语使用上的“转域”，常带来意义的变化，使科技术语由单义变为多义。而且在科教兴国的今天，在社会生活的科技含量迅速提高的今天，科技术语有更多的机会进入到一般的社会生活，成为通用词汇。科技术语的生活化，或曰科技术语的通用化，常会出现俗名，如“计算机”俗称“电脑”，“无线移动电话”俗称“手机”，从而出现“一实多名”的现象。而且华人社区遍及海内外，大家都在按照各自的理解翻译科技术语，这也会出现同一个科技术语有多种汉译的现象，如大陆的“软件、信息”，在台湾叫“软体、资讯”等。科

【1】当然，字母词的出现还有其他原因。

技术语的使用规范显然有自己的特点，对科技术语进行规范必须考虑它的特点。

三　规范应处理好学理与俗实的关系

词汇规范的学理，指的是词语构成的理据、词汇的系统性和词语历时发展的规律。词汇规范的俗实，指的是词语的社会实际应用状况。学理与俗实总体上是一致的，这是因为：一方面，学理来自于对语言事实的研究，来自于对几千年语言俗实的分析与总结；另一方面，语言有依照语言规律（学理）自我调节的功能，词语发展也是有规律的。

但是，学理与俗实也常有分歧，这是因为：其一，人们对研究对象的认识总是有局限的，所得到的学理并不是充分的。其二，语言是动态的，时时处于发展变化之中，亿万人所使用的语言，必然会出现各种各样的不合规律的变异。语言中出现的不合规律的变异，或形成新的规律，或需要通过规范使其合乎规律。

语言不是纯洁的理想的逻辑结构体，学理与俗实的分歧也就是正常的必然的，处理学理与俗实的分歧也就成为规范工作所必须面对和妥为解决的问题。在处理学理与俗实关系的时候，首先需要有一个平和良好的心态，不应患“语言洁癖症”，过分夸大俗实中不合规律的现象的严重后果，仿佛有了这些现象，语言就会变得混乱不堪。其次，也不能以为语言学家只能描写语言事实，面对分歧无动于衷，放弃积极引导的学术权力。当然语言学家不是“语言警察”，不是专门诊断“语言疾病”的医生，但是对待学理与俗实的分歧，语言学家也应持积极的态度，或从俗实中发现新的学理，或采取稳妥而有效的规范措施。

处理学理与俗实的关系，牵涉到一系列理论和实践问题[1]，本文不能全面讨论，这里只谈规范参照点的问题。在对一些现象进行规范的时候，正确选取规范的参照点是十分重要的。词汇规范的参照点，应当是权威的地域方言和权威的社会方言。权威的地域方言就是以北京话为代表的北方方言，权威社会方言就是文化水平较高的社会阶层使用的语言。

词语规范将权威的社会方言也作为参照点，具有重要的理论价值和实践意义。在以往的语言规范中，“约定俗成”是操作的最高准则，当学理与俗实发生矛盾时，学理往往要服从俗实。若以权威社会方言作为参照点，把“约定俗成”作为最高准则的规范观就值得重新研究。再如，利用语料库考察词语的使用频率，借以确定某些词语“约定俗成”的程度，为词语规范提供参考数据，这已经成为现代进行规范的重要方法。这种方法的科学性，在很大程度上有赖于语料库的语料选取。从社会方言的角度看，语料库的选料不应是随意的，而应当选取权威社会方言的语料建库，利用权威的社会方言语料库得出的数据，对词语规范来说才是最有意义的。权威的社会方言最接近于学理，词汇规范考虑社会方言的问题，在处理学理与俗实的分歧时是有帮助的。

四　规范应给语言发展留足空间

古代的语言规范观含有浓重的“匡缪正俗”色彩[2]，这种观念至今还很有影响，不管是赞成对语言进行规范的人，还是反对对语言进行规范的人，都有不少是用“匡缪正俗”的观念来看待语

【1】关于这一问题，袁贵仁（2001）和李宇明（2001）也有论及，可参看。
【2】参见许嘉璐（2000）、于根元（1996）和吕冀平主编（2000）的有关论述。

言规范的。应当承认，语言规范有“匡缪正俗”的作用，“匡缪正俗”也不是什么不好的事。但是，语言规范除了“匡缪正俗”之外，更重要的是要方便语言交际、促进语言发展、保持文化连续、维护民族形象等等。这里单说促进语言发展的问题。

语言规范同语言发展在本质上是相辅相成的。理论上说，正确的语言规范应有利于语言的健康发展，健康的语言发展能够促进语言的规范，有利于语言规范化工作。但是，在具体操作中，语言规范则很可能与语言发展发生矛盾。

词汇规范处理的主要对象，是那些同一词语有不同读音的异读词、同一词语有不同写法的异形词、同义词、近义词、外来词、缩略词、新生词以及词语的新用法等各种变异，包括不合现有语言规范的现象。而这些恰巧又是语言文字发展的新的生长点之所在。在语言发展的生长点之处进行语言规范，一着不慎，就可能破坏语言发展的生长点。这就要求进行词汇规范时要十分谨慎，仔细分辨哪些现象是应该规范掉的，哪些现象是应该保护的，对于一时辨认不清的现象，不要轻易下结论。在规范研制的过程中，最好多听不同意见，特别是反对的意见，不能以自己的好恶为好恶。在规范发布时，要多些柔性，以引导为主，给语言发展留下充足的空间。

事实上，规范不是静态的，不是千秋不易的金科玉律。正相反，规范应该是动态的，应当随着语言的发展而发展，因此对已有规范应该不断地进行修订、维护、升级，使之更好地为语言生活服务。

五　规范应有系统观念

在进行具体的规范操作时，应当有系统的观念。系统观念包括语言系统观念和规范系统观念。先谈语言系统观念的问题。

词汇是成系统的，词汇之间是以各种方式相互联系的，词语规范应当考虑词汇的系统性。例如“象”和“像”是词，又是构词语素。20世纪五六十年代进行文字整理时，曾经把“像”作为“象”的繁体而处理不用，虽然1964年公布的《简化字总表》在注脚中说明两个字意义可能混淆时，“像”仍可用。1986年重新发布《简化字总表》时，恢复了“像”的规范字地位，但在构词上两者相混之处不少。为了规范词语中“象、像”的用法，1990年，全国科技名词委做了《关于科技术语中“象”与“像”用法的意见》。2001年10月18日，全国科技名词委和国家语委又联合召开研讨会，对140余条相关的科技术语逐条进行了审定，最后确定：

用“象”指称自然界、人或物的形态、样子。用“像”指称用模仿、比照等方法制成的人或物的形象，也包括光线经反射、折射而形成的与原物相同或相似的图景。

会议还指出，应停止执行1990年名词委做的《关于科技术语中“象”与“像”用法的意见》。[1]对于“象”与“像”构词的规范，不是孤立处理一两个词，而是需要系统地处理一批词。当然，依照现在对“像”的规定，还需要处理“像”与“相”的关系。再如：

订单－定单　订户－定户　订婚－定婚　订货－定货　修订－修定　制订－制定

分量－份量　分内－份内　分外－份外　身分－身份　辈分－辈份　成分－成份

“订”与“定”，“分”与“份”，意义上是稍有差别的，由它们所构成的词，也需要从词语的系统性出发来进行规范，使每对

【1】详见全国科学技术名词审定委员会、国家语言文字工作委员会（2001）。

语素差异加大，并有系统的分工。

词汇以语音和文字（书面语）作为物质外壳，而且在使用中总是按照一定的语法规则同其他词语组合，从语言的系统观念出发，进行词语规范时常常不能就词汇论词汇，还要考虑词汇与语音、语法、文字等相关领域的联系。例如：

树阴－树荫　柳阴－柳荫

“阴”与“荫”在上面两个词中是没有多少差异的，仿佛可以把两者合而为一，比如合为“阴”。但是，“阴”常使人联想到“阴间、阴曹地府”，北京有一个地名叫“柳荫街”，若改称“柳阴街”，这里的居民可能会觉得心理上别扭。外族人名的汉译，选字也很有讲究。词语规范需要考虑与文字、语音等方面的联系。

下面谈规范系统观念的问题。规范不是孤立制定的，词汇规范的制定要考虑与已经发布的规范的联系，考虑将要制定的相关规范的问题，这就是规范系统观念。还以《第一批异形词整理表》为例来说明。在整理异形词的过程中，发现现实社会语言生活中还存在这样一些现象：

抵触－*牴触　家伙－*傢伙　氛围－*雰围

纨绔－纨*袴　札记－*劄记

带“*”号的是已淘汰的异体字或已简化的繁体字。这些不规范现象需要在整理异形词时指出，但如果把这些词放在整理表的正文中，就会与原来发布的简化字规范矛盾。《第一批异形词整理表》把这些词列为附录[1]，既起到规范现代语言生活的作用，又避免了与已有规范的矛盾。而且，《第一批异形词整理表》毕竟只整理了338组异形词，一些出现频率较高的异形词，如“交代”与

【1】详见中华人民共和国教育部、国家语言文字工作委员会（2002）。

“交待”之类，还没有进行整理。《第一批异形词整理表》特别关注整理原则，为以后的异形词整理进行了理论上的准备。并且，现在有关方面正在开展《规范汉字表》的研制，先不忙整理更多的异形词，也为《规范汉字表》的研制留下了操作空间。

中华人民共和国建国之初，语言文字工作作为国家重要的文化建设工程，受到了方方面面的高度重视，取得了许多重要成就。时代在发展，形势在变化，语言文字工作也必须与时俱进。几十年来，我国实施改革开放的基本国策，经济建设飞速发展。在经济建设发展到一定阶段之后，必然会出现文化建设的新高潮。语言文字从来都是文化的基础，可以预见，随着经济和文化的发展，语言文字工作也会有一个大发展。在新的世纪，怎样更新规范观念，做好语言文字的规范建设及其推广工作，是值得认真研究的。

主要参考文献

冯志伟 1997《现代术语学引论》，语文出版社。

国家语委异形词规范研制组 2001 《〈第一批异形词整理表（草案）〉说明》，《语文建设》第11期。

李如龙 1998《汉语地名学论稿》，上海教育出版社。

李宇明 2001《通用语言文字规范和标准的建设》，《语言文字应用》第2期。

陆俭明 2000《跨入新世纪后我国汉语应用研究的三个主要方面》，《中国语文》第6期。

吕冀平主编 2000 《当前我国语言文字的规范化问题》，上海教育出版社。

全国科学技术名词审定委员会、国家语言文字工作委员会 2001《“象”与“像”在名词义上的用法有新界定——关于“象”与“像”用法研讨会会议纪要》，《科技术语研究》第4期。

王际桐 1999《王际桐地名论稿》，社会科学文献出版社。
许嘉璐 2000《未成集——论新时期语言文字工作》，语文出版社。
于根元 1996《二十世纪的中国语言应用研究》，书海出版社。
袁贵仁 2001《以规范标准建设为核心，开创语言文字应用研究新局面》，《语言文字应用》第3期。
张惠英 2001《汉语方言代词研究》，语文出版社。
中华人民共和国教育部、国家语言文字工作委员会 2002 《第一批异形词整理表》，语文出版社。

［原载《厦门大学学报》（哲学社会科学版）2002年第2期］

辞书与语言文字规范*

辞书和语言文字规范二者之间的关系，不管是从语言文字规范建设的角度看，还是从辞书编纂的方面说，都值得深入探究。本文先谈语言文字规范的概念，次而描述语言文字的规范体系，然后就辞书与语言文字规范的关系发表点看法，最后赘说辞书现代化的问题。

一　语言文字规范界说

（一）语言文字规范

语言文字规范，是语言规划领域中十分重要的概念，其内涵与外延都十分丰富但却不甚清晰，为了讨论辞书同语言文字规范的关系，先对概念“语言文字规范”作些辨析异常必要。

在语言规划中，“规范”有两种含义：1．语言文字的规范，包括语言文字本身的规范和语言文字的应用规范；2．社会通过一定的措施使语言文字或语言生活达到一定的标准。前者属事物范畴，反映着对语言本体、语言发展演变和语言的社会职能等方方面

---

* 2003年11月18日至19日，中国辞书学会第6届年会在上海召开。本文是根据会议上的讲话修改而成的。原文发表时因故被删减了一些段落，收入本集时恢复了一些段落。

面的研究成果，反映着对语言规范的规律的认识水平，因而也是后者得以进行的基础、凭借与保障。后者属社会行为范畴，这种社会行为的依据是前者，行为的目标是实现前者。本文讨论的语言文字规范，含义为第一种而不是第二种。

语言文字规范有“成文规范”和“不成文规范”两种表现形式。不成文规范是在语言文字发展过程中自然形成的，是同一社团成员在语言生活中运用语言文字习惯的总和。不成文规范存在于语言文字的各个方面和各个使用领域，它的存在表明语言文字及其发展变化是有规律的，语言文字的运用是有规则的。不成文语言文字规范是通过习得的途径掌握的。成文规范却不会自然产生，它的出现是社会语言规划的结果，表现了社会对语言生活的干预和为健康语言生活所进行的努力。成文规范不是凭空产生的，它是人们对不成文规范的认识成果，是对不成文规范的理性加工。成文规范一般都是通过“学得”[1]的途径掌握的。

语言文字的成文规范和不成文规范，有三大分布特点：

1．远古时期，语言文字规范基本上都是不成文的，随着历史的进步，成文规范出现并逐渐增多。20世纪80年代以来，信息技术和信息产品需要及时建立各种语言文字规范，成文规范才开始大量涌现。

2．语言文字本身的成文规范多，语言文字应用的成文规范少。在语言文字的各子系统中，文字、语音的成文规范多，词汇次之，其他系统的成文规范再次之。

3．教育、大众传媒、新闻出版、信息通讯等领域，语言文字的成文规范较多，其他领域的成文规范较少。

成文规范和不成文规范，相互关联，相辅相成，共同在语言生

【1】“学得”的含义，见李宇明（1993）。

活中发挥着积极作用。本文的讨论侧重于成文规范，以下所称的语言文字规范主要是指成文规范。

（二）“规范”与“标准”

在相当一个时期的语言规范工作中，除“标准语、标准音”等少数术语外，人们主要使用“规范”而不大使用“标准”。1986年1月，全国语言文字工作会议在北京召开。为适应计算机语言处理和工业标准化的新形势，会议把“研究和整理现行汉字，制订各种有关标准”列为新时期的语言文字任务之一，正式提出了以“四定”（定量、定形、定音、定序）为内容的汉字标准化问题。（刘导生，1986）十余年来，伴随着标准化事业的发展，语言文字的标准化工作，受到了社会的广泛关注，政府也逐步制定了不少语言文字标准，“规范”与“标准”两个概念便经常使用。这一时期制定的语言文字规范，有不少名为“标准”，给人的印象是“标准”比“规范”更严格。

“规范”和“标准”这两个概念间的关系，目前起码有如下三种理解：

1. 规范是上位概念，标准是下位概念。标准是规范中的一类，是具有严格要求的规范。

2. 规范与标准是并列概念。规范的要求不太严格，标准的要求比较严格。

3. 不严格区分规范和标准，把两者看做相通的概念。

事实上，要严格区分语言文字的“规范”和“标准”是比较困难的，本文取第三种理解，把两者看做相通的概念，不作刻意区分。

当前“规范”和“标准”同时使用时，常见到三种具体的表述方式：a）规范（标准）；b）规范、标准；c）规范标准。本文主要使用“规范”，其内涵包括“标准”。在具体行文中，有时也使用“规范标准”的笼统说法。如果只使用“标准”，一般指称的是规定得比较严格的语言文字规范。

二　语言文字的规范体系

不成文规范和成文规范，构成语言文字规范体系的两个基础部分。成文的语言文字规范也是一个体系，一个逐渐发展、已具规模的体系。这一体系内部可以再分为两类，亦即说这一体系由两部分构成：（一）规范文件；（二）语文辞书和语文教科书等。

（一）规范文件

规范文件是由政府和其他权威部门发布的关于语言文字规范的各种明文规定，一般包括规范内容和规范效力两部分。

1．规范内容

规范内容是规范文件的主体，一般由规范原则和规范示例两部分构成。根据示例的情况可以把规范文件分为“原则类规范”和“表集类规范”两大类。[1]

原则类规范的示例是枚举性质的，示例的目的是为了让使用者更好地掌握规范原则。国家语委1999年10月发布的《印刷魏体字形规范》《印刷隶体字形规范》，教育部和国家语委2001年12月发布的《GB13000.1字符集汉字折笔规范》等，都是原则类规范。

表集类规范的示例采用完全枚举法，规范名称常为“XX表、

【1】为适应缤纷复杂的语言生活，当前正在探讨一种新的规范类型——示范类规范，它的示例是示范性的，不像表集类规范中的示例那样具有强制性，也不像原则类规范中的示例那样，主要起说明规范原则的作用。示范类规范的文本，甚至可以全部都是示例，没有规范原则部分。比如行书、草书、行草之类的字形规范，如果采用示范类规范，其文本形式就像是字帖，与一般字帖不同的是，这类规范是经过整理且由政府规范部门认可的。

XX集”，如文化部、文字改革委员会1955年12月发布的《第一批异体字整理表》，1965年1月发布的《印刷通用汉字字形表》，国家语委、国家教委、广播电视局1985年发布的《普通话异读词审音表》，国家技术监督局1993年发布的《GB13000.1－93信息技术 通用多八位编码字符集》等。这类文件的规范原则，是关于表集制作的各种说明，或是对表集中现象的各种理论阐释，内容大多较简洁，目的是让使用者更好地掌握收入表集的现象。

表集类规范的规范原则与规范示例两部分的逻辑关系，与原则类规范有很大不同。两类规范的使用也有差异。原则类规范的执行，依赖对规范原则的准确理解，示例是对规范的提示；表集类规范的执行，就某种意义而言不依赖于对规范原则的理解，示例就是规范的全部现象。

2．规范效力

规范效力指的是规范内容所适用的范围、规范的时效和规范执行的力度等。根据使用的社会交际领域，可以把规范内容的适用范围分为“广适性”和“受限性”两种。“广适性规范”适用于全社会，如国家技术监督局1995年12月发布的《标点符号用法》、1996年1月发布的《汉语拼音正词法基本规则》等。“受限性规范”只适用于某一或某些交际领域，如教育部、国家语委2001年2月发布的《汉语拼音方案的通用键盘表示规范》，国家技术监督局1993年发布的《ISO/IEC 10646.1信息技术 通用多八位编码字符集》等，主要适用于信息处理领域。

当语言文字进入标准化时期之后，语言文字规范常被分为国际标准，国家标准[1]，行业或地方标准。这种划分也显示了规范内容

【1】国家语言文字工作委员会是国家语言文字的主管部门，国家语委发布的规范标准是国家标准。

的适用范围。国际标准是希望全世界采用的规范，由国际组织主持制定，企业界发挥主导作用，市场化意识较强。国际标准不具有强制性。国家标准是由国家发布的规范，随着世界经济一体化和加入世贸组织，我国提倡等效采用国际标准，但是由于我国有自己的国情，有自己特殊的语言文字状况，有时甚至还需要通过设置技术壁垒保护民族经济和国家的信息安全，因此，我国的国家标准不可能完全采用国际标准。行业或地方标准是适应于一定行业、一定地区的规范。此外，现在也鼓励企业制定企业标准，企业标准不仅要适合企业特点，更重要的是，其技术含量应当高于国家标准、行业标准和地方标准。

规范的时效，指规范内容具有规范效力的时期。为使社会做好执行规范的准备，规范发布之后往往要停一段时间才开始生效，这段时间的长短因具体情况而定。语言规范也会失去效力，这有三种情况：

（1）被明令废止。例如，1977年12月20日发布的《第二次汉字简化方案（草案）》（简称“二简”），1986年6月24日经国务院批准废止，“二简”正式失去效力。

（2）被新版本覆盖。规范发布之后会根据语言生活的变化和规范的执行情况及时维护更新。当某规范修订之后，原版本便自动失去规范效力。如1964年3月，中国文字改革委员会、中华人民共和国文化部、中华人民共和国教育部联合发布了《简化字总表》，1986年经国务院批准对原《简化字总表》作个别调整后重新发表，这样，1964年发布的《简化字总表》便失去了规范效力。

（3）被新规范覆盖。如果甲规范先发布乙规范后发布，乙规范的发布单位同于甲规范或地位高于甲规范[1]，而且乙规范的内

【1】如果乙规范的发布单位，地位低于或同于甲规范的发布单位，则乙规范不具有覆盖甲规范的效力。

容范围与甲规范相等或超过甲规范，那么甲规范就被乙规范所覆盖，自动失去规范效力。例如，正在研制的《规范汉字表》，如果将来由国务院发布或经国务院同意发布，被它的内容所覆盖的《第一批异体字整理表》《简化字总表》《现代汉语常用字表》《现代汉语通用字表》《现代汉语通用字笔顺规范》《普通话异读词审音表》《部分计量单位名称统一用字表》《汉字统一部首表（草案）》等，就会失去规范效力。[1]如果乙规范的内容同甲规范交叉，形成对甲规范的部分覆盖，这时，甲规范被覆盖的部分也自动失去规范效力。

从规范执行的力度来看，有些规范是强制性的，称为“强制性规范”；有些规范是推荐性的，称为“推荐性规范”。带有“草案、初稿、试用、试行”等字样的规范，一般都是推荐性规范。从当前的情况来看，推荐性规范较多，强制性规范较少，且制定强制性规范要特别慎重。不过应注意，推荐性规范如果被某部门采用，或被某权威部门作为评估标准，便可能转化为强制性规范。

规范效力有时直接出现在规范文本中，有时出现在一定的权力机构的文件中。权力机构在权限之内，其文件可以更仔细地规定规范文本的效力，也可以变更相关规范文本的效力。前面提到的废除规范和将推荐性规范、试行性规范变为强制性规范等情况，就是对规范效力的变更。

（二）语文辞书和语文教科书等

语文辞书和语文教科书等，是以记录语言文字现象、描述语言文字规律、传授语言文字知识与规范、指导人们正确使用语言文字

【1】关于规范汉字表的问题，参见李宇明（2004）。

为目的的图书，属于成文语言文字规范体系的重要组成部分。

规范文件可以直接指导语言生活，但更需要通过语文辞书、语文教科书等来引导语言生活。历史上没有规范文件，语文辞书和语文教科书等是唯一的成文规范，发挥着语言文字规范体系的全部作用，因此历史上常有语文辞书钦定、语文教科书国颁的故事。规范文件的产生标志着语言文字规范的现代体系的形成，规范文件的功能从语文辞书、语文教科书等的功能中分离出来。但是，语文辞书、语文教科书等对语言生活的规范作用，仍然非常重要，不可忽视，无法取代。《新华字典》和《现代汉语词典》，是建国之后为规范语言生活而由国家组织编写的两部重要的语文辞书，历史已表明这两部工具书在我国语言生活中发挥了非常积极的作用。

语文教科书的功用是传授语言文字规范，语文辞书的作用是“备用备查”，它们都是社会语言文字规范的标杆。但是它们与规范文件还是有差别的，其差别主要表现在：

1．语文辞书和语文教科书等，不像规范文件那样有明文规定的规范效力，它们是通过对语言生活的引导来促进语言文字规范的。它们的权威（钦定国颁者除外）不是来自于权力机构的文件，而是来自于编纂者的学术威望，来自于它们自身达到的学术水平，来自于社会公认的典范性。

2．规范文件主要调节社会群体的语言生活，而语文辞书和语文教科书等，虽对群体语言生活也发挥作用，但主要功能是对个人的语言生活发挥作用。因此一般人常置案头的是辞书，而不是规范文件。

3．规范文件规定的领域必然是有限的，而语文辞书和语文教科书等作为整体来看，所涉及的领域要大于规范文件所涉及的领域。

4．语文辞书和语文教科书等，对不成文的语言文字规范，可以进行客观的记录，而规范文件则必须对不成文语言文字规范的歧异之处进行整理。

三　辞书与语言文字规范

辞书是人类优秀知识的汇集，是社会的“无冕教师”。讨论辞书与语言文字规范的关系，将辞书分为语文辞书和非语文辞书是必要的。非语文辞书在它所涉及的语言文字问题上，应当贯彻执行规范文件，大约不会有异议。因此，这里可以只谈语文辞书。

语文辞书的基本职能，可以概括为两个方面：第一，提供与辞书内容相关的语言文字规范，包括规范文件所定的规范和不成文规范转化而来的成文规范；第二，记录相关的语言文字现象。如《现代汉语词典》，既提供现代汉语的词汇规范，又记录现代汉语的词汇现象。当然，具体到不同的辞书，在这两种职能上可能各有偏重。偏重到极限，有些辞书可能只是阐释语言规范的“规范字典”或“规范词典”，而有些辞书可能只是记录语言文字现象，如方言词典等。当然，辞书在记录语言文字现象时也有选择性，这种选择性也渗透着规范观念。

语文辞书具有规范体系的其他成员代替不了的功能。同规范文件比，语文辞书的覆盖面较大，所收内容有许多是规范文件管不到的，例如：现代不大可能为古代汉语制定规范文件；语言生活中出现的新词新语，不可能立即用规范文件的方式进行规范；语义、语法、篇章等领域，眼下也许还没有制定规范文件的必要。但是这些都可以成为语文辞书的内容。语文辞书的价值之一，在于可以在规范文件不能发挥作用或不能很好发挥作用的地方发挥作用，以补规范文件之不及。当然，这其中也孕育着新的规范，有些还可以形成规范文件。

讨论语文辞书同语言文字规范的关系，其实要讨论的是语文辞书同规范文件所代表的语言文字规范的关系。晁继周（1999）、李建国（1999）、陆嘉琦（2003）、苏培成（2002）等都指出，语文辞书应当执行规范文件，这应该是学界的共识。然而这个问题还不断引起讨论，焦点在于，规范文件的内容不合适时，辞书该怎么办。有两种观点：

一种是"执行说"。例如李建国（1999：75）在讨论规范型语文辞书时认为："国家标准的不完善处或落后于现实语文生活的地方，应该进行讨论研究，但在标准未修订之前，规范型辞书的编者只能服从它、维护它，个人的意见只能留待标准修订时的参考。"

另一种是"补正说"。例如，晁继周（1999：73）认为："词典的任务不是简单地解说文件，它的内容要丰富得多，学术含量要大得多。词典编纂的过程，既是对语言文字规范标准贯彻的过程，也是对这些规范标准的正确性全面检验的过程。对规范标准个别不完善的地方，规范型字词典应该取什么态度？是绝对依从，还是适当地体现字词典编纂者的学术见解？我们认为应当取后一种态度。"苏培成（2002：171）认为："现有的政府规范是在不同时期不同背景下出台的，前后相隔有40多年。用现在的眼光看待以前制定的规范，可能会有一些不妥的地方。对这些不妥的地方，要发挥专家规范的补充作用，给读者提供帮助。"

语文辞书和规范文件都是语言文字规范体系的成员，如果辞书不执行规范文件就会造成"双重标准"，双重标准对社会的负面影响也是很严重的。如果辞书将规范文件中的明显不当之处照录不动，编纂者也的确学术良心难安。因此，"执行说"和"补正说"虽都有道理，但也都非良策，都属缺憾、无奈之举。解决问题的根本办法是：

第一，规范文件制定时要充分发扬学术民主，辞书界和其他学界要积极参与，以减少制定文件时的失误。

第二，对规范文件要及时更新维护。十全十美的规范只是规范制定者的主观苛求，现实中的任何规范都会有瑕疵；语言生活千变万化，已有规范也会过时。辞书编纂和使用的过程，也是对规范文件进行检视、“复审”的过程，此过程能够发现规范文件的不足不当之处，有助于规范文件的修订完善。关键是建立对规范及时维护更新的观念和制度，发现问题能及时反馈及时更正。当然，维护更新的观念不只是规范文件的制定者要有，辞书的编纂者也要有，辞书因修订不及时而使讹误流传的问题，也是存在的。

认识到语文辞书是语言文字规范体系的有机组成部分，认识到语文辞书与规范文件的相辅相成的辩证关系，有助于克服规范文件和辞书“两张皮”的现象，能够减少现实工作中的尴尬与无意义的争吵。语文辞书工作者、语言文字规范制定者应密切沟通，甚至在学术上融为一体。政府在进行语言规划时，要考虑到规范体系的完整性，注意发挥辞书等的作用；辞书编纂者，应自觉支持国家语言文字规范化工作，利用自己的优势提升社会语言文字的规范意识，引导社会语言生活健康发展。

四　余言

我国虽然有古老而优秀的辞书传统，但是到了20世纪上半叶，却还只能算个辞书小国。50年沧桑巨变，我国由辞书小国成长为辞书大国，但还不能称为辞书强国。要成为辞书强国，不仅要处理好辞书与语言文字规范等一系列问题，还必须考虑信息时代辞书现代化的问题。例如：

1．在辞书的编写方面，要注意建立并充分开发利用各种语料库和知识库，要开发辞书的自动（或辅助）编纂软件、编校软件。要特别注意利用因特网，探讨通过因特网建立语料库、知识库的问题，探讨编者和读者利用因特网交互编写辞书等问题。

2．现在通行的纸媒版辞书有很多优点（阅读舒服），但也有不少弱点。例如：a）不能利用计算机检索；b）不便于下载；c）不能及时更新，快速更新会造成纸张资源的严重浪费；d）不便携带运输。因此，数字版、网络版辞书是发展方向。辞书不仅是书，也是一种数据库，应当有数据库的开发观念。

3．许多国家和社区，早已开展了辞书的网上服务，而且还有网上免费服务。辞书不同于其他著作，一般人都不会通读它，辞书“备查”的功能最适于在网络上发挥作用。最近，在有时代眼光的辞书编纂者和出版者的支持下，中国语言文字网开始了网上辞书的免费服务，这是应该大力提倡的。

总之，未来的辞书的样子，辞书的编辑、出版和阅读的现代化、信息化等，是值得思考的大问题。业界早有人对此关注和尝试。辞书学会应当得风气之先，不仅要花大气力推进辞书的规范化，而且更要大力倡行中国辞书的现代化。

主要参考文献

曹先擢、晁继周 2003 《〈现代汉语词典〉的历史地位》，中国辞书学会学术委员会《中国辞书论集2002》，四川辞书出版社。

晁继周 1999《语文规范标准与规范型字词典的编写》，《中国语文》第1期。

程 荣 1997《词典工作的科学化期待理想的计算机软件》，《辞书研究》第5期。

高永伟、李 洁 2000《因特网与词典编纂》，《辞书研究》第4期。

李建国 1999《规范型语文辞书的理论思考》，《中国语文》第1期。

李宇明 1993《语言学习异同论》，《世界汉语教学》第1期。
——— 2004《规范汉字和〈规范汉字表〉》，《中国语文》第1期。
刘导生 1986《新时期的语言文字工作》，全国语言文字工作会议秘书处编《新时期的语言文字工作——全国语言文字工作会议文件汇编（1986年1月）》，语文出版社，1987年。
刘叶秋 1992《中国字典史略》，中华书局。
陆嘉琦 2003《规范化是辞书修订的重要方面》，商务印书馆辞书研究中心《辞书的修订与创新》，商务印书馆。
苏培成 2002《规范型汉字字典的编写要与时俱进》，中国辞书学会学术委员会《中国辞书论集2001》，山西人民出版社。
夏南强 2003《辞书编纂的“与时俱进”》，中国辞书学会学术委员会《中国辞书论集2002》，四川辞书出版社。
解建和 1997《语料库与双语词典》，《辞书研究》第5期。
杨德炎 2000《数字化走进辞书编纂出版领域》，《辞书研究》第5期。
俞 剑 1996《新词典 新观念：关于网络词典的思考》，《辞书研究》第6期。
语文出版社 1993《语言文字规范手册》（增订本），语文出版社。
张 普 1986《计算机与语文词典编纂工作的现代化》，《词典研究丛刊（第7辑）》。
章宜华 2002《互联网络与现代词典编纂》，中国辞书学会学术委员会《中国辞书论集2001》，山西人民出版社。

［原载《辞书研究》2004年第4期］

关于普通话水平测试的思考*

1994年，国家语言文字工作委员会、国家教育委员会、广播电影电视部联合发布了《关于开展普通话水平测试工作的决定》，国家和地方相继成立普通话培训测试中心，至今已经测试了400余万人。实践证明，普通话水平测试是新时期推广普通话行之有效的重要措施。因此，当前认真做好普通话的水平测试工作，是推广普通

---

* 本文是为上海市普通话培训测试中心组编的《普通话水平测试研究》论文集写的序言的第二部分。第一部分讲国语运动和推广普通话的简史，因与本书他文重复而删。第三部分是肯定上海普通话培训测试中心的做法，对工作有一定意义，现抄录于此：

“上海市普通话培训测试中心，把他们1995年以来的科研成果精心挑选，编辑为《普通话水平测试研究》，交上海教育出版社出版。有幸先睹，获益良多。我虽然在调来国家语委工作之前就关注普通话水平测试工作，也曾经在湖北省为测试员们讲过课，但终归没有实践经验，没有进行过专门研究，实难对普通话培训测试工作说出个子丑寅卯。前面所言，多是从这本论文集中得到的启发。”

“今年5月，我曾经到上海市普通话培训测试中心实地考察，印象最深刻的是，他们在做好普通话培训测试的同时，非常重视科学研究工作。注意收集资料并建立有多种用途的档案，注意采用现代化的手段辅助测试和管理，并成立课题组对普通话培训测试进行多角度全方位的研究，同时还聘请一批语言文字学专家做学术指导，出了不少成果。他们及时把科研成果运用到工作实践中，不断提高普通话培训测试的质量和效率，并在工作中对研究成果进行检验和完善。我认为，学术研究同培训测试有机结合，传统方式同现代化手段有机结合，专家同测试员有机结合，是上海市做好普通话培训测试工作的重要经验，值得大力提倡。”

2002年5月16至18日，香港大学教育学院香港普通话培训测试中心主办、香港特区政府教育署课程发展处协办的“普通话教育的发展与推广国际研讨会”在香港大学召开，特邀我作《历史的趋势 时代的新音》（见会议论文集）主题演讲。本文的内容也是该演讲的重要部分。

话的重要一环。

普通话水平测试，既是社会实践性很强的工作，又是科学研究的重要课题。在已有了7年普通话水平测试的实践的今天，加强对普通话水平测试的科学研究，对于提高普通话水平测试的质量和效率，显得尤为重要。关于普通话水平测试的研究大约有三个方面：

一　关于普通话水平测试理论的研究

理论研究要考察的是“测什么”的问题。这仿佛是一个不言自明的问题：普通话水平测试要测试的不就是“普通话水平”吗？那么，进一步探问：什么是普通话水平呢？这可以有两种解释：第一种解释是，普通话水平就是人们掌握普通话这一语言系统的水平，包括普通话的语音系统、词汇系统和语法系统。第二种解释是，普通话水平是人们运用普通话进行语言交际的水平，这不仅牵涉到对普通话语言系统的掌握，而且还牵涉到对各种交际语境的把握，牵涉到交际中使用的各种辅助符号系统，也牵涉到各种交际策略。

无论是从学理上说还是从测试实践上看，第二种解释都是较为可取的：就学理而言，语言只有用于交际才有价值，不用于交际的语言只是交际的备用系统；就测试实践而言，测试题目中都有说话的内容，这说明现在的测试是考虑了交际因素的。此外，语言有口语和书面语两种形式，那么普通话水平测试是不是要两种形式兼测呢？

人生下来并没有语言，语言是在成长的过程中逐步获得的。因此，所谓的普通话水平，实际是通过语言学习而掌握的普通话的程度。人们学习普通话有两种情形：第一种情形是生下来所习得的就是普通话，这种情形是近几十年随着普通话的推广才出现的；第二种情形是，生下来所习得的是汉语的某种方言或汉语之外的语言，在某一人生阶段才开始学习普通话，这在当前仍然是较普遍的现象。如果把普通话称为目标语言（L_t）的话，人们学习普通话的过程，就是从零起点（L_0，第一种情形）或以某种方言、某种语言为起点（L_1，第二种情形）向目标语言不断进发的过程。这个过程中人们使用的语言称为“中介语”（Interlanguage，记作L_i）。理论上说，L_i可以同L_t重合，但是在实际中任何人的普通话都是有缺陷的，即使是最优秀的语言学习者，他的L_i也只能无限地逼近L_t，而不能达到与L_t重合的程度。照此说来，普通话水平测试实际上所测试的是L_i这种中介语。

应用语言学的研究成果表明，中介语具有如下一些特点：1．中介语的发展是有阶段性的，中介语的每一个阶段都构成一个相对的语言系统。2．中介语的各个发展阶段形成一个必然的系列，阶段的进程可以加快，但顺序不能颠倒。3．中介语在任一阶段都可能出现“板结”，板结之后的中介语就可能成为学习这一语言者的终生水平；要打破这一板结，需要较强的力量。

普通话本来是不能分级等的，普通话水平测试可以划分级等，是因为中介语具有不同阶段。中介语理论为普通话水平测试的级等划分提供了理论依据。当然，这也要求测试出的级等应当与中介语的阶段相合。此外，中介语理论还为“地方普通话”或曰“蓝青官话”确定了其应有的地位，为测试方式、测试手段的改进和当前实行的“以测促训，以训保测”的原则等提供了理论依据。

二　关于普通话水平测试方式方法的研究

方式方法的研究要考察的是“怎么测”的问题。测试大纲的编制，测试题目的拟定，合理的施测程序，成绩的评定，怎样利用计算机进行辅助测试等，都有大量的问题值得研究。对测试的评价主要是信度和效度，也就是说，通过测试能够测得所有人的普通话水平所实际对应的中介语的阶段，并且测试的方式方法应尽量地简化便捷，又能有效地排除各种负面的干扰。

在此需要指出的是，语言交际是在一定的交际环境中由语言输入、内化、语言输出、反馈四个环节构成的循环链。测试是一种特殊的语言交际，试卷（包括口头的提问与要求）是语言输入，被试依据语言交际规则和自己的语言水平作出相应的反应，这种反应一般都是使用语言时作出的（体态等准语言在测试中常忽略不计），因此实际上就是交际中的语言输出。测试人员根据被试的语言输出来对其普通话水平进行评定。

人们的普通话水平（或称不同阶段的中介语）是内化在被试的头脑中的，是看不见摸不着的，而测试是通过语言输出这种外显的语言及语言行为来实现的。这就有两个问题需要研究：第一，语言输出在多大程度上能够反映出人们内化的语言水平；第二，什么因素可以减缩两者的差异，什么因素可以加大两者的差异，诸如语境的自然度、疲劳程度、紧张程度、被试的文化水平等等。

三　关于普通话水平测试的管理研究

管理研究属于语言规划（包括语言政策）和工作层面的研究。例如，普通话水平测试与普通话培训及其他普通话推广措施的关系，普通话水平测试同其他语言测试（如文字应用水平测试、HSK测试）的关系，对不同人群的普通话水平的不同要求，获得不同等级证书者的不同工作待遇（或者说是普通话水平与劳动市场准入制度的关系），普通话水平测试的机构设置、队伍建设和经费管理，普通话水平测试的研究队伍的组建、研究项目的管理和研究手段的现代化，等等。通过这些研究，将已有的工作经验上升到理性层次，为相关的决策和测试工作的良性发展提供科学依据。

当然，普通话水平测试离不开对普通话本身的研究。几十年来，学术界对普通话语音、词汇和语法的研究取得了不小成绩，但是还有一些问题没有解决，如轻声、儿化的范围究竟有多大，汉语究竟有多少个音节，新词语、词语缩略、同形词语的规范问题等等。这些问题的存在也许对一般的普通话交际影响不太大，但是普通话水平测试则往往需要把这些问题弄得比较清楚。

［原载上海普通话培训测试中心编《普通话水平测试研究》，上海教育出版社，2002年］

关于普通话作为教师职业语言的问题*

我国当前的语言文字工作的重要任务之一是大力推广普通话；使普通话成为教师的职业语言，是普通话推广中的一项重要内容。1994年1月，我们对H师范大学中文系学生就一些语言文字问题进行了问卷调查。调查的目的之一，就是看这些将来要从事教育工作的学生是否正确树立了职业语言的观念。

一　教师应该用普通话教学

调查表明，绝大多数学生已经正确树立了职业语言的观念。对于“您认为：老师应该不应该用普通话讲课？A．应该。B．无所谓。为什么？”问卷的回答，有93.51%的学生认为“应该”，占绝大多数；只有6.49%的人认为“无所谓”，是少数。

回答“无所谓”的理由主要有如下三种：

1．教师讲惯了方言，改说普通话影响顺利表达；

2．大学老师重在知识传授，讲课内容是关键；

3．也有个别学生认为老师讲方言，会使学生感到亲切，“亲

---

* 这次调查的其他方面的成果，反映在《师范大学学生的语言文字状况及其教学问题》（《语言文字应用》1994年第2期）一文中，可参见。

其师才能信其言”。

分析这些学生的方言背景发现，他们中的大多数来自当地。用方言讲课的老师讲的也多是当地方言，不会造成多大的语言障碍；他们回答“无所谓”是以没有语言障碍为前提的。试想，如果这些学生不是当地人，恐怕不一定会做出“无所谓”的回答。此外也有个别学生来自南方方言区，自己普通话说得不怎么好，回答“无所谓”其实是在为自己找理由，非语言因素在起作用。因此，我们认为绝大多数学生已经树立了正确的职业语言观念。

二　教师为什么应该用普通话讲课

归纳学生认为教师应该用普通话讲课的理由，主要有如下三个方面：

1．克服语言障碍。有56.08%的学生认为，教师讲普通话才能让来自不同方言区的学生听懂课；有些教师用方言讲课，学生像听天书一般，极大地影响了教师“传道、授业、解惑”。

2．普通话是教师的职业语言，教师应做推广普通话的表率。有33.33%的学生是从教师职业规范来看的，认为教师不用普通话讲课，就不是一个合格的教师；甚至质问说难道教师让学生讲普通话，而教师可以用方言讲课吗？

3．其他理由。持其他理由的约为10.59%。他们或认为讲普通话可以提高教师的形象，不会讲普通话的教师，学生就觉得他的水平低，是个“老土”；或是认为课堂是正规的场合，用方言讲课显得太随便，不利于形成良好的课堂气氛；或认为普通话比方言更具感染力，用普通话讲课，教学效果更好。

如果说第一种理由强调的还是必要性的话，那么，后两种理由则是上升到了职业素质和职业形象的层面。因此，后两种认识显然比第一种认识更高。

张积家（1990）曾仿效美国社会心理学家W. E. Lambert的“变语匹配”技术，在山东蓬莱地区进行过教师口音对教学效果的影响的实验。选既会讲普通话又会讲地方话的男、女各一人，让他们用普通话和地方话朗读相同的文章，然后把录音放给学生听，请学生对朗读者的人格特征、讲课效果和人际吸引等方面进行评价。实验结果是：无论是小学生、中学生还是大学生，无论是男生还是女生，无论朗读的内容是科技的、文学的还是家乡风土人情的，对操普通话者的评价都高于操地方话者。这一结果说明教师用普通话讲课会取得更好的教学效果，普通话应成为教师的职业语言。

张积家研究的是一般学生对普通话和方言的心理效应。而我们的调查反映的则是未来从教者的职业语言观念。通过对这些学生的归因分析，不仅说明师大学生的职业语言观念已基本树立，而且这种观念的建立基础，已经由克服语言交际障碍向更高的层次发展。

三　职业语言观念对学生的影响

正确的职业语言观念，是一种强大的内驱力，必然会大大促进学生学习普通话的自觉性。例如，分析学生对“您对《现代汉语》哪些内容最感兴趣？A．绪论。B．语音。C．文字。D．词汇。E．语法。F．语用。因为_____。”的回答，发现对语用感兴趣的为71.35%；其次是语法（45.95%）、词汇（36.76%）和语音（31.35%）；对文字感兴趣的为25.35%。大部分学生所说的感兴趣的理由，都是实用性的，如可以提高说话的水平和技巧，贴近生活等；有些还是从将来从事教学的职业角度来考虑的。

分析学生们对“您认为《现代汉语》课的哪些内容应该加强；

还应增加些什么内容；应删减哪些内容。”的回答，发现大多数学生希望增加或加强的是普通话语音的训练和语用等实用的内容。

只用实用的态度来对待语言基础课，显然是属于低层次的。这一方面说明在现代汉语教学中，需要着力培养和提高学生的学习基础课的学术意识，但是从积极的方面看，也可发现提高普通话水平和语言运用能力，已经成为大多数学生的自觉要求。事实上，H师范大学学生的普通话水平也多在良好的水平。

分析学生填写“现在您自认为您的普通话讲得：A. 很好。B. 较好。C. 不好。”的问卷，结果如表所示，自认为普通话较好的占大多数，很好的超过不好的约1倍。女生和男生自认为较好的比例非常接近，但是，自认为很好的女生近于男生的3倍，而自认为普通话讲得不好的男生却约为女生的15.5倍。

学生自我判定的普通话水平（%）

	很好	较好	不好	合计
女生（88人）	34.09	64.47	1.44	100
男生（94人）	12.77	64.89	22.34	100
平均（182人）	23.08	64.84	12.08	100

自我判定的水平与学生的实际水平肯定不可能完全相符，但是由学生给汉字注音的情况看，学生的自我判定的总体情况是可信的。我们让学生给“山、明、男、林、嘴、虎、是、鞋、解、说”等10个汉字注上汉语拼音。评分标准是每字10分，全对100分；一

个字的声、韵、调，一者有错即评为该字全错，扣10分。调查结果是：女生平均得分85.47，男生平均得分81.33，总平均83.35。

四　余言

从这次调查中高兴地看到，普通话作为教师的职业语言，不仅仅只是国家的号召，而且也具有了一定的社会心理基础。这是我国推广普通话所取得的重要成绩之一。当然，学生建立了职业语言观念，并不意味着普通话教学可以放松。我们调查表明，学生的普通话水平还需进一步提高。

提高学生的普通话水平，需要现代汉语教师做很多工作，其中最重要的是克服方言的负迁移问题。我们的调查再次说明，方言是影响学生说好普通话的主要因素。在学习普通话中，有86.21%的学生感到发音或发音的某方面有困难。发音方面困难较大的是声母，其次是韵母，再次是声调。在声母的发音中，卷舌音与不卷舌音的区分、n与l的区分和h与f的区分是困难较大的。在韵母的发音上，学生最感困难的是前后鼻音的区分。而这些正是H师范大学学生母言中与普通话差异最大的地方。因此，在如何克服方言的负迁移方面，还需要给学生有效的帮助。

既然普通话作为教师的职业语言，已经有了一定的社会心理基础，那么，在此情况下国家就应制订一些法规，以巩固这种社会心理，加快推广普通话的速度。比如，把能否用普通话讲课，作为考核教师资格、教学实绩、教师晋级等的具有“一票否决权”的指标。据笔者所知，与此有关的一些法规，在普通话的要求方面态度是比较暧昧的；就我们的调查而言，这种暧昧的态度已经落后于社会的认识，对推广普通话是不利的。

主要参考文献

李宇明 1993《语言学习异同论》，《世界汉语教学》第1期。
——— 1994《师范大学学生的语言文字状况及其教学问题》，《语言文字应用》第2期。
张积家 1990《教师口音的社会心理影响》，《心理科学通讯》第6期。

[原载《汉语学习》1995年第4期]

努力培养双言双语人*

语言保护和语言沟通，是当代语言生活的两大课题，也是牵涉到国家语言政策的两大课题。解决这两大课题必须统筹考虑，只谈语言保护还是只谈语言沟通，都难免片面；孤立地强调语言保护或语言沟通，都会带来社会问题。中国是一个多方言多语言多文化的发展中的大国，语言资源异常丰富，语言问题也相当复杂，因此，合理解决语言保护和语言沟通的问题，也就显得尤为重要和急迫。本文认为，造就大量的双言双语人，是统筹解决这两大课题的重要途径。

一　语言生活的两大课题

语言生活是一个使用频率越来越高的概念。李宇明（1997）曾经指出："凡学习、运用和研究语言文字的各种活动，以及对语言文字研究成果的各种应用，都属于语言生活的范畴。"依此理解，语言生活的领域是异常广阔的，它在整个社会生活和社会发展中的地位也是十分重要的。从语言规划的角度看，语言生活中两个颇为重要的课题是：语言保护和语言沟通。

---

* 此文曾经在"香港多语多文化研讨会"（1997年3月，香港大学）上宣读。此次发表，作了较大修改。

（一）语言保护

语言是十分宝贵的社会资源。我国的语言资源十分丰富。首先，汉语是世界上少有的、方言如此分歧复杂的语种。从史的方面着眼，方言是古代语言和古代文化的“化石库”。方言中保存着大量的古代语言的成分，通过不同方言的比较研究，可以拟测古代语言的面貌，发现语言发展演变的规律。方言是地域文化的重要负载者，民族文化不是抽象的，是由丰富多彩的地域文化综合构成的。在方言及其所负载的地域文化中，蕴含着古代的民族文化成分，具有不可替代的文化价值。从现实和未来着眼，方言是滋养民族共同语发育的“营养基”。基础方言规定了民族共同语的基本面貌，推动着共同语的发展。基础方言之外的非基础方言，在民族共同语的发展中也具有重要作用。上个世纪80年代以来，现代汉语发生了并正在发生着重要变化，粤方言、闽方言、吴方言等南方方言（包括海外华人社区使用的“华语”），以及在这些方言基础上所形成的“地方普通话”，为20余年来现代汉语的变化作出了有目共睹的重要贡献。当代新词新语的产生、外语词语的译借、新句法格式的出现和语体风格的嬗变，有许多都应归功于这些方言。因此，不管是着眼于历史还是放眼现在与未来，众多的汉语方言都是不可多得的语言财富和文化财富，都是具有极大的开发利用价值的语言资源和文化资源。

中国境内有汉藏语系、阿尔泰语系、南亚语系、印欧语系、马来—玻里尼西亚语系等五个语系的语言，周庆生（2000：98）认为我国的语言有80多种。由于语言与方言的界限本非泾渭分明，也有学者认为我国的语言有100多种。我国究竟有多少种语言，有待进一步研究，但这些语言无疑都是语言学的宝库，为汉藏语系的谱系比较研究，为语言类型学、语言联盟等方面的研究，提供了得天独厚的基础条件。民族语言是民族传统属性的重要标志之一，系连着民族的情感，它的地位和命运在一般情况下也体现着或关系着它所属的民族的地位和命运。民族的语言也是民族文化的重要载体，众多的民族语言，代表着众多的文化样式。不同文化的接触和交融可以推动文化的快速发展，甚至可以创造出新的文化。因此，众多的语言及其所代表的众多的文化样式，是财富，是可供开发利用的资源。

但是应当看到，随着各地、各族人民和国内外的交往越来越密切，随着社会生活的变迁越来越迅速，随着因特网的使用越来越普遍，汉语各方言和许多民族语言的面貌正在发生重大变化，一些汉语的土话和一些少数民族语言正在消亡。在社会历史进程中，一些方言和语言的消亡也许难以避免，但是，并不能因此而对濒临灭亡的方言和语言无动于衷。语言不同于其他东西，一旦消亡就很难复活（希伯来语也许是个消亡之后又复活的例外），也无法复制。语言消亡也将带来文化、次文化的消亡或“化石化”。因此，语言保护（或曰“语言－文化保护”）已刻不容缓。

当前，愈来愈多的人已经认识到了环境保护、物种保护、水土保护、文物保护等的重要性和迫切性，社会宣传的力度、采取的保护措施和投入的人力物力都比较大。但是非常遗憾的是，却很少有人意识到语言保护的重要性和迫切性。

（二）语言沟通

在和平与发展的世界新秩序中，在日新月异的信息时代，每个地区、每个民族都不能把自己封闭起来。各地区各民族为了自己的生存与发展，必须相互接触、相互了解和理解，必须相互交流、相互借鉴与合作，以减少分歧、误解和争端，共同进步，携手发展。地区间民族间的接触、交流与合作，必以语言为先导，因此，需要语言沟通（或曰“语言－文化沟通”）。

汉语各方言正以前所未有的速度缩小差异，“众星拱月”般地向普通话靠拢；国内外各语言间的相互接触、相互渗透也日渐增多。不同地区、国内各民族和国内外的语言沟通，在我国改革开放大潮的推动下有了相当大的发展，但是方言间的隔阂和语言间的沟壑，仍极大地妨碍着人们的语言交际和文化交流，大大小小的、或隐或现的、直接的或间接的、国内的和国际的语言冲突和文化冲突时有发生。因此，在当今中国的语言生活中，既需要考虑语言保护问题，保护和开发各种语言资源和文化资源，繁衍自己的语言和文化（包括次文化），保持其地域特色和民族属性，又需要认真解决语言沟通的问题。

（三）双言双语人

语言沟通与语言保护具有一定的矛盾性。语言的沟通往往影响到对语言的保护，过分的不恰当的语言保护则势必影响语言沟通。二者之间的矛盾性，决定了必须统筹考虑语言保护和语言沟通的问题。寻求二者兼顾的语言对策，是宏观社会语言学的一项重要使命。我觉得，造就大批的双言双语人（当然也包括“多言多语人”），是解决语言沟通与语言保护这对矛盾的一种较好途径。

双言人是指起码能够使用两种方言的人，双言人所使用的方言中，一般有一种是“母言”。双语人是指起码能够使用两种语言的人，双语人所使用的语言中，一般有一种是母语。在获得和使用母言、母语的过程中，双言双语人便把某种方言、某种语言及其所植根的文化继承下来，并繁衍开去，起到了一定的语言保护作用。在获得另一种方言、另一种语言的过程中，双言双语人也了解了另一种方言、另一种语言及其所植根的文化，并具有同另一方言区、另一语言社团的人进行语言交往的能力，实现了语言沟通。而且，双言双语现象可以具有较强的稳固性，有些民族的双言双语现象已经持续了几百年甚至上千年。因此，造就大量的双言双语人，可以兼顾语言保护和语言沟通。

二　培养双言双语人存在的若干问题

双言双语人古已有之。王健庵（1992）、喻遂生（1993）、金若（1993）等对《诗经》和两周金文韵文的研究表明，起码在西周时代汉语已有方言存在。有方言和方言间的交际，就必然有双言人。汉族与周边民族的交往起码在甲骨文时代已经开始，语言是民族交往的先导，因此，起码在殷商时代就有双语人存在。双言双语人历代不绝，他们为地区间和民族间的交流作出了不容忽视的贡献。教育是大批量造就双言双语人的重要途径。清代洋务运动时期，开办了“广方言馆”“同文馆”等外语学校，清朝末年兴起了国语运动，从而使双言双语人才的培养进入了新的历史阶段。在100多年的历史进程中，我国通过教育等方式培养了许许多多的双言双语人。

上个世纪50年代以来，我国大陆在推广普通话和外语教育等文化建设方面做了大量的工作，培养了数以亿计的双言双语人。关于我国培养双言双语人方面的成绩，在政府文献和许多论文论著中都已有反映，本文只打算讨论一下这方面存在的问题。我觉得，我国在造就双言双语人方面存在的值得考虑和重视的问题主要是：

（一）存在大量的单言单语人

只会讲一种方言的人称为“单言人”，只会讲一种语言的人可称为“单语人”。一般说来，单言人一定是单语人，但是单语人不一定是单言人。现在，我国许多人的语言生活仍然是单言单语式的。从地域分布上看，单言单语人主要集中在交通、通讯不发达的地区（民族杂居地区除外）；从社会分布上看，年龄较大和文化水平较低的人群中，单言单语人的比例较高。特别值得注意的是，我国普及九年义务教育的成就虽然创造了人类教育史上的奇迹，但是仍然存在着一定数量的青壮年文盲或半文盲，在一些贫穷落后地区，少年儿童失学辍学的现象仍不罕见，新的文盲和半文盲不断孳生。文盲和半文盲中的绝大多数都是单言单语人，这就意味着单言单语人还在批量产生。大量的单言单语人的存在，无疑会严重地影响地区间、民族间、国家间的语言沟通。

（二）弱势双言双语人的比例过大

任何语言乃至任何方言，在法律地位上和社会道义上应一律平等，没有优劣高下之分。但是，在现实语言生活中，由于历史、文化、政治、经济和使用人口等方面的种种差异，而使得不同的语言或方言在交际价值方面有强势和弱势之分。一般说来，使用范围较广、交际价值较高的语言和方言是强势的，使用范围较窄、交际价值较低的语言和方言是弱势的。

就当前我国的语言生活来看，普通话是强势方言（从社会语言学的角度看，普通话也是一种方言，是地位较高的权威方言），汉民族是中国的主体民族，汉语的使用范围较广，科技含量较高，在法律上具有“国家通用语言”的地位，是中国诸语言中的强势语言。就世界范围来说，一些大语种，特别是英语的使用范围较广，交际价值较高，是强势语言。能较好地掌握和使用强势方言、强势语言的双言双语人，是“强势双言双语人”。在所掌握的双言双语中没有强势方言、强势语言的双言双语人，或不能较好地使用强势方言、强势语言的双言双语人，是“弱势双言双语人”。弱势双言双语人比之单言单语人，在语言沟通方面稍有优势，但其优势远不如强势双言双语人。

在我国的双言双语人中，弱势双言双语人的比例过大。许多双言人所掌握的方言中没有普通话这种强势方言，或者说的是方音特别重的“地方普通话”。许多操双语的少数民族成员，或者其双语中没有汉语，或者会说汉语但是说的是某种弱势的汉语方言（包括“地方普通话”）。许多人不会说外语，许多会说外语的中国人，其外语水平也相对较低，有相当一部分人不能用外语进行较为自如的全方位的交际，他们也是弱势双语人。

弱势双言双语人比例过大的原因主要有二：其一，我国语言教育的范围和质量都还不够理想。大陆推广普通话的工作开展了几十年，但是由于人口众多，方言复杂，再加上“文化大革命”的冲击、“粤语北上”的影响和其他社会因素的干扰，能够讲普通话的人仍然集中在某些行业、某些地区和某几个年龄段。外语教育的范围和条件比起普通话教育来就更为有限。其二，许多双言双语人一般都是“自然双言双语人”。自然双言双语人不是通过正规教育的途径获得第二方言、第二语言的，而是由于迁徙、旅居、杂居或生活在双言双语环境中自然而然习得（Acquisition）的。由于我国的语言分布状况，自然习得普通话的机会并不很多，如分布在我国东北、西北和西南的少数民族，即使掌握了汉语，也多是东北、西北和西南地区的汉语方言，而不是普通话。南方方言区的人，自然习得的第二方言也多是南方的方言或带有较强南方味的地方普通话。

（三）普通话和外语教育的起始年龄偏大

应该承认，我国对普通话教育和外国语教育是相当重视的，特别是改革开放的新时期，但是效果并不怎么理想。社会用于语言教育的投入、个人用于语言学习的投入都很大，但是，投入与产出很不成比例。原因是多方面的，其中一个最为主要的原因，我认为是普通话和外语教育的起始年龄偏大。

伦内伯格（E. Lenneberg）、彭菲尔德（W. Penfield）等人的研究表明，语言学习在年龄上有最佳期和临界期。（参见李宇明，1995）查穆伯斯（J. K. Chambers）在《方言习得》（Dialect Acquisition）一文中把语言习得者分为“早期习得者”和“晚期习得者”，并颇有见地地指出：早期习得者（7岁和7岁以下）可以顺利习得语言，晚期习得者（14岁和14岁以上）几乎不能顺利习得语言；7至14岁之间的人，有的属于早期习得者，有的属于晚期习得者。（陈前瑞，1994）学术界虽然对语言学习最佳期、临界期的年龄还有不同看法，但多数研究者认为，语言学习的最佳期在7岁左右，临界期在13岁左右。7岁之前可以较快地、地道地掌握任何一种口语，临界期以后再学习语言就比较困难，而且难以学得地道。

在我国大陆，条件较好的城市学校，多数是在小学高年级开始教外语，条件较差的乡镇学校，多是在中学才开设外语课。学生开始学习外语的年龄已接近临界期或在临界期之后，加上学生的外语成绩与升初中、升高中的关系并不太密切，一般都收效不大。绝大多数人的外语其实是在大学或专门的外语教育机构学习的。近年来，一些小学、中学和大学正在努力加强外语教学，比如一些大学，要求某些课程用外语讲授，一些中小学尝试进行“汉外双语教学”。这些措施还都处在试验阶段，而且还有许多政策性、学术性的问题需要解决，其效果如何亦需实践的检验。

学校的普通话教育状况比外语教育状况稍好一些，但是，使用方言和地方普通话进行教学的学校并不在少数，特别是高等学校（师范类的高等学校情况好一些）、乡镇学校和南方方言区的学校。许多学生在语言学习的临界期之前并未掌握普通话。

由于普通话和外语教育的起始年龄偏大，造成了普通话教育和外语教育的高投入低产出，造成了全社会的普通话水平不高和外语水平低下的局面。语言教育的起始年龄偏大，固然与教育条件（如师资条件等）有关，但主要原因是在教育指导思想和语言教学等方面忽视语言学习规律，而且对造就强势双言双语人的意义缺乏足够的自觉的认识。

（四）少数民族地区的双语教育问题

中国是一个多民族国家，少数民族地区的教学语言是一个较为敏感的问题。许多专家认为，语言教育中使用母语，可使个人充分发展，民族的语言和文化得到保存和延续；学习主体民族的语言，不仅有助于民族间的理解、交流与团结，而且也有利于少数民族自身的发展。因此，在中国的民族大家庭中，少数民族实行双语制，少数民族地区实行双语教育，从任何角度看都是正确的、必要的。当然，少数民族的双语教育应遵从少数民族自己的愿望，尊重少数民族的家长与学生自己的选择。

少数民族地区的双语教育有许多问题值得思考和研究，例如：

1．在哪个年龄阶段，或者说在儿童的母语发展到何种水平时开始进行汉语教育最为合适？

2．在儿童语言学习的临界期前后，是否有可能完成最基本的双语教育（特别是第二语言的口语教育）？

3．母语与汉语在教学中如何分工与合作？比如，哪些课程适合用母语教学，哪些课程适合用汉语教学？

4．怎样提高少数民族语言的现代科学技术和现代文化的含量，提供较为充足的适合少数民族学生学习的母语和汉语的课外读物。

三　结语

无论从今天所处时代还是从我国的政治、文化、经济等方面着眼，都必须对上述问题采取积极而有效的对策，特别是要加强对双言双语现象、双言双语教育和双言双语人的研究。坦诚地说，人们对双言双语的认识还相当有限，重大的社会文化活动，必须有坚实的科学研究的基础，不能仅凭热情和轰轰烈烈的运动。我感到，需要研究的课题起码有如下一些：

1．中国双言双语的历史考察。以史为鉴则明。

2．中国双言双语的现状、问题与对策。这方面要特别注重田野调查和实证性研究，制订对策要以宏观社会语言学理论和应用语言学的理论作为指导，要富有远见，要符合国情。

3．双言双语教育的规律及教育改革。双言双语教育应遵从语言学习规律。语言学习规律是我国学术研究中的薄弱领域。就各种类型的语言学习而言，儿童第一语言习得是最为成功的，应加强对第一语言习得的研究，从中获取有益借鉴。

4．双言双语人的心态与优势。

5．大批量培养双言双语人的规划与措施。规划与措施要具有可操作性，要有法律效力。

此外需要注意的是，随着普通话在国内的推广，可能会出现新的单言单语现象。比如有些儿童可能只学习普通话而不再学习方言，成为新的单言人。有些少数民族的儿童，可能只学习汉语而不学习母语，或者把母语学习看做是掌握汉语的“拐杖”，学会了汉语就把母语的拐杖甩掉了，从而成为新的单语人。如何看待这种新现象，也值得研究。

总之，语言是文化、次文化纵向传承的“基因”，是不同文化、次文化横向交融的梁津。语言资源的保护与开发，就某种意义而言，比物种资源、文物资料的保护与开发更为重要。应加紧对我国方言和语言的调查研究，建立能保存方言和语言真实面貌的语言档案，设法创造一个良好的语言生态环境。与此同时，在现代科技、政治、经济等大背景下制订语言沟通战略，争取在不长的时期内培养出大批的强势双言双语人，以利于国际国内的交流与合作，以利于中国迅速地走向现代化。

主要参考文献

陈恩泉等 1994 《双语双方言（三）》，汉学出版社。

陈前瑞 1994《方言习得的八条原则——介绍J. K. Chambers的〈方言习得〉》，《国外语言学》第3期。

国家对外汉语教学领导小组办公室 1990 《各国推广本族语情况汇编》，北京语言学院出版社。

国家语言文字工作委员会法规室 1995 《语言文字工作百题》，语文出版社。

金 若 1993《〈诗经〉韵系的时代分野》，《古汉语研究》第4期。

李宇明 1995《儿童语言的发展》，华中师范大学出版社。

——— 1997《语言保护刍议》，深圳语言研究所编《双语双方言（五）》，汉学出版社。另载《中国民族语言学会通讯》1998年第1期。

晔 子 1997《语言生活与精神文明》，《语文建设》第1期。

孙宏开 1983《试论我国的双语现象》，《民族研究》第6期。

王健庵 1992 《〈诗经〉用韵的两大方言韵系》，《中国语文》第3期。

邢福义等 1990 《文化语言学》，湖北教育出版社。

许嘉璐等 1996 《中国语言学现状与展望》，外语教学与研究出版社。

严学宭 1985《中国对比语言学浅说》，华中工学院出版社。

语文出版社 1993《语言文字规范手册》（增订本），语文出版社。

喻遂生 1993《两周金文韵文和先秦“楚音”》，《西南师大学报》第2期。
中国社会科学院民族研究所 2000《世界语言报告（中国部分）》。
周庆生 2000《语言与人类》，中央民族大学出版社。
周庆生主编 2001《国外语言政策与语言规划进程》，语文出版社。
周有光 1992《新语文的建设》，语文出版社。

［**原载《长江学术》**2003**年第**4**期**］

我国的语言生活问题*

参加第12届修辞学会年会，既是我的责任也是我的荣幸。说责任，是因为自己算是入会比较早的老会员，参加学术年会是应尽的学术责任。按照学术惯例，参加学术会议要提交学术论文。我呢，一因对修辞研究较少，二因近来时间紧，没能向会议提交论文，年会能够允许我来参加会议，自然是我的荣幸。

什么是学术的原动力？学术的原动力，是解决社会发展和人类认知中遇到的各种问题，各学科概莫能外。“问题”是学术的原动力，解决这些问题也就是科学的学术责任和社会责任。语言学发展的原动力是人类社会生活中的语言问题。当今中国语言学的原动力，应该是当今世界、特别是当今中国在21世纪发展当中遇到的语言问题。之所以要思考学术原动力的问题，是因为我感到语言学多年来得不到社会的关注，而语言研究者也不怎么关注社会语言生活，这样的两不“关注”使语言学处于不利的生态环境中。要改变不利的生态环境，需要思考语言学的原动力问题。

---

* 中国修辞学会第12届年会于2004年10月11至13日在锦州市渤海大学召开。本文依据在开幕式上的讲话修改而成。2004年10月15至17日在北京召开的“第四届全国社会语言学学术研讨会”，我以《当前语言生活的问题及其对策》为题所作的报告，也曾吸收了本文的一些内容。由于本文是讲话性质的，所以风格与体例有些特殊，比如文后没有附参考文献等。

刚才王德春会长讲，修辞学研究的是修辞活动。那么，你的修辞活动、他的修辞活动，个人的修辞活动、社会的修辞活动，民族的言语活动和国际言语活动，构成了整个的社会语言生活。我国的社会语言生活总体上是生动活泼、积极向上的，但是从国际、学科和文化的角度看，也有许多问题值得关注，当紧者有三：

第一，汉语在国际上和虚拟世界中还是弱势语言。中国正在昂首阔步地走向世界，但是，在整个国际语言生活中汉语并没有与国家相称的地位。走出国门，国人就得用英语和其他语言去同人交际，甚至在中国召开的国际会议，也有不把汉语作为会议语言的。在计算机和网络构成的虚拟世界里，汉语也没有多少地位。各种知识库、各种重要信息，多数都是以英语为载体。据说全世界虚拟空间里，将近80%的信息是以英语为载体，汉语和其他语言加起来也就20%多一点，虽然中国网民的数量现在已是世界第二。这些都说明汉语在国际上、在虚拟空间里还处于弱势。现在世界上有不少人看到汉语将来的作用，主动学习汉语，但是同英语学习比，还远远不到“汉语热”的地步。

第二，在中国境内，外语侵占了汉语的大片地盘。在包括升学、晋职、晋级、就业等很多领域，包括本该用汉语作为国家语言、教学语言、媒体语言的很多场合，都被英语侵占了一些。

第三，一些少数民族语言和汉语的一些方言，濒临灭亡。起码有五种少数民族语言再过十几年或几十年就没有人会说了。满语恐怕是首当其冲。汉语的很多方言也濒临消亡，比如现在能讲地道北京话的人很难找，北京方言已经非常危险。南方的有些方言也是如此。

这三个问题，是比具体交际活动层面更高的问题。为了解决这些问题，确实应该认真探讨探讨我们的语言生活该怎么发展，对这些语言问题该采取什么样的对策。

一　促使汉语成为国际强势语言

从当前的经济形势来看，中国国民生产总值在全世界占第五位，很多老牌的发达国家都被我们甩到了后面。不管是我们的朋友还是其他人，都预测30年之后中国会成为世界第二大经济强国。汉语在世界上很多国家或地区，比如美国、加拿大、澳大利亚等，已经成为第二大语言或者第三大语言。最近我带团访问了英国，看到《泰晤士报》都在登载教人学汉语的文章。但是，回首国内，汉语在本土的威望并不高，中国热的是外语，说母语没有自豪感，甚至只会说汉语或是民族语而不会说外语，就低人一等似的。这使人想起满语的状况。满清王朝入关之后，也曾经大力提倡他们的国语——满语，后来在宫廷、官场，在教育、考试等很多方面都用汉语，满语经过一二百年就濒危了，今天几乎没有人会说了。一个国家成为富国，语言并不见得就是国际强势语言，两者有连带关系但没有必然的逻辑关系。为了使汉语成为国际强势语言，在它的家乡应该使其固本强体。当紧的是想尽一切办法提高汉语声望，教师、新闻记者、出版家、知识分子、干部，特别是领导干部，负有重任。要大力推广普通话，完善汉语的各种规范标准。需要特别提出的是，要加强汉语拼音的教育与研究。有些小学的语文教学，把汉语拼音置于可有可无的地步，甚至说教了汉语拼音会妨碍英语学习，这是没有时代眼光的奇谈怪论！汉语拼音在今天，已经成为同计算机交往、同外国交往的最重要的工具。在日常生活中，汉语拼音也很重要，不仅查词典、编索引要用汉语拼音，连火车车次编号都用汉语拼音——T、Z、K。没有汉语拼音，我们今天怎么来处理信息？

上面谈的是固本强体。汉语要成为国际强势语言，还必须制定有效的国际传播战略。首先，要建立“大华语”的概念，沟通全世界华人社区使用的汉语，以加强汉语的整体实力，扩大汉语在国际上的影响。要把海外华语看做汉语的不可忽视、不可丢弃的宝贵财富。要赶快编写一本全球华语大词典，以便于全球华人的语言沟通。其次，要加强传统的汉语文化圈的语言协调。第三，加强对外汉语教学，力促汉语进入外国的国民教育体系。不仅培养会说汉语的外国人，更重要的是培养用汉语做事的外国人，乃至是对汉语、汉文化进行研究与传播的汉学家。应该有这么一个观念，国外多一个人说汉语，我们的国家就多一分友善。要鼓励团体和个人向国外推广汉语，包括在出口的商品说明书上附上汉语。要争取汉语成为更多国际组织的工作语言，争取国际会议的汉语地位，鼓励人们在国际会议上用汉语演讲，维护我们的语言权利。

汉语国际传播当前应考虑的主要途径是文化、教育、贸易和外交。注意争取汉语在联合国下属组织、华人社团组织、主张文化多样性和语言多样性的国际组织中的工作语言地位，注意争取汉语在中国召开的国际大会、以华人为主的国际大会和讨论中国问题的大会中作为会议语言的地位。

二　争取汉语在虚拟世界里的地位

一个不容怀疑的事实是，将来哪一种语言不能进入电脑，不能进入因特网交际，就可能导致该语言的消亡。因为未来主导我们世界的是虚拟世界，是人类造出的这个信息虚拟空间。在这个虚拟世界里，汉语有自己的优势，但是弱势也非常明显。目前，基本上是西方大国在控制着虚拟世界。

为争取汉语在虚拟空间的地位，首先应当在虚拟空间中建立中华大字符集，即记录中华民族语言和文化的所有文字与符号。世界的竞争，表面上是经济竞争、军事竞争，本质上是文化竞争。

一个国家不能在世界上用本国的文化来影响世界、贡献世界、倾倒世界，乃至征服世界，便不能成为真正的世界强国。衡量国家的强弱，表面上是看国民生产总值，看军事，看科技，但是最终还是看文化，看你的文化别人是不是愿意学习，愿意模仿。古希腊、古罗马、古代中国，后来的法国、英国、俄国，其文化都曾经被周边国家乃至世界所欣赏，所仿效。当今的美国，其强大也不仅仅表现在经济、军事、科技上，美国文化，包括好莱坞大片和美国快餐，在世界上都有不小的市场。中国要想成为强国，光靠国民生产总值不行，最终的国际地位还要看文化的地位。现在西方也有很多人喜欢中国的文化，但这种喜欢并不都是“欣赏”，有不少人只是“观赏”。欣赏和观赏是完全不同的概念。什么叫观赏？没见过的新鲜玩意，图新奇来看看。欣赏则不同，欣赏是一种价值取向，是要向你学习，是文化认同。基于这一认识，必须让汉语和少数民族语言所负载的整个中华文化进入电脑，让中华古今文化在虚拟空间里面永存且可进行数据加工。文化遗产不能只保留在现实世界中，中华大字符集的建立，就是在虚拟空间中保存中华文化的基础性工作。

第二点，必须建立各种各样的数据库。以学术为例来谈这一点。虚拟空间里的学术竞争才刚刚开始，我们处在一个新的“跑马圈地”时代。谁能够盯住虚拟空间的学术发展，谁就能够占领未来学术发展的制高点。虚拟空间里的学术在哪里？在数据库。拥有一个强大的某一个专业的数据库，就等于拥有了这个专业。将来，知识的挖掘，学术的研究，数据库是最为基本的工具。现在，搞古代汉语、古代文学的先生们，都特别重视数据库建设。没有数据库，还靠手抄卡片进行作业，那一定跟不上形势。我们应该努力建立中华文化的各种数据库。

第三点，加强信息处理，保证信息安全。要发展网络，扩大网络，造就大量的网民，让汉语信息在网上“跑”起来。汉语信息越“跑”越多，汉语在虚拟空间的地位也就越高。对待网络不能用传统的方式管，更不要动不动就是一个“关”字。网络发挥的作用主要有四：电子政务、电子商务、电子教育和电子娱乐。比如说电子政务，现在一些国家在作这样的努力：公民在网上只需点击三下鼠标，就能找到他需要的信息，在网上办理他需要办的事务。网上办公绝对不仅仅是效率问题，更重要的是政府职能的转变。我国行政许可法已经生效，配合行政许可法应该加强“网上政府”的建设。当前，政府的网页有不少还是“广告性”的，是政府的“宣传栏”，这是不够的。当前，网民们已经形成了这样一种习惯：遇到问题，首先考虑的是上网检索，上网求助。最近上海市妇联做了一件很好的事情，叫做“百万家庭网上行”，教妇女、老人学会网上购物、网上学习、网上冲浪、网上聊天等等。而一些领导干部，却连电脑打字都不会，连网都不会上，连电子邮件都不会发。过去信息是从高端往下传，而现在，有了网络，老百姓知道的往往比领导还多。“信息不对称”使领导工作变得非常困难。领导干部应尽快掌握网络技术，上班先看网，回家再看网，在网上指导工作，推动无纸化办公时代早日到来。

网络既然这么重要，网络安全也就成了目前的大问题，就像经济安全、国防安全一样重大的问题。网络安全只靠电脑专家、信息专家、网络专家是不够的，语言学家必须尽快介入，用语言学知识去帮助解决网络问题。比如，话语态度对网络过滤作用很大。打开一篇网文，得知道作者对话题的态度：是支持，是反对，还是中立？知道了说话人的态度，就知道该怎样处理这篇网文。语言学家研究出了说话人的态度在篇章中的表现规律，网络专家才能让计算机掌握这些规律，从而提高网络检索、网络过滤的质量。网络信息80%以上是语言信息，网络安全需要语言学家贡献智慧。

三　处理好外语与母语的关系

中国正在由一个“单言单语”（只会使用一种语言的某一方言）的社会过渡到“多言多语”（会使用两种或两种以上语言，以及某一语言的两种或两种以上的方言）的社会，中国的年轻人正在掌握多言多语。在“多言多语”成为语言生活常态的时代，外语学习也便是一种常态。但是，不能把学外语和学母语对立起来，更不能用牺牲母语学习来换取外语学习。母语是本，外语是用，一点都不能含糊。

最近有些学校搞“双语教学”。这种双语教学不是像我国的少数民族学校那样，同时教授民族母语和汉语，而是把外语（其实主要是英语）作为教学语言在小学、中学里面教数学、物理、化学，甚至用外语教语文，教历史。这种“双语教学”的目的，显然是为外语教育服务的。怎样评价这种现象，肯定是仁仁智智。我觉得应当从三个方面看：

第一是法律层面。我国的国家通用语言文字法、教育法等法律都明确规定，学校的教学语言是普通话和规范字。上面说的“双语教学”把外语作为教学语言，与法不合。第二是操作层面。双语教学需要大量的双语师资和比“单语教学”多得多的经费，我们的师资力量够不够，教育经费够不够？第三是认知层面。母语不仅是交际的工具，也是思维的工具和文化的载体，因此母语对于个人是非常重要的。小学一、二、三年级，甚至小学高年级到初中阶段，正是母语口语和书面语形成的阶段。一个人的思维只能达到母语思维的高度，如果母语不能够得到完善发展的话，就不能期望他能够进行很高级的学术创造，不能期望他能在科技、艺术上有重大突破。此外，母语标示着个人的归属，是热爱民族、热爱祖国的基础。母语是民族的精神家园，精神家园的领土更为神圣，更要保卫。因此，母语对个人、对社会都是至关重要的。语言规划问题，特别是教育领域的语言规划问题，是重大问题，随便不得，马虎不得。

四　保护濒危语言

考察清末至今一百余年的语言规划，会发现语言沟通的工作做得最多。很多西方国家，早在工业化完成之时就解决了语言统一的问题。日本在中日甲午战争之前也已经完成了语言统一。而中国，到今天语言统一仍然没有实现，汉语方言严重分歧，南北交际仍有困难。汉族与少数民族交际，少数民族与少数民族交际，也还都程度不同地存在着语言隔阂。没有很好的语言沟通，整个中华民族怎么团结起来？怎么形成强大的内聚力？因此语言沟通仍是国家基本的语言政策。1997年全国语言文字工作会议提出，2010年全国基本普及普通话，2050年全国普及普通话。这个任务今天看来仍然非常艰巨。因为一晃就是一代人，一晃就是一代人，一代就是20年。语言不像别的东西，今天耽误了明天还能赶回来。一代人在成长期形成的语言面貌，想改变是异乎寻常的困难。

外语教育其实也是要解决语言沟通问题，是希望同世界沟通。从洋务运动开始自觉培养外语人才到今天，中国人都非常重视外语教育，有先生说，全世界没有哪个国家像中国有如此之大的学习外语的劲头，全世界没有哪个国家有中国这么大的外语市场。这说明中国愿意走向世界的决心是很大的。

在国外，实现了语言统一的国家，本国的方言或少数民族语言也出现了严重的生存问题，或是消亡了，或是濒危了，保护濒危语言或方言的呼声此起彼伏。在此国际背景之下，借鉴国外的经验与教训，我们在考虑语言沟通的同时，也必须充分考虑语言保护问题。如果一些方言和一些少数民族语言消亡了，它们所负载的文化也便消亡了，这将是中华文化乃至人类文化的巨大的不可弥补的损失。

因此，语言沟通和语言保护，是需要通盘考虑、统筹兼顾的问题，处理得好可以做到并行不悖。不能说为了保存方言就不推广普通话，不能说为了保护民族语言就不推广国家通用语言，把保护方言同推广普通话对立起来，把保护民族语言同推广国家通用语言对立起来。反过来，也不能只顾推广普通话而不管方言的状况，只顾推广国家通用语言而不管民族语言的状况。

在国家语言政策层面，少数民族语言早有明确的地位，法律规定“各民族都有使用和发展自己的语言文字的自由”（《中华人民共和国国家通用语言文字法》第八条），保护少数民族语言有坚实的法律基础。但是，除了汉民族共同语的基础方言之外，似乎没有给汉语方言一个明确的法律地位。需要不需要在国家语言政策层面考虑汉语方言的问题？值得研究。

学科的发展同民族、国家的发展是相依相随的。中国正在充满信心地和平发展，我国的语言学，包括修辞学，一定会有一个大发展。语言和语言学在社会生活中的作用是非常巨大的。现在不光是语言学家在研究语言，哲学家、心理学家、病理学家、计算机学家，都在起劲地研究语言。有位先生说，21世纪是语言学的世纪，因为21世纪是处理信息的世纪，信息的主要载体是语言。但是，21世纪“走红”的语言学不大可能是传统的语言学，而是凭借着新技术、注入了新思想、能够有效地解决社会语言问题（特别是信息处理问题）的现代语言学。语言学同行，特别是年轻的语言学同行，应努力掌握和不断创造现代语言研究手段，关注当今社会语言生活，研究现代社会提出的各种语言问题，从学术上提出解决这些问题的各种各样的建议。这也是知识分子应尽的责任。学术和学者有双重责任，一是学术责任，二是社会责任。希望包括修辞学界在内的语言学界，能够负起学术责任和社会责任，为我国的和平发展作出语言学家的独特贡献。

祝会议圆满成功！谢谢！

［**原载《渤海大学学报》（哲学社会科学版）2005年第1期**］

信息时代的语言问题

信息时代的中国语言问题

信息时代的语言文字工作任务

信息时代需要更高水平的语言文字规范

搭建中华字符集大平台

语料库中语言知识的标记问题

信息时代的中国语言问题*

一 信息时代的数字鸿沟

（一）信息化时代

人类正在跨入信息时代。对信息时代可以从不同的方面进行描述或定义。就技术角度来看，可以将信息时代定义为“用数字化技术对信息进行处理的时代”。这里所说的信息处理，指的是利用计算机和因特网对信息进行收集、整理、储存、交换、检索以及各种再加工。

人类的历史进程，始终伴随着处理信息技术的发明与改善；每一次信息技术的发展，都会带来人类社会的进步，甚至是翻天覆地的变化。新的研究表明，语言并不是同人类一起产生的，在语言产

* 2002年8月20日，中国中文信息学会主办的“第一届学生计算语言学研讨会”（SWCL－2002）在北京大学计算语言学研究所召开，我作为会议指导委员会主任在开幕式上作了《信息时代的语言问题》的学术报告，报告作为会议论文集的《代序》发表。2002年9月23至25日，教育部语言文字信息管理司在武汉召开“信息时代语言文字规范标准建设”年度工作会议，本文曾作为会议的工作报告。之后，本文的内容曾经在北京、上海、浙江、云南、江苏、湖北、黑龙江、广东、香港等省市作报告十余场。2004年，应《光明日报》记者之邀，以此文为基础写就《强国的语言与语言强国》，在《光明日报》2004年7月28日B1版（文化周刊）上发表，并陆续在大连、上海、广州、香港等地报告过。《信息时代的中国语言问题》正式在《语言文字应用》上发表时，因篇幅原因曾被删减了一些段落，收入本集时恢复了一些段落。

生之前，人类经历了漫长的“前语言阶段”。在前语言阶段，人类的信息交际使用的是各种身势和叫喊声，大约与黑猩猩等猿类的交际工具差不多。[1]大约在距今四五万年之时，人类进化出了语言（参见胡明扬，1985：17—23），信息加工和交换的能力发生了质的变化，从而使人类最终脱离动物界成为万物灵长。文字的出现，帮助语言打破时空限制，并促进了信息加工的精密化和信息传递的效率，使人类跨入文明时代。之后，文字书写、印刷技术的发展、传声通讯技术的一步步发展、电话电视等模拟信号系统的相继问世，带来了一次又一次的信息革命浪潮，使人类快步进入现代化。

数字技术的出现与发展，使大数量、快速度、高质量的处理信息逐渐成为现实，信息对人类的生活与生产活动将发挥空前的作用，信息成为生活的凭借和生产的资本，信息技术成为高新技术的主要体现者。因此，信息时代，也可以说是基于计算机和网络的对信息进行处理的“数字化时代”。在数字化时代，信息处理的水平常常代表着一个国家经济发展的水平。以信息产业为代表的高新技术产业，跃居国民经济中的首要地位。

（二）数字鸿沟

由于各种历史原因，世界各国在政治、经济、科技、教育等方面的发展很不平衡，国际间严重的贫富差异，引发了许许多多国际性的社会问题，威胁着人类的安宁甚至生存。在信息时代，世界发展的不平衡突出表现为日益扩大的“数字鸿沟”。

1993年9月，克林顿政府宣布将实施“信息高速公路”计划。1994年1月25日，克林顿总统在“国情咨文”中雄心勃勃地指出，

【1】关于黑猩猩等的交际手段，请参见李宇明主编（2000：191—192）。

要在2000年以前把全国所有的教室、医院和诊疗所、图书馆通过网络联系在一起。1994年2月，欧洲委员会不甘示弱，宣布兴建“信息高速公路”。接着在全球范围内掀起了“修路”热。（参见姚亚平，1997：34－35）1995年，国际因特网开始商业化。1998年2月26日，克林顿总统发表了被称为“网络新政”的重要演说。1999年12月，欧洲委员会提出建立“网络欧洲”的“政治倡议”。2000年，日本森喜朗内阁提出“日本式IT社会”的构想。（胡鞍钢、周绍杰，2002：34）

数字鸿沟的外在表现，是信息技术发展的不平衡，特别是因特网用户数量分布的不平衡。胡鞍钢、周绍杰（2002）指出，全球收入最高国家中的1/5人口拥有因特网用户的93%，而收入最低的1/5人口只拥有因特网用户的0.2%。到2000年8月，北美地区每千人拥有因特网主机为168.68台，而非洲地区每千人拥有因特网主机仅为0.31台，是北美地区的1/540。到2000年10月，经济合作与发展组织（OECD）的国家拥有因特网主机总量的95.6%，而非经合组织的国家只拥有因特网主机总量的4.4%。显然，一些国家或地区是现代信息技术的“数字富有”者，而一些国家或地区沦为“数字赤贫”者。

数字鸿沟，绝不仅仅是因特网使用者的数量悬殊和多少人用不上因特网的问题，由于信息时代的特点，数字鸿沟会带来社会、经济、科技、教育等方方面面的鸿沟。数字鸿沟意味着知识资源配置严重失衡，使没有机会使用信息网络的国家或个人，处在经济全球化和信息革命的边缘地带，数字鸿沟带来社会鸿沟。信息产业是当前世界最为重要的经济增长点，数字鸿沟带来经济鸿沟。信息技术成为当前科技的领先技术和从事科学研究必需的现代化手段，数字鸿沟带来科技鸿沟。联合国教科文组织认为，新的信息技术为改进学习和教学、增加学习机会、提高教育质量、改善管理和办学提供了极大潜力，数字鸿沟加深了知识鸿沟。[1]就此而言，数字鸿沟应定义为由于信息技术发展不平衡而带来的社会方方面面的巨大差别。

最早提出数字鸿沟的是美国远程通讯和信息管理局（NTIA），1995年7月至2000年10月，该机构四次发布了美国国内的数字鸿沟问题，将数字鸿沟列为美国首要的经济问题和人权问题，目的是要全部美国人融入网络社会。（胡鞍钢、周绍杰，2002：35）近些年来，国际社会极为关注数字鸿沟给国际社会带来的问题。例如，2001年8月23日，第四届“九个人口大国全民教育部长会议”通过了《北京宣言》，《北京宣言》提出“通过挖掘信息与传播技术在取得全民教育目标方面的潜能，缩小数字鸿沟”。[2]2001年9月5日至8日，联合国教科文组织第46届国际教育会议在日内瓦召开，会议决定将《北京宣言》列入教科文组织文件，而且讨论了缩小教育领域的数字鸿沟问题。[3]

二　数字鸿沟的语言效应

数字鸿沟并不仅仅影响政治、经济、科技、教育，对人类语言及语言生活也发生了有史以来最为严重的影响。这种影响主要表现在两个方面：

（一）语言不公平更为严重

语言之间本当是平等的，但是，由于操不同语言的民族在人

【1】详见中国联合国教科文组织全国委员会秘书处（2001：33）。
【2】详见中国联合国教科文组织全国委员会秘书处（2001：23）。
【3】详见中国联合国教科文组织全国委员会秘书处（2001：33、40）。

口、经济、文化、军事等方面的发展不平衡，产生了事实上的语言不平等。绝大多数语言只为极少数人在日常交际中使用，发挥的作用很小；而有些语言成为国家、地区乃至世界的共同交际工具，成为语言中的庞然大物。例如现代国际社会使用较多的语言只有英语、法语、俄语、西班牙语、阿拉伯语等数十种，其中英语是超级的庞然大物。

英语在公元1600年前后还只是一个小语种。拉丁语是西方古代的“超级语言”，直到中世纪，拉丁语都是欧洲西部的通用语。17世纪法语取代拉丁语成为外交用语。直到第一次世界大战结束时英语才有与法语一决雌雄的资格。（斯坦利·利伯森，1982：608－609）二战之后，美国成为军事强国和技术盟主，使得英语超过法语成为外交、贸易、科技、教育的第一大语言。20世纪50年代以后，美国、英国倾力向世界推行英语，英语的势力急剧扩张，成为当今的超级语言。（罗伯特·菲利普森，1994）

美国是新信息技术的遥遥领先者。1998年7月，美国千人拥有因特网主机超过179台，而OECD国家平均为62台。2000年7月，美国千人拥有因特网主机超过230台，而OECD国家平均为88台，欧盟各国平均为42台。（胡鞍钢、周绍杰，2002：39）美国在信息技术方面的发展，使得英语如虎添翼，几乎独霸了网络用语。据统计，2001年，78%的网络上的语言是英语，全世界的其他语言只占有网络语言的22%的份额。

语言不公平历来存在，但是到了20世纪末，竟然发展到了一些国际大语言之间也差别悬殊的地步。语言不公平必然会带来语言歧视，有的语言贵重，有的语言低贱，而语言歧视又必然产生民族和文化的歧视。因此，联合国教科文组织第46届国际教育会议认为，“世界文化是一个建设与更新的进程，不能由某一国或某一地区的文化所主宰。各地区和各民族的文化应通过融入世界文化而获得生命力。”[1]

语言是金钱，语言不公平也是语言财富分配的不公平。非英语的国家和民族，必须花费大量时间和金钱学习英语这种权势语言。如果用两万元的学习费用才能达到掌握5 000英文单词的听说读写水平的话，那么，一个英文单词的价格就是4元钱。而且计算机和网络等现代信息技术设备，必须适应英语及英语国家的设备标准。如此等等，不一而足。非英语国家学习语言的费用和技术设备的投入等等，有相当一部分流向了英语国家，从而加大了经济上的贫富鸿沟。

（二）大量语言发生生存危机

世界上存在或存在过5 000－6 000种语言，其中有几百种已经消亡，特别是美洲、澳洲的土著语言。近两个世纪，随着工业化的发展以及地区、国际市场的形成，语言消亡的速度明显加快。现在世界上又有上百种语言濒临灭亡。周庆生（2000：86）指出，在中国，赫哲族、仡佬族、土家族、畲族、满族，现在还能讲本族语的占本民族总人口的比例分别为14.78%、10.36%、5.27%、0.11%、0.01%，它们都是濒危语言。

语言消亡的原因，据斯蒂芬·武尔姆（1991）的研究，主要有语言群体的死亡，语言生态环境的变化，文化接触与文化碰撞，政治影响与征服等。在信息时代，数字化带来的语言的极度不公平，加快了语言消亡的速度，扩大了语言消亡的数量。因而在新的时代，信息化已经成为语言消亡的一个因素，甚至是重要因素。

我们生活在现实空间和由因特网塑造的虚拟空间这两个空间中。随着信息化的发展，虚拟空间越来越重要，许多见微知著的贤

【1】详见中国联合国教科文组织全国委员会秘书处（2001：31）。

达人士，预测将来人类社会是以网络为主导的社会。现实空间中的语言状况，是历史自然发展的结果，而虚拟空间的语言使用，一开始就是以语言霸权的方式出现的，信息化发展较快的国家控制着语言霸权，不断强化着语言霸权。世界上绝大多数语言都没有机会成为网络语言，有机会成为网络语言的一些语种，也因其没有掌握网络语言霸权而只能成为网络的点缀。在虚拟空间中，俄语、法语、德语、西班牙语等大语种，也都产生了危机感。

虚拟空间与现实空间并不是相互隔绝的，而是时时相通交互发展的。一方面，虚拟空间的发展依赖现实空间的经济发展、信息技术的水平及其普及状况，另一方面，现实空间的运行越来越倚重虚拟空间，越来越受到虚拟空间发展的制约。因此，信息化不仅在现实空间影响语言的存活，而且由它建构的虚拟空间的语言状况，对现实空间语言状况的影响也越来越大。不能成为网络语言的语种，其生命力将会逐渐丧失；在网络上处于劣势的语种也会逐渐衰落，甚或消亡。

斯蒂芬·武尔姆（1991：89）同意一些语言学家的看法，“语言是文化和社会的内在部分，它反映了人们看待周围物质世界和精神世界的方式。……每种语言都反映一个言语社区在世界上解决问题、形成自己思维与哲学体系以及理解周围世界的方式。一旦这种语言死亡……，我们就永远失去了某种不可替代的关于人类思维方式和世界观的知识。”国际社会对信息时代“单一市场、单一语言、单一文化”的发展趋势，表现出极大的普遍的忧虑。许多国家在制定应对信息时代战略时，也在对本国语言的发展进行战略性的思考。2001年10月在巴黎召开的联合国教科文组织第31届大会，审议并通过的《教科文组织文化多样性宣言》[1]，便是国际社会这

【1】详见中国联合国教科文组织全国委员会秘书处（2001：47－48）。

种忧虑的反映。

三　信息时代的中国语言对策

（一）中国信息化的发展

中国一直关注国际信息化发展的动向，积极推进国家的信息化建设。下面，以因特网为例来看我国信息化的发展。

1987年9月20日，钱天白教授发出中国第一封电子邮件“越过长城，通向世界”，揭开了中国人使用因特网的序幕。1993年3月2日，中国科学院高能物理研究所租用AT&T公司的国际卫星信道接入美国斯坦福线性加速器中心（SLAC）的64K专线，这是中国部分连入因特网的第一根专线。1994年4月20日，中关村地区教育与科研示范网络（NCFC）通过美国Sprint公司连入因特网，自此中国被国际上正式承认为有因特网的国家。

上文提到，1993年9月，克林顿政府宣布将实施“信息高速公路”计划，而中国则在1993年3月12日，时任副总理的朱镕基就主持会议，提出和部署了建设国家公用经济信息通信网（简称“金桥工程”）工作。同年8月27日，政府决定用300万美元总理预备金支持启动金桥前期工程建设。1994年6月8日，金桥前期工程建设全面展开。1996年2月11日，国务院第195号令发布了《中华人民共和国计算机信息网络国际联网管理暂行规定》，以促进中国因特网的有序发展。[1]2001年的《中华人民共和国国民经济和社会发展的第十个五年计划纲要》，制定了“加速发展信息产业，大力推进信息化”的战略。（朱镕基，2001）北京、上海等地纷纷提出建设“数

【1】根据中国互联网络信息中心（http：//www.cnnic.net.cn/）网上的资料整理。

字化城市”的要求。

1997年10月到2002年7月，中国互联网络信息中心（CNNIC）联合四个互联网络单位，每半年发布一次“中国互联网络发展状况统计报告”，现已发布10次。中国因特网在上网计算机数、上网用户数方面发展情况如下表所示：

年月	1997−10	1998−6	1998−12	1999−6	1999−12	2000−6	2000−12	2001−6	2001−12	2002−6
A	29.9	54.2	74.7	146	350	650	892	1 002	1 254	1 613
B	62	117.5	210	400	890	1 690	2 250	2 650	3 370	4 580

说明：1．年月是材料统计时的截止时间。2．A代表上网计算机数，B代表上网用户数，统计单位为“万”。[1]

从上表可以看到，中国因特网的发展相当迅速，2002年6月底上网的主机数和网民数量，就绝对量来看，正在接近发达国家水平。中国因特网和其他信息技术的发展，为汉语在虚拟空间的发展提供了良好条件。网络上的汉语使用量逐年增长。中国的信息化正在快步追赶世界先进水平。

（二）汉语的优势与不利因素

汉语是对当今世界发生影响越来越大的语言，在信息时代，汉语存在着优势，也有相当大的危机。

【1】 补说，2002年6月以来中国因特网的上网用户的新发展情况如下表所示：中国因特网发展的材料，根据中国互联网络信息中心（http：//www.cnnic.net.cn/）网上的资料整理。

年月	2002−12	2003−6	2003−12	2004−6	2004−12
A	2 083	2 572	3 089	3 630	4 160
B	5 910	6 800	7 950	8 700	9 400

汉语的优势首先是人口优势，据估计，海内外以汉语为第一语言的人大约有13亿，是世界上使用人口最多的语言之一。其次，汉语具有文化优势，它负载着中国悠久的对世界充满魅力的优秀文化。再次，汉语还具有潜在的经济优势，近些年中国经济持续高速度发展，综合国力和国际地位明显提高，美国、韩国、日本等国家，纷纷把汉语作为主要外语纳入国民教育体系。

汉语的不利因素表现在如下一些方面：

汉语的使用人口虽然众多，但是内部的一致性较差。方言分歧严重，汉字又有简化字与繁体字之别。普通话和规范汉字的普及程度近些年有重大进展，但还相当不理想，在公务活动、教学活动中，在公共场合的交际中，不使用普通话和规范字的情况还相当多。不少调查显示，大陆年轻汉族人的母语水平在急剧下降。少数民族聚集区域，国家通用的语言文字并非到处通用。在升学、晋职晋级、就业等领域，事实上存在着轻汉语重外语（主要是英语）的政策规定或心理倾向。社会的语言规范意识薄弱，大众传媒用语用字不规范不讲究的现象还相当常见。对外汉语教育、少数民族的汉语教育和汉语的母语教育三种汉语教育，不仅各自的教育理论和教学方法尚未成熟，而且在管理和研究上也需要建立有机高效的协调机制。

对现代汉语现行汉字的研究还不够深入，偌大的中国还没有专门的普通话研究室和现代汉字研究室，全国用于汉语汉字的研究经费十分有限。汉语汉字的标准不健全，例如，没有汉语的音节全表和与汉语地位相称的语法长编，只在常用的字量范围内有印刷汉字的一些规范标准等。

中文信息处理的水平离发达国家还有不小差距，特别是在核心技术方面拥有自主知识产权的成果还不多。网络的对公众开放的汉语数据库或包括汉语在内的多语种数据库还很少，导致网络的利用率低、实用价值低。

汉语在国际语言生活中也不占优势。将汉语作为国家通用语言或工作语言的国家和地区不多；联合国虽然将汉语列入工作语言，但是地区性、国际性的组织或会议真正使用汉语的还不多；汉语在地区或国际上的重要交际领域，如外交、贸易、科技、教育等，使用十分有限；非汉语区域的华人后代，保持汉语相当艰难，放弃汉语的人并不在少数；非华人的外国人学习汉语的人数正在增加，但真正了解汉语或在社会生活中使用汉语的，却是凤毛麟角。

这些因素的存在，不利于汉语的固本与优化，不利于国家通用语言文字的国内推广与汉语的国际传播，不利于提高汉语的声望及其在国内外的地位。

（三）汉语发展对策

为在信息时代提高汉语的功能与地位，加速汉语的传播，应主要做好以下几个方面的事情：

1．大力推广普通话

早在清末之际，就有人提出要把语言统一看做“立国之要素”（庆福等，1910），认为统一语言可以“合四外为一心，联万方为一气”（林辂存，1898），“助团体之凝结，增长爱国心”（吴汝纶，1902），“保全国粹”（卢戆章，1906）。语言统一首先是方便交际，但它的确也是增强民族凝聚力的重要因素。今天看来，它还是促进信息化发展、让汉语走向世界的基础。

提升大众的语言民族意识，培养对普通话的认同和讲普通话的自豪感，使普通话具有较高的语言声望，实乃当务之急。这就需要教育、广播电视领域和领导干部带头讲好普通话，为社会树立榜样。要丰富说话人的语言技能库，使越来越多的人能够讲普通话，并在各种语言场合切题合意地使用普通话。当前，除了做好城市和公共服务部门（或曰“窗口行业”）的推广普通话工作之外，应注意通过市场职业认证制度抓好公共服务行业的普通话培训与测试，要研究小城镇和农村以及参加城市建设的农民工的语言问题，要努力在少数民族地区推广国家通用语言；要加强海内外华人社区语言的沟通，支持海外华人及其子弟为语言保持而进行的汉语教育。

2. 加快汉语汉字规范化建设

成熟的优秀的有影响力的语言，必须在语言结构、文字系统和语言文字的社会应用等方面，建立一系列科学、管用的规范和标准，以便于语言的教学与使用，便于语言文字的信息处理，并有利于语言声望的提高。

除了考虑语言文字的基本规范（如规范字表等）之外，应特别注意制定社会语言生活中的各种应用性的规范标准，使语言生活健康有序，例如不同教育类型（扫盲教育、学校母语教育、少数民族汉语教育、汉语国际教育）和不同教育层次（幼儿园、小学、初中等）用字用词规范，人名地名用字和翻译转写规范，低点阵汉字屏幕显示的省简规范，计算机字库、词库的建设规范，网络出版的语言文字规范，面向网络的专有名词的缩略规范，等等。

3. 充分发挥汉语拼音的作用

汉语拼音是经过百余年的社会实践[1]、在上千种方案中优选出来的国家法定方案，其作用是拼写汉语和为汉字注音，并在汉字不便使用或不能使用的场合发挥作用。汉语拼音是汉字的得力助手，特别是在学习汉字、推广普通话中，在中外交流和人与机器的交流中，其作用非常重要，不可缺少。

汉语拼音方案为汉字的注音，已经非常称职，但是，如果行使

【1】如果将自明代传教士利玛窦起历代西方教会为汉语设计的教会罗马字计算在内，汉语拼音的社会实践年限还要长。

拼写汉语的职能和在汉字不便使用或不能使用的场合发挥作用，汉语拼音方案就还有许多需要研究和完善的地方。除了同音词区分、大小写规则、分词连写规则等传统课题之外，还有许多应用问题，特别是教育、信息处理和国际交流中的问题，需要花费较多的精力来解决。

对汉语拼音方案的应用研究，非常薄弱，目前在小学教育中出现了“淡化”汉语拼音教学的倾向，成人对汉语拼音的应用能力非常之低，社会对汉语拼音的认识和应用还比较混乱。汉语拼音所应当发挥的作用远没有发挥出来。这些问题应当引起足够的重视。

4．加快中国语言文字信息处理的研究

语言文字的信息处理，是中国信息化的“瓶颈”，而且也是中国信息化的必决之役、必胜之战。中国语言文字的信息处理正在由字词处理向语言处理发展，由文字处理向语音处理的方向攻坚。当前，首先应当实施人才战略，集结语言学和信息技术等多学科人才联合攻关，并联合培养综合性的语言信息处理人才，特别是要培养一批学科的领军人物。其次是实施资源战略，要集中力量建设各种具有自主知识产权的语言资源和软件资源，如具有语法和语义标记的书面语语料库和口语语料库，各种信息词典和知识词典等，并通过明晰知识产权和统一规范标准，增加资源的共享与互补。第三，实行开发战略，及时将科研成果转化为产品占领市场，发挥社会效益和经济效益，并通过产品效益支撑科学研究。争取用五到十年的时间，使我国的语言信息处理跨上新的台阶。

5．全方位建设基于网络的数据库

网络是“路”，网页是“车”，数据库便是车载之“货”。“货物贫乏”是网络效益低的最大问题。没有足够的数据库，特别是没有足够的面向公众的数据库，电子政务、电子商务、电子教育和电子娱乐就无法顺利进行。数据库的语言基本上应使用汉语，既便于国人使用，增加更多的网民，也能迅速增加虚拟空间的汉语的比重。同时，还要注意开发以汉语为中心的多语种数据库，方便外国人访问中国的网站。虚拟空间也遵循“拥有者占有”的公理，建立一个领先的功能强大的数据库，就等于拥有了一个领域、一个学科。网络世界的分割刚刚开始，占领更多的网络世界的领地，依赖于各种各样的数据库。

中国文化是人类的宝贵财富。建立数字化图书馆、博物馆等中国文化的数据库，以使中国文化以数字化的新的媒体方式永世长存，并且便于中外研究者运用数据库开掘中国文化的宝藏。要建设中国文化的数据库，必须将负载中华文化的古今全汉字、古今民族文字和各种有用的符号[1]进入ISO空间，以保证将中国文化以其本来面貌保存、开发及在国际因特网上的无障碍交流。

6．研究汉语的国际传播战略

美国、英国、法国、西班牙、德国、日本等国（乌尔里希·阿蒙，1992；平高文也，1992），多年来都在有计划地实施英语、法语、西班牙语、德语、日语等的国际传播战略。美英等国主要是通过贸易、媒体、教育、文化等途径向世界倾销英语。（罗伯特·菲利普森，1992）法国努力协调法语拥有特殊地位的34个国家和3个国家的部分地区的所谓法语区（Francophonie）的语言问题，并任命一位部长主管法语区的语言问题。（阿尔米·克莱内当，1992）西班牙在利用“西班牙语世界”（Hispanidad）这一概念向世界进行语言传播（Language Spread）。（阿吉利诺·桑切斯，1992）

在信息时代，汉语的国际传播应当引起高度重视，应有明确的思路和行之有效的措施。比如，从人群和地区来看可以划分三个战

【1】这些文字和符号，可以称为“中华字符集”。目前建设中华字符集的工程已经启动，正在进行字种搜集和子集的设计。

略区域：海外华人社区，传统的汉字文化圈（朝鲜、韩国、日本、越南等），辐射圈（世界其他国家和地区）。要加强海内外华人社区的语言的沟通与协调，并与汉字文化圈以文化为基底结成语言同盟，再尽力向辐射圈辐射。比如可以建立这样的辐射步骤：先争取国际会议的汉语地位，再逐步争取较多的国际组织以汉语作为工作语言的地位，争取汉语在汉字文化圈和辐射圈的主要外语的地位。当前主要的传播手段，可以定位于文化、贸易、教育以及在中国举行的大型国际活动（如2008年奥运会、2010年世博会）等。从组织形式上看，可以以民间的国际汉语传播组织为主，官方成立有权威的高效率的协调机构。在汉语国际传播战略的指导下，通过各种具体操作，促进汉语尽快走向世界。

四　结语

新的信息技术的飞跃发展，在世界范围内形成了数字鸿沟。数字鸿沟带来了社会鸿沟、经济鸿沟、科技鸿沟、知识鸿沟和社会方方面面的巨大差异，也带来了语言间更大的不公平，并威胁着许多语言的生存。在信息时代的语言竞争中，汉语有着人口、文化等方面的天然优势，而且由于中国经济的发展和国际地位的提高，汉语的国际地位也在提升，并逐渐以外语的身份进入了一些国家的国民教育体系。但是，汉语的劣势也是相当明显的，例如：汉语方言分歧，书写系统不一致，语言的规范标准不健全，普通话推广任务艰巨，网络上的汉语使用十分有限，汉语在国际语言生活中的作用较小等等。面对数字鸿沟的挑战，中国应有明确的语言对策：通过推广普通话、完善汉语汉字的规范标准、推行和完善汉语拼音方案等措施，使汉语固本强体；通过语言信息处理和网络数据库的快速建设，争夺虚拟空间的汉语地位；通过一系列汉语国际传播的措施，使汉语在国际语言生活中发挥更大的作用。

主要参考文献

阿尔米·克莱内当 1992 《语言传播政策和法语区：法国采取的语言行动》，周庆生主编《国外语言政策与语言规划进程》，语文出版社，2001年。

阿吉利诺·桑切斯 1992 《西班牙语的传播政策》，周庆生主编《国外语言政策与语言规划进程》，语文出版社，2001年。

胡鞍钢、周绍杰 2002 《新的全球贫富差距：日益扩大的数字鸿沟》，《中国社会科学》第3期。

胡明扬 1985 《语言与语言学》，湖北教育出版社。

李宇明主编 2000 《语言学概论》，高等教育出版社。

李宇明 2001a 《规范语言文字，推进信息化进程》，《中国教育报》5月7日第1版。

——— 2001b 《信息时代需要更高水平的语言文字规范》，《术语标准化与信息技术》第3期。

林辂存 1898 《上都察院书》，《清末文字改革文集》，文字改革出版社，1958年。

卢戆章 1906《颁行切音字书之益》，《清末文字改革文集》，文字改革出版社，1958年。

罗伯特·菲利普森 1992 《语言领域的帝国主义（Linguistics Imperialism）》，上海外语教育出版社，2000年。

——— 1994《英语传播政策》，周庆生主编《国外语言政策与语言规划进程》，语文出版社，2001年。

平高文也 1992 《日本的语言传播政策》，周庆生主编《国外语言政策与语言规划进程》，语文出版社，2001年。

庆 福等 1910 《陈请资政院颁行官话简字说帖》，《清末文字改革文集》，文字改革出版社，1958年。
斯蒂芬·武尔姆 1991《语言的消亡与消失：原因与环境》，周庆生主编《国外语言政策与语言规划进程》，语文出版社，2001年。
斯坦利·利伯森 1982《语言传播面面观》，周庆生主编《国外语言政策与语言规划进程》，语文出版社，2001年。
乌尔里希·阿蒙 1992《联邦德国传播德语的政策》，周庆生主编《国外语言政策与语言规划进程》，语文出版社，2001年。
吴汝纶 1902《东游丛录·与伊泽修二谈话》，《清末文字改革文集》，文字改革出版社，1958年。
文字改革出版社编 1958《清末文字改革文集》，文字改革出版社。
姚亚平 1997《中国计算语言学》，江西科学技术出版社。
中国联合国教科文组织全国委员会秘书处 2001《我国参加联合国教科文组织重要活动文件汇编》。
周庆生 2000《语言与人类》，中央民族大学出版社。
周庆生主编 2001《国外语言政策与语言规划进程》，语文出版社。
朱镕基 2001《关于国民经济和社会发展第十个五年计划纲要的报告》，人民出版社。

［**原载《语言文字应用》2003年第1期**］

信息时代的语言文字工作任务*

早在20世纪五六十年代，就有先知者在思考未来信息社会的问题。1959年，美国社会学家贝尔（Daniel Bell）首先提出“后工业社会”的概念。1962年，美国学者马鲁普（Fritz Machlup）在《知识产业》一书中提出了“知识社会”的概念，日本学者梅桌忠夫在其著作《信息产业论》中提出了“信息社会”的概念。（参见熊澄宇等，2002：1—2）此后人们便开始关注知识或信息在未来社会中的地位，逐渐认识到在信息社会中，物质、能源和信息这三大人类可以利用的资源中，信息将成为最为重要的资源。

半个世纪以来，信息社会的一些因素随着信息产业的发展逐渐显露出来，特别是上世纪90年代初“信息高速公路”计划在许多国家、地区提出并开始实施，特别是因特网于1995年开始商业化，人类迈向信息时代的步伐突然加快。例如，《美国新闻与世界报道》2001年7月2日第1期指出，制造业产值在美国国民生产总值（GDP）中所占比例从1960年的28.7%降低到17%。在我国，信

---

* 2003年11月4至6日，教育部语言文字信息管理司在长沙召开“全国语言文字信息化工作会议”，本文是在会上所作的学术报告。11月8日至10日，第3届应用语言学会年会在杭州召开，本文也在该会上宣读，会后收入会议论文集《第三届全国语言文字应用学术研讨会论文集》（香港科技联合出版社，2004）。

息产业年产值平均增长率多年来一直保持在25%以上，以3倍于国内生产总值增长的速度发展。（参见熊澄宇等，2002：4）现在，我国电话装机总量已达4.9亿，其中固定电话2.45亿，移动电话2.45亿，位居世界第一。截止到2003年6月30日，我国与因特网连接的计算机主机数量已达到2 572万台，网民数量已增至6 800万。电子商务、电子政务和网络教育，已经进入我们的生活，并正在影响着我们的生活方式和生活观念。

语言文字工作者必须站在时代潮头，面对信息时代的到来与时俱进地思考语言文字工作，使语言文字工作能紧紧跟上时代的步伐，显现出时代的风貌。

一　信息时代语言文字工作的新任务

（一）关于国家语言文字工作任务的三次重要表述

新中国建立半个多世纪以来，国家语言文字工作与时俱进，为国家的文化建设和现代化建设发挥了不可替代的作用。这期间，国家语言文字工作任务也在与时俱进。关于国家语言文字工作任务，历史上有三次重要表述：

第一次重要表述。周恩来总理（1958：1）指出：“当前文字改革的任务，就是：简化汉字，推广普通话，制定和推行汉语拼音方案。”这三大任务，是20世纪五六十年代国家的语言文字工作任务。

第二次重要表述。20世纪80年代，我国社会发展进入新时期。1986年1月6日，全国语言文字工作会议召开。根据社会发展和形势变化，国家的语言文字工作任务调整为五大项：

1．做好现代汉语规范化工作，大力推广和积极普及普通话。

2．研究和整理现行汉字，制订各种有关标准。

3．进一步推行《汉语拼音方案》，研究并解决实际使用中的有关问题。

4．研究汉语、汉字信息处理问题，参与鉴定有关成果。

5．加强语言文字的基础研究和应用研究，做好社会调查和社会咨询、服务工作。（刘导生，1986：23－24）

第三次重要表述。1997年12月23日，又一次全国语言文字工作会议召开。此次会议将新时期语言文字工作任务明确为四条：

1．坚持普通话的法定地位，大力推广普通话。

2．坚持汉字简化方向，努力推进全社会用字规范化。

3．加大中文信息处理的宏观管理力度，逐步实现中文信息技术产品的优化统一。

4．继续推行《汉语拼音方案》，扩大使用范围。（许嘉璐，1997a：442－445）

国家语言文字工作任务的这三次重要表述，有两点最需注意：第一，推广普通话，整理现行汉字，推行《汉语拼音方案》，是半个多世纪以来贯穿始终的国家语言文字工作的任务，尽管这三个方面的任务，不同时期的表述有差别，内涵有变化，侧重点有不同。为方便起见，可以把这三个方面的任务称为语言文字工作的“传统任务”。第二，从新时期开始，语言信息处理被列为国家的语言文字工作任务。

（二）语言信息处理

能够将语言（包括文字）信息处理列为国家的语言文字工作任务，需要对两个问题有科学认识：1．信息化对社会发展的巨大影响；2．语言文字与信息化的密切关系。事实表明，我国很早就密切关注信息技术的发展，很早就看到了语言文字与信息化的密切关系。

20世纪80年代，语言信息处理起步不久，其成果还很少应用到一般的社会领域。国务院副总理万里在1986年全国语言文字工作会议开幕式上就已经指出："广泛使用电子计算机来处理各种信息，是新技术革命的重要内容，而要使电子计算机服从指挥，就要研究人是怎样使用和理解语言的，当前大家感兴趣的并正在广泛研究的计算机的输入方法，就同语言文字工作有着密切的关系。"（万里，1986：13－14）全国语言文字工作会议的工作报告，对信息化的情景进行了描绘，并开始探讨信息时代语言文字工作的地位："当前，世界正处于信息化迅速发展的时代，利用电子计算机进行信息处理，实现图书情报工作自动化、印刷排版现代化、生产管理自动化以及办公室事务自动化，已经成为现代化建设中的重要课题。因此，加强语言文字研究，促进语言文字的规范化、标准化，提到了比以往任何时期都重要的地位。"

当时，国家语言文字工作委员会已经看到"语言文字已经取得的成果，对中文信息处理技术的研究确实起到了一定的作用"，并指出了这样的事实："汉语拼音越来越多地用于中文信息处理。计算机汉语拼音输入自动转换汉字系统的研制，提高了信息处理的能力，为我国普及和发展电子计算机创造了有利条件。"（刘导生，1986：21－22）这种认识得时代风气之先，当时能把"研究汉语、汉字信息处理问题，参与鉴定有关成果"作为语言文字工作任务之一，确实具有历史远见。

10年后又一次召开全国语言文字工作会议之时，信息技术和语言处理已有重大进展，信息社会的一些因素已经进入社会生活。当时的国家语委主任许嘉璐先生，在会议闭幕式上讲得非常明确："今天的经济建设和五六十年代的一个巨大差别是信息化程度越来越高，信息处理中的语言文字规范和标准越来越重要。出版物、影视屏幕和公共场所用字越来越依赖计算机，计算机的普及和网络化对语言文字的规范和标准则将提出越来越多的要求。虽然在21世纪的语言文字工作中推广普通话仍将是第一位的，但是牵动语言文字工作全局的将是中文信息处理。如果不看到这一点，就没有完全认识到当前语言文字工作的特点，也就不能准确地服务于经济建设这个中心。”（许嘉璐，1997b：452）

就语言信息处理这方面来看，1997年的这次会议有两个进展：其一，把政府在语言信息处理中应扮演的角色定在宏观管理上，把工作目的定在“实现中文信息技术产品的优化统一”上；其二，明确提出要从四个方面做好这一工作：“第一，继续加快中文信息处理急需的规范标准的制订，如各种专业用字字符集标准、汉字印刷新字体字形规范、汉字键盘输入语言文字规范综合评价原则、汉字字序标准等。第二，加强基础理论研究和应用研究。适应汉语词处理的急迫需要，要积极组织面向信息处理的现代汉语词汇研究，尽快解决面向汉语词汇处理的‘瓶颈’问题。第三，积极开展为中文信息处理服务的语言文字基础工程建设，特别是要继续完成现代汉语语料库的建库、语料加工和基于语料的应用开发工作。第四，逐步建立有效协调的管理机制，做好对中文信息技术产品中语言文字规范标准执行情况的监督检测工作。”（许嘉璐，1997a：444）

自此至今，标准制定、科学研究、基础工程建设、监督检测这四个方面，一直是国家语言文字信息管理工作的重要内容。当然，随着信息技术的快速发展，随着信息社会的快步走来，随着语言文字信息管理工作的开展，信息处理的语言文字已经涉及中国境内的主要语言文字和英语等一些外国语言文字，语言文字信息处理的内容也向纵深方面快速推进。近来的事实表明，语言文字的信息化是信息化的基础，没有语言文字的信息化就不可能实现信息化，语言文字信息化的水平决定着信息化的水平。促进语言文字的信息化，是语言文字工作者不可怠慢的历史责任，也是信息时代语言文字工作的重要任务之一。

（三）健康网络世界的语言生活

因特网是20世纪人类最伟大的发明，它的应用与推广，是信息时代得以形成的基础。因特网为人类构筑了一个“虚拟空间”，这个虚拟空间，既是信息技术的杰作，同时也将是人类信息处理最为重要的场所。虚拟空间的语言生活已成为人类语言生活的重要组成部分。

虚拟空间的语言生活图景，现在还难以精细描绘。就因特网的已有应用实践而言，数字政府、电子商务、远程教育及科学研究、网络娱乐等四个方面，将成为虚拟空间中人类的主要活动，而这些活动都要依赖于各种各样的数字化的数据库，因此，数字化数据库（例如数字化图书馆、数字化博物馆、数字化档案馆等）的建设、网络传输、充分的共享与利用等，便成为了信息社会必须认真考虑、妥善解决的问题。由于信息的载体主要是语言文字，所以数字化数据库的建设、传输与利用，便构成了人类语言生活的新内容，需要语言文字工作者主动参与，研究问题，保障网络世界语言生活的健康发展。

健康网络世界的语言生活，理应成为信息时代语言文字工作的重要任务之一，有许多重要的工作要做。例如：

1．搜集整理字符，包括承载中华文化的所有文字和符号（即“中华字符集”），解决这些字符的存储、输入、输出、检索等技术问题，为各种数据库的制作提供字库基础。并积极参加国家标准化、国际标准化工作，建立中华字符集的国家编码标准和国际编码标准，以保障数据库在网络中的顺畅运行。（参见李宇明，2003b）

2．协同世界各国建立虚拟空间的语言公约，逐渐消除网络交际中的语言障碍，从语言文字学的角度保证信息传输的稳定性、交互性。

3．密切关注本土语言（汉语及我国少数民族语言）在虚拟空间的生存与发展，保持本土语言在虚拟空间中的活力与效率，维护虚拟空间的语言多元化和文化多元化，切实保护网络语言信息的安全。

二　将传统工作任务提升到信息化的高度

推广普通话，整理现行汉字，推行《汉语拼音方案》，这些语言文字工作的“传统任务”，也应提升到信息化的高度来进行。这话有两层含义：其一，应在传统任务中加入促进信息化的新内涵，语言文字工作自觉地为国家信息化服务；其二，要善于利用信息化的手段和成果，促进语言文字工作任务的完成。

许嘉璐（1995：164）讲得很明确：“国家语委所管的另两个领域是推广普通话和管理社会用字（影视屏幕用字、出版物和印刷品用字及公共场所用字）。虽说这两个方面和中文信息处理工作是并列的，但是工作的内容和方式也无不受到中文信息处理技术的影响。例如，在推广普通话工作中，计算机是重要的教学和测试工具，计算机的进一步普及将是推广普通话的巨大动力，而普通话的推广又会反过来推动计算机的普及和技术的发展。又如，社会用字除手写的以外几乎都出自制字机、字幕机。反过来看，中文信息处理中的语言文字规范，又需要时时考虑到推广普通话和社会用字的需求。所以我个人认为，在改革开放的时代，在科学技术特别是电子技术高速发展的时代，我国的语言文字工作，必须要紧紧抓住中文信息处理这个龙头。”

计算机、多媒体和因特网正在快速推广应用，海量真实文本正在成为计算机语言文字处理的对象。信息产品使用愈普遍，每个语言文字使用者所输出的语言文字，就愈可能成为计算机处理的真实文本。计算机是为人服务的，应能为人们的语言生活提供各种便利。但是，真实文本的处理难度很大，为促进语言文字信息处理的顺利发展，也为社会成员能够有效利用信息产品，应当加速社会语言生活的规范化，以增强计算机要处理的各种文本的规范性，加快我国信息化的进程。通过推广普通话、推行规范汉字，促进社会用语用字的规范化，是信息时代的要求，也是语言文字工作为信息化服务的一个重要方面。

再如，汉语拼音在信息处理中的重要作用，已为信息处理的实践所证明。今天，在制定汉语拼音的有关规范的时候，在宣传汉语拼音作用的时候，在探讨汉语拼音方案使用范围的时候，在解决汉语拼音方案遗留的一些问题的时候，都必须有信息化的眼光，要放在信息时代的环境中去考究问题。这样，过去存在的争论、迷惑不清的问题，用信息化的眼光来审视，也许就会清楚许多。

国家语委主任袁贵仁教授（2001）曾经高度概括过中国语言文字网的六大功能：“第一，宣传国家语言文字工作的方针、政策；第二，向社会提供语言文字工作的咨询和信息服务；第三，实现网上语言文字远程教育，包括普通话的培训、测试，以及文字应用水平的测试等；第四，实现全国语言文字工作和科研管理的网络化；第五，规范标准发布的平台和征求社会意见、讨论语言文字问题的渠道；第六，连接海内外语言文字学术研究的桥梁。”

这段话表明，语言文字工作需要利用信息化的手段与成果；通过因特网开展语言文字工作，就是利用信息化手段的一种方式。语言信息处理是信息化的尖兵，语言文字工作和语言文字工作者，也应当成为利用信息化手段开展工作的尖兵。

三　更新语言观念例说

要完成语言信息处理、健康网络语言生活等信息时代语言文字工作的新任务，要将传统的语言文字工作任务提升到信息化的高度，最为重要的是更新语言（包括文字）观念。观念不同，看待语言文字的视角便不同。比如：对汉语拼音及其作用的看法，对简化字和繁字体的看法，对海外华人社区语言的看法，对方言分歧的看法等，不同的语言观就会不一样。下面以语言文字标准和语言资源观为例，说明更新语言观念的重要意义。

（一）语言文字标准问题

语言文字规范化的提法由来已久，但若说制定语言文字标准，也许很多人听起来并不顺耳。[1]语言文字标准是语言文字规范的延伸，其要求比一般规范更高。早在1986年，国家语委为适应语言文字信息化要求，就提出要实现汉字标准化，“使现代汉语用字做到定量、定形、定音、定序。”（刘导生，1986：27）2001年，时任国家语委主任的王湛同志，把制定语言文字的规范标准摆在语言文字工作的核心性、基础性地位上：“语言文字工作的具体任务归结起来大体可以分为两大类，就是制定规范标准和推行规范标准。制定规范标准具有核心性、基础性的地位，只有根据社会语文生活的发展和需要，制定、完善科学的、切合实际的语言文字的规范和标准，推行标准和规范化建设才有基础。”（王湛，2001）

在信息时代，语言文字需要标准。没有标准，就不能满足信息处理的要求，不能满足语言文字信息产品商业化的要求。语言文字

【1】在过去，有“标准语”、“标准音”的提法，如：把普通话称为“现代汉民族标准语”；普通话“以北京语音为标准音”。

标准的制定，使语言文字应用研究和语言文字工作更直接地作用于社会的经济发展，特别是IT经济的发展。因此，在信息时代，不能只看到语言文字的文化属性，也不能仅仅把语言文字工作看做是文化工作。

过去的语言文字规范主要服务于社会交际和语言教学，而当代的语言文字规范（有许多是以标准的面目出现）更多的是要服务于信息领域。因此，当前的语言文字的规范标准制定，应以信息化为主线展开。信息技术日新月异，要求与之相关的语言文字标准必须快速制定、及时更新。此种境况下，标准就不可能是十全十美的，认识到这一点，标准的研制者就能加快指标进度，标准的使用者就不会求全责备。

企业是市场经济的主体，用于信息产业的语言文字标准的制定，相关企业应当发挥更为重要的作用。语言文字标准制定的主体也需要多样化，除了国家、学术团体和标准化委员会之外，应大力提倡企业和个人提出标准。标准的落实，也不能全靠行政命令，而是要建立市场准入制度，通过评测认证来实现。在新的时期，应努力探索“以市场为导向，以企业为主体”的语言文字规范标准的建设之路。

（二）语言也是国家资源

从语言交际的角度看，方言分歧会影响一个民族的语言交际，一个国家有众多语言，会影响这个国家的语言交际。百余年来，我国数辈人一直在为汉民族、为我们整个国家的语言顺利沟通而努力。（参见王理嘉，2003）普通话和规范汉字既是汉民族共同的语言文字，也是我国法定的通用语言文字。促进语言的沟通非常必要，而且我们这一代人还要为此不懈努力。不过也要看到，促进语言沟通只是国家语言规划的一个方面，从文化和信息化的角度看，语言多、方言多不仅仅是问题，而且也是财富，是资源。

语言是文化资源，过去已有学者对此进行过不少论述。语言同时也是信息产业的资源，网络世界的资源，这种资源观已经受到注意。信息产业的竞争，网络社会的竞争，不完全是技术的竞争，同时也是文化的竞争，也是文化载体——语言的竞争。保护与开发本土语言资源，使其在信息时代仍然具有旺盛的活力，尽量不使本土语言或方言消弱或泯灭。因此，在促进语言沟通的同时，还要进行合理的语言保护；在发展外语教育以进行国际语言交流的同时，还要特别注意保护、发展母语和本土语言。国家要努力开发语言资源，建立国家级的语料库、语言文字知识库等等。要保护濒危语言。要制定语言的国际传播战略。既要规范语言文字，还要使语言文字饱含活力。

就人类已有的历史来看，经济大国必然是一个语言大国，语言大国也肯定会促使一个经济大国的形成。所谓语言大国，不仅要看使用这种语言作为母语的人数，还要看将该语言作为外语来学习的人数，看用该语言出版的文献数量，看该语言在国际上和因特网上所发挥的作用。我国正在向经济大国迈进，相应的也应努力促使我国在未来成为语言大国。

四　结语

语言研究要适应信息时代：要努力发展应用语言学，特别是与语言信息化关系最为密切的计算语言学。需要将现有的语言研究成果数字化，并且武装计算机。需要努力促进语言研究使用现代化的手段，使其成果能够用于信息化。需要尽快培养适应信息化的语言研究人才。

语言文字工作也要适应信息时代：研究信息时代的语言文字工

作战略，制定适合信息时代的语言文字政策。不仅要在信息化的平台上做好传统的语言文字工作，而且还要充分考虑信息时代语言文字工作的新任务，促进语言信息处理，健康网络世界的语言生活，使语言文字工作能够紧跟时代的发展步伐。

主要参考文献

李宇明 2003a 《信息时代的中国语言问题》，《语言文字应用》第1期。

—— 2003b 《搭建中华字符集大平台》，《中文信息学报》第2期。

刘导生 1986 《新时期的语言文字工作》，全国语言文字工作会议秘书处编《新时期的语言文字工作——全国语言文字工作会议文件汇编（1986年1月）》，语文出版社，1987年。

万 里 1986《万里同志在全国语言文字工作会议开幕式上的讲话》，全国语言文字工作会议秘书处编《新时期的语言文字工作——全国语言文字工作会议文件汇编》，语文出版社，1987年。

王理嘉 2003《汉语拼音运动与汉民族标准语》，语文出版社。

王 湛 2001《认清形势，真抓实干，开创语言文字工作新局面——在2001年度全国语委办主任会暨普通话水平测试工作汇报会上的讲话》，教育部语用司网页。

熊澄宇等 2002《信息社会4.0——中国社会建构新对策》，湖南人民出版社。

许嘉璐 1995《中文信息处理的现状和发展方向》，《未成集——论新时期语言文字工作》，语文出版社，2000年。

—— 1997a 《开拓语言文字工作新局面，为把社会主义现代化建设事业全面推向21世纪服务》，许嘉璐《未成集——论新时期语言文字工作》，语文出版社，2000年。
——— 1997b 《社会主义初级阶段的语言文字工作》，《未成集——论新时期语言文字工作》，语文出版社，2000年。
俞士汶主编 2003 《计算语言学概论》，商务印书馆。
袁贵仁 2001《以规范标准建设为核心，开创语言文字应用研究新局面——在语言文字应用研究“十五”科研规划论证会上的讲话》，教育部语信司网页。
周恩来 1958《当前文字改革的任务》，人民出版社。
周光召 2003《信息技术的发展趋势及其对社会的影响》，《新华文摘》第9期。

［原载《修辞学习》2004年第1期］

信息时代需要更高水平的语言文字规范*

一　语言文字是信息处理的主要对象

21世纪是广泛采用数字技术处理信息的时代。为迎接数字化信息时代的到来，《中华人民共和国国民经济和社会发展第十个五年计划纲要》提出，要“加速发展信息产业，大力推进信息化”，并且要“以信息化带动工业化”。这从一个侧面反映了国家的信息化战略。

信息时代一个很重要的任务，就是对各种信息进行各种各样的加工处理。信息必须有载体负载。信息的载体很多，有语言文字，也有各种声音（除了语音）、图像、符号等等，在信息的诸多载体中，毫无疑问语言文字是最为主要的信息载体。这是因为：

1．语言文字可以负载的信息领域几乎是无限的。非语言文字载体有其特殊的信息负载功能，有时可以辅助语言文字负载信息，但是同语言文字相比，其信息负载功能是非常受限的。

2．人类使用语言文字负载信息非常方便，除使用“生理设备”和书写工具外，几乎不需其他特殊设备。

---

* 2001年11月11日，中国中文信息学会在北京召开全国会员代表大会，本文是应邀在会议上所作的学术发言。本文也曾收入华东师范大学中国文字研究与应用中心《中国文字研究（第三辑）》（广西教育出版社，2002年）。

3．非语言文字的信息最终需要翻译为语言文字信息，才能较好地为人所理解。

4．人类历史上浩如烟海的信息主要是由语言文字负载的，今后依然是如此。

所以，语言文字是信息处理的主要对象，是声音信息处理、图像信息处理等所不能代替的。我国近几十年来所形成的许多著名的IT产业，如联想集团、方正公司、四通公司等企业，都与语言文字的处理、特别是与汉语汉字的处理有非常密切的关系。这种现象说明，在当今之时，语言文字信息处理的每一步进展，都会对我们的生活方式和工作方式带来巨大改变，如计算机的推广应用、出版印刷技术的重大革新等；同时也说明，语言文字信息处理的每一步进展，也会产生重大的经济效益。

语言文字信息处理需要解决两个方面的问题：对语言文字本身的处理和对语言文字所负载的信息内容的处理。

除了语言文字研究等一些特殊领域之外，信息处理的目的当然是对语言文字所负载的信息内容的处理，但是这有赖于对语言文字本身的处理，因为要让计算机高质量地理解语言文字所负载的信息内容，必须首先让计算机能够“看懂”文字、“听懂”语音，能够“写出”文字、发出语音，能够拥有一定的词汇量并且学会从语流和文字串中识别词语，能够掌握一定的语法规则、语用规则、语义常识乃至百科知识。

几十年的科技实践表明，对语言文字本身处理的难度是远远超出人们意料的。我国对汉语汉字的处理取得了举世瞩目的成绩：汉字的输入输出、内码的存储和交换获得了突破性进展；语音识别和语音合成预计在5年左右（？）的时间内可以有较大的实用性进展。这是值得在文化史上和信息技术史上大书特书的事情，是无数科学工作者和语言文字工作者几十年间艰苦奋斗才取得的。但是，语音、文字都只是语言的物质外壳，“字词处理”（包括“语音处理”）是对语言的物质外壳的处理，还谈不上真正的“语言处理”。当前，中文信息处理学界在不断完善“字词处理”的同时，正在向“词处理”“句处理”和“篇章处理”的方向进发，即进行真正的“语言处理”。

“语言处理”的难度要比“字词处理”（包括“语音处理”）的难度更大。语音和文字尽管复杂，但它们必然有明确的物质形式，而且其成员也是有限的，一种语言中有多少个音节、多少个字符，大体上是可以枚举穷列的。但是，语言却是开放的体系，“语言处理”必然要对语义、语法和语用进行处理。语义本身没有外显的物质形式，而且学术界对语义的认识还十分有限，相当肤浅；语法是词语构成（词法）、句子构成（句法）和篇章构成（超句法）的各种规则，其复杂程度要高于语音和文字；语用牵涉到交际环境和语言使用者的各种社会属性、交际心理和知识经验等等，处理的难度更大。因此，词处理、句处理、篇章处理的技术征程还相当崎岖漫长，可以预见，当前及今后相当长的一个阶段，中文信息处理的攻坚之战仍将是对语言文字本身的处理。

二　语言文字规范对信息处理的意义

语言文字的信息处理本来就有不小难度，如果语言文字的规范化程度不高，更会使信息处理的难度加大。为保证语言文字信息处理的顺利进行，必须尽量使语言文字规范化。语言文字规范（包括语言文字标准）的制定与推行，是促进语言文字规范化的重要举措。

建国几十年来，我国已经制定了不少语言文字规范（包括标准），这些规范对我国的语言文字规范化和社会语言生活现代化起到了重要的作用：

1．确定了现代汉民族共同语（普通话）的规范，并在全国范围内进行推广，一定程度上消除了因方言、语言分歧所造成的交际障碍，同时为汉语走向世界创造了语言条件。

2．从字种、字形、字音、字量等方面对汉字进行了大规模的整理（包括简化），制定了现行汉字的规范和汉字在不同领域的一些应用规范，完善了新式标点符号，提倡横向书写，使现代汉语书面语在形式上有了基本规范。

3．制定了汉语拼音方案及其有关规定，使现代汉语和现行汉字有了现代化的拼写工具与注音工具，使汉语的罗马字母转写有了国际认可的标准，并为汉语汉字的计算机输入提供了方便。

但是也应当看到，我国已有的语言文字规范还有不能令人完全满意之处。例如，有些规范还不够完善，规范的系统性不是很强，有许多领域、特别是许多语言文字的应用领域还没有规范，规范之间还有不协调的地方。造成这些问题的原因除社会政治因素（如文革时期的混乱）之外，主要是：第一，语言文字及其应用非常复杂，科学研究的底子薄弱，不能为规范的制定提供有力的科研支持；第二，现有规范是在不同的时期制定的，不同时期规范制定者的语言文字观念和规范观念有差异，而且统一协调、更新维护的工作没有及时跟上；第三，随着时代的进步，社会语言生活在快速发展变化；第四，现代化的科研手段没有得到规范制定者的及时利用。

为保证社会语言文字的规范化，加快国家的信息化进程，应当加大语言文字规范建设的力度，加快语言文字规范制定的步伐。语言文字规范主要分为两大类：一类是面向人的语言文字规范，一类是面向机器（包括计算机、多媒体、因特网和其他信息产品）的语言文字规范。面向人的规范与面向机器的规范有许多不同，其中最主要的不同有三点：

1．面向人的语言文字规范一般说来需要柔一些，需要有一定的弹性，面向机器的语言文字规范一般说来需要刚一些。

2．面向人的语言文字规范要尽量保持稳定，面向机器的语言文字规范应根据技术的发展及时更新维护。

3．哪些现象和领域需要规范，哪些现象和领域不需要规范，人和机器的要求也不大相同。

这些不同源于人运用语言文字的特点与机器处理语言文字的特点不同。人的最大特点是多样性。我国民族多方言多，语言成分复杂，国民受教育的程度有较大差异，社会上的不同行业对语言文字规范的需求不同，而且人的语言文字习惯一经形成就不大容易改变。因此，面向人的语言文字规范需要有较大的弹性，需要尽量保持稳定，所要规范的是那些在人与人的交际中容易引起混乱的地方。机器的最大特点是要求一致性，而且更新换代较快。

我国现有的语言文字规范，多是面向人的，面向机器的非常之少。当前，语言文字规范建设除了完善面向人的规范之外，还应特别重视面向机器的规范建设。面向机器的语言文字规范主要有两种：

a）为便于机器处理而制定的语言文字规范，如规定基本的词汇集、语法集，如规定计算机用的汉字部件及汉字部件名称，如规定机器用的轻声、儿化字表和词表等等。这些规范就人们的一般语言生活来说，有些是不必要的，有些带有很强的人为性。

b）面向机器的语言文字规范，是机器处理语言文字时的规范，如对汉语汉字的各种形、音的键盘编码规则，机器用的词语切分标准，汉语词性的机用标注方式，汉字的存储码和交换码等。

第一种规范是为了方便计算机的语言文字处理，第二种规范是计算机处理语言文字的各种带有较强技术性的“协议”，以便于成果共享，便于社会应用和行政、技术等方面的管理。这两种规范的制定，都需要有一定的语言文字学知识和计算机语言文字处理的知识，需要语言文字学家和计算机专家密切合作，需要国家的语言文字主管部门和信息产业主管部门、国家标准的主管部门相互协作沟通，只有单方面的努力是远远不够的。

理论上说，面向人的语言文字规范和面向机器的语言文字标准可以不同，但是，计算机、多媒体和因特网正在快速推广应用，海量真实文本正在成为计算机语言文字处理的对象，社会语言生活对计算机语言文字处理的影响越来越大，计算机语言文字处理的发展对社会语言生活的影响也越来越大，因此，面向人的语言文字规范对机器的语言文字处理会发生越来越多、越来越大的或直接或间接的影响，面向机器的一些语言文字规范也会对社会语言文字的应用发生越来越多、越来越大的或直接或间接的影响。这就要求在制定这两种语言文字规范时应统筹兼顾，尽量缩小差距，减少分歧。这种发展趋势对制定语言文字规范的要求越来越高，制定规范的难度也越来越大。

三　为信息化营造良好的社会语言环境

前面提到，计算机、多媒体和因特网正在快速推广应用，海量真实文本正在成为计算机语言文字处理的对象。此种状况下，每个语言文字使用者所输出的语言文字，都可能成为计算机要处理的真实文本。例如，要实现寻呼电话的自动接转，寻呼台的“机器小姐”就必须听懂每个寻呼人的话语；因特网是现代化的信息媒体，逐渐成为最重要的信息“集散地”，这就要求计算机能够正确处理网络上的所有文本，包括BBS中出现的各种文本；掌上电脑常常采用手写的方式输入信息，因此必须识别各种各样的手写字体。计算机介入日常生活越深，每个语言文字使用者所输出的语言文字成为计算机处理文本的可能性也就越大。

当然，计算机是为人服务的，应能为人们的语言生活提供各种便利。但是，真实文本的处理难度很大，为促进语言文字信息处理的顺利发展，也为社会成员能够有效利用信息产品，应当加速社会语言生活的规范化，以增强计算机要处理的各种文本的规范性，加快我国信息化的进程。

社会语言生活规范化，首先要求人们在语言文字领域要有信息化意识、规范意识和法律意识，特别是要认真贯彻《中华人民共和国国家通用语言文字法》，认真执行国家颁布的通用语言文字规范。在这方面，公务员、新闻媒体、印刷出版行业、教育战线应起模范带头作用，通讯、交通、旅游、商务等社会公共服务行业要自律。青年人是使用现代信息产品最积极的社会阶层，是现代信息产品的最大受益者，因此应当成为语言文字规范化的尖兵。其次，要逐渐完善执法保障，有一套切实可行的推广普通话、推行规范汉字的规章制度，特别是应当建立有效的劳动市场准入制度，把掌握国家通用语言文字的水平同职业要求有机联系起来。第三，通过学校教育和社会教育，迅速提高全社会的运用普通话和规范汉字的能力。

如果说语言文字的规范化，在过去主要是文化问题、交际问题和国家形象与国民内聚力问题的话，那么今天它又成为重要的社会经济问题，成为综合国力的一个重要构成要素，成为高科技发展的一个“瓶颈”问题。这个问题解决得好坏，直接关系到我国的信息化进程和信息安全，并影响到国家的综合国力。因此，语言文字规范化问题，应当引起政府、社会各行各业和每位公民的高度重视。

主要参考文献

陈　敏、王翠叶　1995　《中文信息处理的现状与展望》，《语言文字应用》第4期。
董振东　1992《机器翻译与汉语研究》，《语文建设》第4期。
范继淹、徐志敏　1980　《人工智能与语言学》，《中国语文》第4期。
傅永和　1999《中文信息处理》，广东教育出版社。
侯　敏　1999《计算语言学与汉语自动分析》，北京广播学院出版社。
黄昌宁　1993《关于处理大规模真实文本的谈话》，《语言文字应用》第2期。
黄昌宁、童　翔　1993《汉语真实文本的语义自动标注》，《语言文字应用》第4期。
李宇明　2001a《通用语言文字规范和标准的建设》，《语言文字应用》第2期。
——— 2001b《规范语言文字，推进信息化进程》，《中国教育报》5月7日。
刘　坚主编　1998《二十世纪的中国语言学》，北京大学出版社。
刘开瑛　2000《中文文本自动分词和标注》，商务印书馆。
刘涌泉、乔　毅　1991《应用语言学》，上海外语教学出版社。
陆俭明　2000《跨入新世纪后我国汉语应用研究的三个主要方面》，《中国语文》第6期。
陆致极　1990《计算语言学导论》，上海教育出版社。
全国人大教科文卫委员会教育室、教育部语言文应用管理司　2001《中华人民共和国国家通用语言文字法学习读本》，语文出版社。
孙茂松、邹嘉彦　1995　《汉语自动分词中的若干理论问题》，《语言文字应用》第4期。
王　宁　1994《计算机古籍字库的建立与汉字的理论研究》，《语言文字应用》第1期。
许嘉璐　1999《语言文字学及其应用研究》，广东教育出版社。
———　2000a《现状和设想——试论中文信息处理与现代汉语研究》，《中国语文》第6期。
———　2000b《未成集——论新时期语言文字工作》，语文出版社。
姚亚平　1997《中国计算语言学》，江西科学技术出版社。
于根元　1996《二十世纪的中国语言应用研究》，书海出版社。
于根元主编　2000《世纪之交的应用语言学》，北京广播学院出版社。
于　玮　2000《现代信息社会呼唤语言文字规范化》，《光明日报》，11月5日。
俞士汶　1993《关于计算语言学的若干研究》，《语言文字应用》第5期。
袁　琦、陈力为　1992《九十年代中文信息处理技术的基本任务》，《语文建设》第1期。
袁毓林　2001《计算机语言学的理论方法和研究取向》，《中国社会科学》第4期。
张庆旭　1993《汉语真实文本自动语义标注取得突破性进展》，《语文建设》第9期。

［原载《术语标准化与信息技术》2001年第3期］

搭建中华字符集大平台*

一　中国汉字处理的简单回顾

计算机语言处理的内容非常广泛，汉字处理是其中的重要内容之一。20世纪50年代，中国就有先行者开始研究俄汉机器自动翻译问题，并采用当时的电报码或四角号码充当汉字编码。（傅永和，1999：51）70年代，汉字的计算机处理问题开始受到重视，键盘编码、汉字的点阵描述和输出等，成为当时的“必战之役”。（参见石云程，1986）1986年1月召开了全国语言文字工作会议，那时国家就站在时代前沿，正式把语言文字的信息处理纳入国家语言文字工作的重要内容。（刘导生，1986：12）

我国计算机汉字处理，近30年来获得了重大成就。[1]陆续开发的汉字键盘输入方法，解决了汉字进入计算机的难题；汉字输出实现了多字体[2]、多字号；汉字字库的制作也由点阵字库、矢量

---

* 本文曾在第二届肯特岗国际汉语语言学圆桌会议（2002年11月26至29日，新加坡）上宣读，并得到厉兵、张书岩、陈双新先生的指教。此次发表又作了一些修改。此文内容还应邀在浙江大学（2003年11月9日）、华东师大（2003年11月17日）作过学术报告。中华大字符集的工作，已经立项，搜集、整理以及进入国际标准等工作都在有序进行。

【1】详见中华人民共和国教育部（2002：254—259），许嘉璐（1999：117—130、202—237），冯志伟（1999：150—172），傅永和（1999）。

【2】计算机汉字字体，现在已多达120余种。

字库逐步过渡到曲线轮廓字库；汉字自动识别技术达到国际先进水平，并有商品投入市场；ISO/IEC10646的CJK字符集[1]，由早期的6 763个通用汉字逐步扩充，扩充集A和扩充集B已经完成，现在正讨论扩充集C_1。待扩充集C_1完成后，中日韩编码汉字已经7万有零。[2]这些成就，促进了中国计算机的普及，为发展计算机应用技术和信息化创造了基本条件。

但在计算机汉字处理方面，还存在一些需要解决的问题。例如：

1．“万码奔腾”的局面，令业内人士深感担忧。随着计算机语言处理由“字词”向语言理解的深度进展，当前提高键盘输入的质量，已不仅仅取决编码的本身，而主要取决于与语言理解有关的各种资源的建设，如深度开发的各种语料库，各种电子词典，语法典的编纂等。用这些资源支持键盘输入，才能使键盘输入出现跨越式的发展。

2．怎样进一步提高汉字识别质量，特别是脱机手写体识别的突破。

3．语音与文字的自动转换，包括语音输入的文字显示和文字的语音输出，应用前景广阔，但是当前还存在着较多的技术难题，需要重点攻关。汉字与汉语拼音、国际音标等的自动转换、标注，在技术上虽然难度不大，但并没有引起软件制作者的重视。

4．汉字简繁体的自动转换还没有完全实现自动化，特别是由简体向繁体的转换，尚需较多的人工干预。

5．各组异体字之间的关联亟待实现。

6．宋体、仿宋体、楷体、黑体这四种常用印刷字体的字形标

【1】C：中国；J：日本；K：韩国。
【2】现在的提交稿为70 205个汉字。

准应扩展到更大范围，而且还应建立其他字体的规范或规范原则，应建立掌上电脑等小型计算机上使用的低点阵字形的省减规范。此外，还应研究手写体及书法艺术的计算机表现问题。

除了以上问题之外，汉字处理方面还需要考虑的就是建立中华字符集的问题。本文讨论中华字符集的内容、建立中华字符集的意义、需要解决的技术问题等等，希望引起大家对这一关系到中华文化在信息时代发展的宏大事业的关注和支持。

二　中华字符集及其意义

20世纪是人类科技大踏步前进的世纪，计算机和国际因特网，应该是20世纪人类最重要的发明之一，特别是国际因特网，给人类构造了一个全新的虚拟空间，展示了信息时代的光辉前景。但是，计算机和国际因特网的出现，也在全世界范围内形成了巨大的“数字鸿沟”，带来了各种新的国际性的社会问题。现代国家在制定语言文字规划之时，不能不考虑计算机的语言文字处理问题，不能不考虑网络上的语言文字交际问题，不能不考虑怎么样通过语言文字的信息化来缩小数字鸿沟的问题。

因特网不仅是技术的，而且更是文化的。克服“数字鸿沟”，不仅需要技术，而且也更需要文化。文化是人类文明的积淀，是人类生活的底蕴。文化的传承与开发，是人类生存与发展的重要方面。以计算机和因特网为基本技术支撑的数字化信息时代，文化的传承与开发更加重要。中华文化是由多民族文化构成的源远流长的灿烂文化，在世界文化发展史上具有不可代替的重要性。促进中华文化在信息时代发挥更为重大的作用，是我们的历史责任。

承载中华文化的文字与符号的总和，称为“中华字符集”。中华字符集大致包含如下九个方面的内容：

1．汉字发生隶变之后的记录主流文化的今汉字，包括简化字、繁体字、传承字和异体字等。[1]

2．方俗汉字，包括汉语方言用字、古今民间使用的俗字以及碑别字、错讹字等。

3．古汉字，包括甲骨文、金文、战国文字、简帛玺印字、小篆及汉字隶变之前的其他文字。

4．汉字系的古今少数民族文字，如古壮文、布依文、侗文、毛南文、仫佬文、老苗文、瑶文、白文、哈尼文、西夏文、女真文、契丹大小字等。[2]

5．古今少数民族非汉字系的表意文字，如纳西的东巴文、水文、尔苏沙巴文等。[3]

6．古今少数民族的表音文字，如蒙古文、藏文、维吾尔文、哈萨克文、朝鲜文、彝文、傣文（数种）、满文和柏格里苗文、八思巴文、佉卢文、回鹘文、察合台文、突厥文、于阗文、焉耆—龟兹文、粟特文等。

7．记录中国古今语言（普通话、方言、古代汉语、民族语）所需的国际音标；以及为中国语言所设计的各种拼音符号等。[4]

8．文字（主要是汉字系文字）的部首、笔画、偏旁及其他构件。

9．具有文化意义的其他各种符号，如西安半坡出土的陶器上的符号、64卦图符、道教符号、古代数学史和音乐史等涉及的符号。

【1】也应包括1977年开始试用、1978年停止试用、1986年正式宣布废止的《第二次汉字简化方案（草案）》中的248个“二简字”。

【2】女书、傈僳文也可收进到此类字符中。这类字符大约有25 000个。

【3】这类字符大约有17 000个。

【4】包括汉语拼音、注音字母以及清末以来主要的拼音文字或拼音方案的符号形体。

建立中华字符集，在信息时代，对于中华文化的保存和发展具有极为重要的意义。第一，以中华字符集为平台，中华古今文献在电子世界中，就可以有一个可进行文字加工处理的本来面目的永久保存本。如果没有中华字符集，中华文献（特别是古文献）在电子空间的保存，只能采取图像方式，不能进行文字加工；或者将文献转写为现在字符集（比如扩充C_1完成后的7万余字的范围内）中的字，但是原来的文字面貌失去了，相应地也就失去了许多语言文字信息和文化信息。

第二，为数字化图书馆、博物馆、档案馆的建设提供基础。20世纪90年代以后，美、英、法、德、日和俄罗斯等近20个国家和地区相继投入巨资，开展数字图书馆研究。据报道，美国投入到数字图书馆研究的经费已经超过8亿美元；俄罗斯在经济尚未全面恢复的情况下，政府计划从1999到2004年，每年出资2亿卢布支持数字图书馆研究；日本不仅投入了15亿日元开发日文文献数据库，而且还以建设国会图书馆分馆——关西电子图书馆为契机，投入4亿美元，拟将其建设成为亚洲文献中心。我国随着电子政务、电子商务和远程教育的发展，数字化图书馆、博物馆、档案馆的建设已经启动，并制定了《中国数字图书馆工程建设一期规划（2000－2005年）》。[1]但是要看到，汉字的特点决定了没有中华字符集，中国的高水平数字化图书馆、博物馆、档案馆的建设，是不可能实现的。

第三，为用于知识发掘的数据库建设提供坚实的平台。智能计算机的发展，依赖于各种可进行知识发掘的数据库，通过数据库中知识的发掘来增强计算机的智能。要使计算机“精通”中华文

【1】资料来自中国数字图书馆（d-library.com.cn）。

化，必须建设庞大的可供计算机“学习”的中华文化数据库。科学研究，特别是人文科学研究，数据库逐渐会成为主要的研究手段，通过文献数据库检索文献信息，通过素材数据库统计数据、发掘知识、总结规律、验证结果。中华字符集使得用于知识开掘的中华文化数据库的建设成为可能。

三　中华字符集的实现

中华字符集，是自计算机对文字进行处理以来人类所提出的最为庞大的字符集，在实现中必然会遇到许多技术难题，必须认真研究，妥善解决。

第一，字符种选择。这里所谓的字符种，包括需要进入中华字符集的字种和各种符号。中华字符集的字符种，涉及到古今汉字学、古今民族文字学、语音学、方言学、民俗学、文献学及其他众多学科，必须广泛动员各相关学科的学者，遵照“有见必收”的原则，全方位地拉网式地进行搜集。在字符种搜集过程中，要充分利用已有的各种字典和相关研究成果，利用已有的古文献库和专业语料库、文献库，同时对散布在民间的俗字和一些少数民族的文字，还需要进行田野访查，争取最大限度地搜集字符种。

在广泛搜集的基础上，还需组织专家对这些字符种进行甄别、查重（chóng）、筛选，最后择定。

第二，形体规范。对选定的字符种，要根据不同文字系统和符号的特点进行形体规范，给出典型的或标准的字形或符号形体。被选定的字符种中，有许多没有印刷体形式，如一些民间俗字、碑别字、错讹字，一些敦煌变文俗字、地下出土的竹帛字，一些古代的少数民族文字，等等。这就需要将手写字体“印刷体化”。对于甲骨文、金文、篆文等古汉字，不仅要给出符合这些形体规范的字形，而且可能还需要隶定楷化，并在隶定楷化前后的两种形体之间建立关联。

第三，造字。根据字符种的形体规范，造出适合计算机字库使用的形体，并输入计算机。如果条件允许，还应逐渐造出不同字体的字。鉴于造字量大且技术复杂，应当设计出便捷的计算机造字软件，借助计算机完成造字任务。

第四，存储。中华字符集具有数量大、非匀质的特点。中华字符集的非匀质性表现在：1．它是多种文字系统和符号的集合，在符号性质上具有非匀质性；2．字符的使用范围和使用频率上有巨大差异，有的是现代语言生活所必用，有的只在特殊的领域中使用，在使用上具有非匀质性。

因中华字符集字符种数量巨大，现有的音序、形序等排序方法，都无法适应。以何为顺序将字符种排列存储起来，是需要研究解决的。因中华字符集的非匀质的特点，必须考虑将字符集分为若干子集，以满足不同领域、不同人群的使用需要。子集的划分可考虑三大原则：

1．民族原则。某一民族的文字或某些形体来源有关系的民族文字，尽量结成一个子集。如藏文应当结成一个子集；维吾尔文、哈萨克文、柯尔克孜文因文字来源关系应当结成一个子集；汉字同汉字系的民族文字应当结成一个子集，等等。

2．古今原则。古今文字的用途往往有较大差别，比如隶变之前的古汉字，主要供专业人员使用，一般人很少涉及这些文种；隶变之后的今汉字，有许多只在古籍中使用，现代交际中不使用或很少使用。所以，在依照民族原则划分的子集中，往往还需要以古今再划分子集，当然，像西夏文、女真文、契丹大小字等今天已经不具交际活力的文字，不需以古今原则划分子集。

3．字频原则。字符集应当考虑依照不同的使用频率再划分子集。据华东师大中国文字研究与应用中心研究，西周金文，字频在10次以上的有612字，仅占总字数的19%，但是这些字的总字频却达65 792，占西周金文字频总量69 289的92%。西周金文中，字频在100以上的常用字，已识字的比例为99.2%，已识字比未识字的使用率高。这说明古文字需要考虑字频问题。今天仍然使用的今文字，特别是非拼音文字，有些字符种已经退出现代交际，只具有备用性质，使用频率很低，应建立备用子集。现代交际中还在使用的字符种，如现代语言生活中使用的汉字，还应当再以字频所形成的级次划分子集。

这些具有并列关系、不同层次包容关系和在不同层次上形成交叉关系的各种子集，便形成了中华字符集错综复杂的内部结构。根据这种内部结构来处理中华字符集的储存问题，有利于字符集的应用。

第五，检索与输入。运用传统的检索、输入方法难以适应中华字符集。传统的检索、输入方法主要有语音方法和形体方法。运用语音方法进行检索和输入难以奏效，因为：

1. 字符集中同音字太多；
2. 字符集的语音系统不统一；
3. 有许多字符有形无音。

运用形体方法进行检索和输入也困难重重，因为：

1. 字符集形体系统差异显著；
2. 构件切分不具统一性；
3. 部首难以起到统领作用。

检索和输入是使字符集发挥作用的最为重要的两项操作，必须集中精力研究准确、快捷的检索方法和方便的输入方法。

四 中华字符集与国际标准

因特网是人类信息交换的最先进的手段，它所构造的虚拟世界，将成为人类新的十分重要的交际空间。因特网的交际活动，有各种即时的互动交际和网络出版等等。在因特网已经将整个世界勾连起来的今天，建立中华字符集必须考虑因特网的交际问题，甚至说首先应考虑到因特网的交际问题。

如果不考虑因特网交际的话，中华字符集的内码可以有多种，即可以允许每个公司的产品有一套自己的编码系统，或是国家间、地区间使用不同的编码系统。这样的技术路线导致的必然结果是，涉及中华字符集的电子产品，必须携带一个庞大的专用字库；用户使用这样的电子产品时，必须同时装载专用字库，或是通过编程的方式建立某种特定的字库间的映射关系。计算机存储空间的急剧增大和运算速度的快速发展，是允许采用这样的技术路线的，但是其弊端也十分明显：

1．增加了产品的开发成本；

2．增加了用户下载字库或在多个编码系统之间来回转换的麻烦；

3．网络交换的信息不稳定，使用户常受乱码干扰之苦。

为了克服网络交际中的乱码、空码等问题，保证信息传输的稳定性，实现网络的无障碍交际，为了减去自带字库、多个编码系统来回转换的麻烦，降低开发成本，增加使用的便利，中华字符集的内码必须走国际化的技术路线，实行国际统一编码。

国际统一编码，会使中华字符集具有两大特性：1．中华字符集的每个字符种的代码是唯一的；2．全世界只使用一套统一的编码系统。

ISO/IEC国际标准化组织，为世界各种文字和符号提供了

128×256×65 536个字符的足够大的空间。这些空间分为128组（0－127组），每组由256个平面（0－255平面）构成，每个平面可以存放65 536个字符。当前已经定义了第0组的17个平面（0－16平面），其中0－14平面用来存放字符，15、16两个平面留作特殊用途。第0组的第0平面是多文种平面（BMP—basic multilingual plane），当前这一平面已基本用完[1]，字符集再扩充就需要启用其他平面。ISO/IEC/JTC1/SC2/WG2/IRG（表意文字）工作组，负责中国、日本、韩国等国家和地区使用的汉字的国际编码，如前所述，即将完成的编码汉字已逾7万。此外，ISO/IEC10646已经建立了藏文、维吾尔文、朝鲜文、四川彝文等的国际标准，蒙古文、傣文的国际标准即将通过。这7万多汉字和藏、维吾尔、朝鲜、彝等民族文字，已经能够满足日常语言生活交流和一般汉文古籍的出版，功莫大焉。（参见张轴材，2002）但是，在此基础上要完成中华字符集的国际编码，并使其成为国际标准，还有大量的工作要做。

五　余言

教育部语言文字信息管理司根据许多专家的倡议，提出了建立中华字符集的设想。该设想受到了语言学界、信息学界的专家学者和社会有关的部门、行业、公司的大力支持。2002年3月15日，教育部语言文字信息管理司在北京召开了国际标准“信息技术通用多八位编码字符集”会议，向一些部门、行业征集“集外字”。7月13至16日在哈尔滨召开了“全汉字库暨国际音标问题商讨会”，研究建立中华字符集的必要性、紧迫性、可行性及其操作思路。7月26日和

【1】大约还有1 000多个字符空间。

9月2日，在北京两次召集了少数民族语言文字学家进行座谈，专门研究少数民族古今文字进入中华字符集的问题。10月30至31日，邀集大陆、香港、澳门、台湾等中国四方专家和官员在福州开会，沟通想法，在进一步讨论扩充集C_1问题之外，初步讨论了中华字符集的子集及以后四方协调的有关问题，达成了共识，并成立了两岸四地中文数字化合作论坛（Chinese Digitization Forum，简称CDF）。中华字符集的建设工作已经起步，正进行字符种收集和子集设计，并已将中华字符集意向及设计方案提交有关的国际会议。

此外，2001年5月，国家语言文字工作委员会再次立项研制《规范汉字表》[1]，可望2003年完成初稿并向有关方面征求意见。课题组在研究过程中，还分别在上海、井冈山、合肥、烟台召开了四次专题性的学术讨论会。[2]2002年12月26日又在北京听取了有关专家的意见。《规范汉字表》包括现代汉语用字、人名地名用字、科技用字等，可以满足现代语言生活中汉字交际的基本需要，解决现代汉字生活中最基本的问题。根据使用频率和使用领域，字表内部还要分不同的级次，并要进行读音、字形的规范等。

《规范汉字表》也许可以看做中华字符集的一个最为基本的集合。[3]一般汉字用户，只需在计算机中使用《规范汉字表》字库即可。特殊用户可以在《规范汉字表》基础上再挂上他所需要的中华字符集某个或某些子集，形成“1+X”的解决方案。

中华字符集规模宏大，难以一蹴而就，许多问题需要分期分

【1】该项目已被教育部列为2003年工作要点。见《中国教育报》2003年1月2日第2版。

【2】2001年12月21日至22日，在上海召开了汉字规范问题学术讨论会。2002年5月16日至17日，在井冈山召开了异体字问题学术讨论会。2002年6月22日至23日，在合肥召开了简化字问题学术讨论会。2002年8月22日至23日，在烟台召开了印刷字体字形问题学术讨论会。

【3】中华字符集的基本子集，如果作为CJK的国际标准，还需要在《规范汉字表》的基础上加上日韩的常用汉字。

批解决，而且需要多方的参与和支持。希望海内外人士关注这一问题，并为中华字符集的实现献策出力。

主要参考文献

冯志伟 1999《应用语言学综论》，广东教育出版社。

傅永和 1999《中文信息处理》，广东教育出版。

胡鞍钢、周绍杰 2002 《新的全球贫富差距：日益扩大的数字鸿沟》，《中国社会科学》第3期。

李宇明 2001 《信息时代需要更高水平的语言文字规范》，《术语标准化与信息技术》第3期。

——— 2003《信息时代的中国语言问题》，《语言文字应用》第1期。

刘导生 1986《新时期的语言文字工作》，《语文建设》第1－2期。

石云程 1986《语言信息处理的新任务》，《语文建设》第1－2期。

许嘉璐 1999《语言文字学及其应用研究》，广东教育出版社。

姚亚平 1997《中国计算语言学》，江西科学技术出版。

张轴材 2002《国际标准编码字符集与CJK的演进》，在“信息时代语言文字规范标准建设工作会议”（2002年9月23日至9月23日，武汉）上的学术报告。

中华人民共和国教育部 2002《跨世纪的中国教育》，高等教育出版社。

周庆生主编 2001《国外语言政策与语言规划进程》，语文出版社。

［原载《中文信息学报》2003年第2期］

语料库中语言知识的标记问题*

在信息时代快步走来之时，必须明确这样的观念：语料库是语言信息处理必不可少的基础工程，是当今语言研究和语言应用研究的重要工作平台，是语言知识及其他知识提取的十分重要的工具。

多年来，语料库问题已广受关注，不断有语料库建设的新计划出台，已有多个语料库投入使用并得到继续开发。语料库语言学已有不少的研究者，并且发表了专门研究语料库的博士论文。国家语委正立项研究语料库的规范问题。尽管如此，无论是理论上还是实践上，我国的语料库建设都还处在初级阶段，许多问题都待深入研究。例如：建设哪些类型的语料库才能满足学术和应用的需求，怎样为特殊语料库（比如古代汉语语料库、少数民族语料库等）的建设创造必要的条件，对库中的语料如何深加工，语料库的建设规范和加工规范，语料库成果的最大限度的共享，语料库知识产权问题等等。

本文讨论三个问题：语料库的性质、语言知识标记在语料库建设中的地位以及语言知识的获取。这些讨论都与语料库的深加工有关。

---

* 2003年9月20日至22日，中国科学院声学所在北京召开了“第二届HNC与语言学研讨会”，HNC是由黄曾阳先生创立的“概念层次网络理论”。会议邀请我作了《语言学与语料库的深度开发》的学术报告。本文是在报告的基础上修改而成的。

一　语料库的性质

认识语言知识及其标记在语料库建设中的地位，需要先定义语料库。从文后的参考文献可以窥见，语料库研究已有不少成果。根据这些研究可把语料库定义为：机器可以处理的有一定规模、结构和知识标记的自然话语材料的集合。

这一定义从五方面对语料库进行了界定或描述，这五方面其实也可以看做现代意义上的语料库的五种性质。

（一）语料库可以用机器进行处理

“处理”在这里应当理解为三种含义：1．利用机器自动管理语料库；2．机器可以对语料进行检索、统计等；3．对语料进行自动或半自动的加工等。过去也曾有过专书引得，或是为词典编纂、语言研究等而做的语料卡片库，但它们不能用机器处理，不是现代意义上的语料库。

有学者将语料库的这一特性概括为“可以机读”。这一概括很精要，其着眼点主要在上述的第二方面。“可以机读”的确是现代意义上的语料库区别过去“卡片库”等的主要特点，用机器对语料进行检索统计也的确是现代语料库的主要功能，但是，从语料库管理的宏观角度进行思考，从计算机自学习功能的开发和语料库的自动加工等当前人们努力的方向考虑，在“可以机读”的基础上提出“可以用机器进行处理”及“处理”的上述三种具体含义，应该是有价值的。

（二）语料是自然话语材料

自然话语指的是处于自然状态的人类的自然语言材料，是真实存在过的。是自然话语材料，就不是人工语言（如C++、BASIC之类的计算机高级程序设计语言），也不是经过语料收录者修改润色的语言。自然话语材料具有真实性，语料库不仅收录合乎语言规范的语料，而且也应包含语言运用中的各种失误。语料的真实性是语料库精神之所在，价值之所在。对原始语料修改润色，哪怕是对原始语料中不规范现象的修正，都会损害语料的真实性，都可能降低语料库的应用价值。例如某大型语料库，由于建库时字库技术的限制而将原始语料中的繁体字更换为简化字。就是这一技术上的语料修改，使得该语料库失去了研究20世纪汉字简繁演变情况的功用，且影响到字种使用情况的考察，甚至还可能影响到字频、词频的统计结果。

再如，现在可以通过网络较为方便地下载数以亿计的语料。这些语料的原始载体（首次发表时的媒体形式），有的就是电子媒体（包括网络），如网络新闻、网络小说、网络短信、BBS话语等，但是多数是纸媒的，网络只是它的“迁移载体”。就实际状况而言，语料从原始载体向迁移载体转录的过程中，有许多都没有经过严格的校对，技术误差往往超过国家的有关标准。利用这种“失真”语料建立的语料库，做些粗放的考察还过得去，但却不很适合进行语言的精细研究。

话语都是在一定交际领域中使用的，因而有不同的使用特点。不同使用领域、不同使用特点的话语，会形成不同用途的语料库。书面语语料形成书面语料库；口语语料形成口语语料库；某一专业领域的语料形成某种专业语料库；多领域的平衡性较好的语料形成平衡语料库。当然，如果考虑到话语的时间特征，还可以区分出共时语料库和历时语料库。话语的使用领域、使用特点以及使用时间，具有为语料库分类的功能。

（三）语料库应具有一定的规模

语料库的规模，指的是语料库收录语料的数量大小。语料库以统计见长，没有数量规模就不成其为语料库，就不能扬语料库之所长。当然，语料库的规模并不绝对，不同时期、不同技术条件下对语料库规模的要求并不相同。一般说来，语料库的规模受制于三个因素，或者说是如下三方面的和谐：

1．语料获取的难度与成本。在网络资源逐渐丰富的条件下，语料搜集的难度与成本大大降低。但是如前所言，由于网络中迁移载体语料的失真，网络下载并不能代替或不能完全代替其他语料采录方式。而且，关于语料库的知识产权问题还不明确，如何支付语料作者和语料原始载体、迁移载体的费用，尚无成文规定。如果需要支付这笔费用，语料库建设的成本还是相当昂贵的。

2．计算机的存储能力、运算速度、网络运行及其成本。信息技术的日新月异，使得计算机的存储能力、运算速度等有了长足发展，就语料库建设而言这方面已经没有大问题。语料库的价值在于使用，在因特网逐渐普及的现在和未来，利用网络进行语料库服务将成为重要的服务方式。语料库建设不能忽视网络运行的条件、成本等问题。

3．不同类型语料库的应用需求。不同类型的语料库，规模的大小与功能的发挥（或者说与应用的需求）有一定关系。例如，用于常用字统计、常用词统计、一般语法现象研究的语料库，其规模就可以小些，而用于罕用字统计、罕用词统计、特殊语法现象研究的语料库，因数据稀疏因素的影响，其规模就需要大些。

（四）语料库具有一定的结构

语料库的结构可以分为三种：1．存储结构。一定规模的语料，在语料库中需要有一定的存放方式，语料在语料库中的存放方式形成了语料库的存储结构。2．内容结构。语料与语料之间会发生一定关联，如时间关联、使用领域关联、作者关联、主题内容关联等。语料之间的关联方式形成语料库的内容结构。3．物理结构。广义的语料库结构，还应包括处理语料的物理系统和软件系统，这是语料库的物理结构。

语料库的存储结构和物理结构，是为内容结构服务的。不同功能的语料库，其内容结构的复杂程度有较大差别。一般来说，语料库的功能同内容结构成正比，即内容结构越复杂，语料库所发挥的功能或潜在功能就越大。

（五）语料库具有知识标记

知识标记是标注在语料片段上的具有特定含义的机读符号。知识标记是供计算机阅读的内部符号，根据标记的内容可以将其分为三类：

a）原始数据标记。对语料的知识版权信息、载体发行信息、采样方式信息等元数据（Metadata）的标记，称为原始数据标记。原始数据标记常与语料库的内容结构相关，关系到语料库的功能定位和功能发挥。有时，语料的收录者、校对者及语料的管理信息等也会记录下来，给以标记，这种标记可以归入广义的原始数据标记。

b）语言知识标记。语料库中各种语言单位的性质的标记、语言单位间语法关系和语义关系的标记、语言片段的语用标记等等，统称为语言知识标记。语言单位的含义很广，它包括字、词、短语、句子、篇章等等，涉及到字的文字学的各种属性，涉及到词、短语、句子、篇章等单位的语音（或韵律）、语义、语法、语用等诸多属性，并通过这些属性反映出它们之间的语音（或韵律）、语义、语法、语用等诸方面的相互关系。

当然，语料库的不同发展阶段、语料库的不同用途、语料库建设者对语言知识的不同看法等，对语言知识进行标记的细密程度、广窄范围会不相同或很不相同。况且，为语料库标注语言知识，是需要数代人完成的非常浩大的工程，绝不可能一蹴而就。

c）其他知识标记（简称c类标记）。语言与知识的关系是辩证的，一方面，语言文字是人类知识的最为重要的载体，另一方面，语言的运用也离不开各种知识，包括各种常识和与具体交际相关的专业知识。因此，计算机能够处理语言，只有语言知识是不够的，还必须有相关的常识和专业知识。刘开瑛（2000：1）指出："在信息领域中80%以上的信息是以语言文字为载体的。"这就是说，语料库其实也是人类的知识库，是知识发掘的重要操作对象。正因如此，语料库也需要对语料标注c类标记。当然，利用语料库进行知识挖掘的学术研究刚刚开始，怎样在语料上标注c类标记，还没有相对成熟的经验。

二　语言知识标记在语料库建设中的地位

知识标记是语料库的五种性质之一，但却是语料库开发深度及其应用价值的重要标志，语料库的深度开发，主要体现在为语料库标注各种知识标记。不同类型的知识标记，意味着语料库建设的不同水平或不同用途。例如，原始数据标记是语料的外部标记，只具有原始数据的语料库是"生语料库"，生语料库可以进行语言单位的简单查询与统计。生语料库查询与统计功能的大小，取决于原始数据标记的类型的多少。与原始数据标记不同，语言知识标记是语料的内部标记，代表着计算机对语言的理解水平。具有语言知识标记的语料库是"熟语料库"，熟语料库可以进行语言的多领域的复杂查询与统计，而且用这种语料库武装的计算机，会拥有一定的语言智能。c类标记也是语料的内部标记，这种知识标记与语言知识标记相互结合，将大大提高语料库的使用价值，使计算机拥有更多的语言智能和其他智能。可以这样说，语料库所拥有知识标记类型的多少，对知识标注的精度和深度，决定了语料库的功能大小和价值大小。因此，知识标记历来都是语料库建设的核心问题。

尽管各种知识标记对于语料库都有重要意义，但是就当前语料库建设的实际和学术的发展状况来看，语言知识的标记是需要着重解决的问题。这是因为：

1．原始数据标记体现着语料库建设的基本规范。当前语料库建设普遍存在忽视原始数据标记、原始标记不规范等问题，带来了语料库功能不能充分发挥、不能很好共享使用等多种弊端。但是，对语料进行原始数据标记，并没有科学难度，只是存在对原始数据标记是否重视、数据类型的设计是否周全、语料选取及工程实施能否很好实现设计方案、选用什么样的符号进行标记、标记方式能否具有最大的共享性等问题。但是，标记语言知识的难度却超乎寻常，这种难度主要还不是技术和成本之类的问题，而是科学难题。

标记语言知识的科学难题主要在两方面：1．当前的语言研究，特别是语义研究和语用研究，还无法满足机器的语言理解需要。2．对语言知识如何标记，还在探索之中。例如，英语已经用树库的方式标记了一些语料，如Penn树库等。汉语也进行了一些树库尝试，如清华大学的汉语测试树库、美国宾州大学的UPenn树库、台湾中研院的树库项目等。但是，树库对汉语的效用是否像对英语的效用那样好？是值得画一个问号的。再如，语义特征和语义关系异常复杂，而且不同的语言学流派或语言学视野（如传统词汇学、配价语法、格语法、语义特征分析、语义指向分析等）又有各自的语义学框架，如何整合各家学说科学有效地标记语义？当然，人们对标记语用知识的探索更少，怎样在语料库中标记语用知识，所知也更少。

2．语料库也是一种数据库，但不是一般的数据库。只具有原始数据标记和c类标记的语料库，不能算是真正的语料库。语料库具备了语言知识标记，方能从中获取关于语言的各种信息，方能使计算机理解语言。语言知识标记在语料库中占有中心地位。

3．当前我国的语料库建设，正处在给语料标注各种语言知识的关键时期。词语切分有了较大进展，并逐步取得共识；编制了一些有实用价值的电子词典；按照一定的语法体系为切分单位标注了词性；探讨了消除歧义等语义理解的若干问题；提出了汉语语块的标注体系等。因此，就当前语料库建设的实际和学术的发展状况来说，语言知识标记问题是大家共同关心且迫切需要解决的问题。

三　语言知识的获取

（一）语言知识获取的两种途径

标记语言知识，本质上依赖标注者所具有的语言知识，因此，语言知识的获取是本源上的问题。语料库出现之后，语言知识的获取有两条基本途径：A．基于语料库的；B．非基于语料库的。把是否利用语料库作为语言知识获取途径的划分标准，是因为通过语料库获取语言知识有重要的特点和广阔的发展前景：

其一，A途径的基本研究方法是统计分析，有人称之为“基于统计”的。其实严格说来，统计并不是完全自足的，统计的设计需要已有的语言学知识支撑，统计的结果需要进行语言学分析。而且B途径也早已运用统计分析方法，可以肯定地说，统计并不是A途径的专利。但是毋庸赘言，A途径的确将统计的作用发挥到了极为充分的地步，它所发现的语言学规律，基本上是由统计数据支持的。

其二，A途径所处理的语言材料，不仅规模巨大，而且由于语料库是真实文本的集合，语料中包含有现有规范之外的语言现象。这种从海量真实文本中通过统计获得的数据，必然会有一些不同于B途径所获得的语言知识，因为B途径处理的语言材料不仅在规模上无法同语料库相比，而且它所处理的语料也往往是经过选择的，较为规范的。

其三，A途径对语言知识的表述方式，便于机器阅读。

B途径通过仔细观察语言现象来获取语言规律，定性研究多于定量研究，与A途径比较多地利用统计分析相比，有人将其称为“基于规则”的或“基于内省”的。B途径这种非基于语料库的语言研究，已经有几千年的传统，取得了令许多人文科学艳羡的丰硕成果。正是这些研究，奠定了当今语言信息处理的基础。然而非常遗憾的是，这些语言学知识，并没有在我国的语料库建设中发挥应有的作用，其原因大致有以下几点：

（1）B途径所获取的语言学成果比较分散，缺乏必要的积聚整合。例如现代汉语语法，其成果主要储存在语言学论文中，至今没有反映整个现代汉语语法研究成果的“语法长编”。现代汉语的语法论著和教科书，主要提供的是现代汉语的语法体系或基本架构，并不能起到“语法长编”的作用。因此，任何人都难以在短时间内囊括这些成果并将其用于语料标注。

（2）以往语言学成果的表述方式，适合“人读”而不适合“机读”。将适合人读的语言学知识转换为适合机读的，需要具有语言学和计算机科学双重素养者的创造性的工作。当前，具有这种双重素养的学者还不多，愿意进行这种转换工作的人也不多。

（3）有些语料库的建设者，对B途径所获取的语言知识并不重视，以为“基于统计”的研究可以获得足够的语言知识，而“基于规则”的研究并不能对机器的语言处理提供太多的帮助，起码是在当前不能提供太多的帮助。这种认识也许可成一说，但很可能是偏颇的。A、B两种获取语言知识的途径，以及这两种途径所得到的语言知识，应该是相辅相成的，相得益彰的。

（二）已有语言学知识的“计算机化”

标记语言知识，就本源上说依赖于标注者的语言知识，但是，也受制于语言知识所能“计算机化”的程度。当前，语料库深加工的最重要的方略，亦即标记语言知识最重要的方略，笔者以为是整理B途径所获取的汗牛充栋的成果，使之尽快“计算机化”。这项工作的关键是建立语言知识数据库。语言知识数据库的建设及其开发利用，大约需要做如下一些工作：

1. 广泛搜罗相关的语言学文献，分学科汇总编目，录入计算机，形成语言学文献目录库。

2. 依照国家法律或国际通例，妥善处理即将入库文献的知识产权问题。

3. 将搜罗到的语言学文献数字化，由纸媒载体转化为可以进行数据加工的数字载体。在文献的载体转化过程中，既要充分发挥计算机的功能，又要严格校对，确保质量。

4. 将数字化的语言学文献入库，配之以合适的管理软件，形成语言学文献数据库。

5. 设计合适的语言学框架，为梳理语言知识做准备。这种语言学框架的主要特点在于巨大的包容性，保障文献中的所有语言学知识都能找到一个存放位置。

6. 依据设计的语言学框架，编制知识点目录及其相应的标记符号清单。

7. 运用已订的标记符号将语言学文献数据库中的全部知识点进行标注，分类入库。标注入库要尽量利用计算机，最好是研发专用的人机互助软件，或以人为主机器辅助，或以机器为主人来辅助。

8．对入库的各知识点进行科学梳理，形成语言学知识库。

9．对语言学知识库中各知识点的内容“计算机化”，形成便于机读的语言学知识。并将计算机化了的语言学知识加载进语料库，形成语料库的带有标记的语言知识，从而生成计算机的语言智慧。

相信，包括语言学文献目录库、语言学文献数据库和语言学知识库的语言学知识数据库的建立，及其数据的计算机化，一定会大幅度提高语料库的语言知识标记水平，促使计算机语言处理上升一个新阶段。

当然，语言学知识数据库不只是对语料库深加工具有重大作用，而且也会促成语言学的大跨越。因为这一数据库的建立，将分散的语言学知识进行了积聚整合，对今后的研究和对语言学研究者的培养，提供了全面的文献支持和坚实的知识平台，并可以利用计算机方便地获得这一支持和利用这一平台。

（三）提倡利用语料库的语言学研究

A、B两种语言学知识的获取途径，在一段时期内都会有人采用。但是，随着语料库的逐渐完善和基于语料库的语言研究软件的不断开发，越来越多的人会加入到利用语料库进行语言研究的行列。因为：

其一，语料库为观察和分析语料提供了方便。语料库所提供的海量真实语料，比人工查阅语料丰富快捷，比内省的语料全面具体，而且可以利用软件较快地进行统计分析。就语料的搜集、观察而言，语料库具有极大的优越性。

其二，语言学不仅需要定性地描写规律，而且也需要对各种语言单位的数量、分布、组合等获取统计数据，通过定量研究来认识语言。对语言进行定量的统计研究，获取语言的各种统计信息，语料库肯定是较为理想的工具。

其三，语言学研究的目的是多方面的，其中的一个重要方面，就是促进语言的信息化。促进语言的信息化需要利用语料库，需要对语料库进行语言学的深加工。

其四，利用语料库进行语言研究不仅有如上便利，而且一定会发现语言的新特点、新规律，可能产生语言学的新方法、新流派。

这些学术方便和学术魅力，一定会吸引更多的语言研究者利用语料库。为方便利用语料库的语言学研究，应当有计划地开发机助的语言研究软件。这些软件起码包括语料检索软件、语料自动下载归档软件、统计分析软件、结果检验软件等。语言学知识数据库、标记了诸多语言知识的语料库和系统的语言研究软件等“三大法宝”，足以使语言研究手段现代化。用这些现代化手段装备语言学家，一定会使语言研究获得长足进展。利用语料库（和其他数据库）从事语言研究，将逐渐成为语言知识获取的主要途径，其成果也较易计算机化。所谓“基于统计”的和“基于规则”的两类研究，也肯定将逐渐接近，相互借鉴，相互促进，最终合而为一。

主要参考文献

曹右琦 2001《辉煌二十年——中国中文信息学会二十周年学术会议》，清华大学出版社。

陈群秀 1998《一个在线义类词库：词网WordNet》，《语言文字应用》第2期。

陈小荷 2000《现代汉语自动分析——Visual C++实现》，北京语言文化大学出版社。

陈玉泉、陈 宣、陆汝占 2001《内涵时态逻辑的语义解释系统》，见黄昌宁、张普主编（2001）。

董振东 1997《汉语分词研究漫谈》，《语言文字应用》第1期。

——— 1998《语义关系的表达和知识系统的建造》，《语言文字应用》第3期。

段慧明、松井久仁於、徐国伟等 2000 《大规模汉语标注语料库的制作与使用》，《语言文字应用》第2期。

冯志伟 1996《自然语言处理中的歧义消解分析》，《语言文字应用》第1期。

桂诗春、宁春岩 1997 《语言学方法论》，外语教学与研究出版社。

国家技术监督局 1993 《中华人民共和国国家标准GB/T 13715－92〈信息处理用现代汉语分词规范〉》，中国标准出版社。

何婷婷 2003《语料库研究》，华中师范大学博士论文。

侯 敏 1999《计算语言学与汉语自动分析》，北京广播学院出版社。

胡明扬 1992《现代汉语通用语料库的建库原则和设想》，《语言文字应用》第3期。

黄昌宁 1993《关于处理大规模真实文本的谈话》，《语言文字应用》第2期。

——— 2002《统计语言模型能做什么？》，《语言文字应用》第1期。

黄昌宁、童 翔 1993 《汉语真实文本的语义自动标注》，《语言文字应用》第4期。

黄昌宁、张 普主编 2001 《自然语言理解与机器翻译》，清华大学出版社。

黄昌宁、李涓子 2002 《语料库语言学》，商务印书馆。

黄曾阳 1998《HNC（概念层次网络）理论——计算机理解语言研究的新思路》，清华大学出版社。

靳光瑾 1999《计算机理解汉语需要语法理论支持》，《语言文字应用》第2期。
亢世勇、常宝宝、刘海润等 2001 《全信息标注语料库的开发与应用》，见曹右琦（2001）。
亢世勇、刘海润 2001 《基于数据库的现代汉语词类优势语法功能统计研究》，见曹右琦（2001）。
刘开瑛 1997《汉语自动分词评测技术研究》，《语言文字应用》第1期。
——— 2000《中文文本自动分词和标注》，商务印书馆。
刘连元 1996《现代汉语语料库研制》，《语言文字应用》第3期。
鲁 川 2001《汉语语法的意合网络》，商务印书馆。
马大猷 1987《语言信息和语言通信》，知识出版社。
盛玉麒 2000《信息网络时代中日韩语文现代化国际学术研讨会论文集》，香港文化教育出版社。
孙宏林 1993《信息处理用汉语语义词典的描述方法》，《语言文字应用》第1期。
孙茂松 2001《汉语自动分词研究的若干最新进展——清华大学相关工作简介》，见曹右琦（2001）。
孙茂松、王洪君、李行健等 2001 《信息处理用现代汉语分词词表》，《语言文字应用》第4期。
王 惠、詹卫东、俞士汶 2003 《现代汉语语义词典规格说明书》，《汉语语言与计算学报》六月号。
熊澄宇等 2002 《信息社会4.0——中国社会建构新对策》，湖南人民出版社。
许嘉璐 2000《现状与设想——试论中文信息处理与现代汉语研究》，《中国语文》第6期。

尹斌庸、方世增 1994《词频统计的新概念和新方法》，《语言文字应用》第2期。
于江生、刘 扬、俞士汶 2003《中文概念词典规格说明书》，《汉语语言与计算学报》六月号。
俞士汶 1997《语法知识在语言信息处理研究中的作用》，《语言文字应用》第4期。
——— 2003《北京大学语言知识库概况》，《汉语语言与计算学报》六月号。
俞士汶、朱学锋 2002《关于汉语信息处理的认识及其研究方略》，《语言文字应用》第2期。
俞士汶、段慧明、朱学锋等 2003《北大语料库加工规范：切分·词性标注》，《汉语语言与计算学报》六月号。
语用所计算语言学室 2001《信息处理用现代汉语词类标记集规范》，《语言文字应用》第3期。
袁毓林 1996《语言的认知研究和计算分析》，《语言文字应用》第1期。
约翰·辛克莱 2000《关于语料库的建立》（王建华译），《语言文字应用》第2期。
斋藤秀纪 2000《日语语料库的构建》，见盛玉麒（2000）。
张 普 1999《关于大规模真实文本语料库的几点理论思考》，《语言文字应用》第1期。
——— 2000《信息处理用动态语言知识更新的总体思考》，《语言文字应用》第2期。
——— 2003《关于汉语语料库的建设与发展问题的思考》，《动态语言知识更新研究》，商务印书馆，2009。
周 强、詹卫东、任海波 2001《构建大规模的汉语语块库》，见黄昌宁、张普主编（2001）。

周　强　2001《汉语句法知识的自动获取研究》，见曹右琦（2001）。

［原载苗传江、杜燕玲主编《第二届HNC与语言学研讨会论文集》，海洋出版社，2004年］

语言学术评点

切音字的内涵与外延

清末文字改革家的方言观

清末文字改革家论语言统一

弘扬吕叔湘学术精神

语言的全息性与语言的全方位研究

怎样看待与语言有关的交叉科学

语言学发展的新机遇

切音字的内涵与外延

中国百年语言生活的巨大变化，得益于清末切音字运动首倡语文现代化。“切音字”、“切音字运动”无疑是中国现代语言学史上的重要术语，然而一般辞书却少收录，即使是语言学的专业辞书和相关专著专文，对它们也是或不收录，或不解释，或解释粗略，或解释不一。本文的任务是从内涵和外延两个逻辑角度对“切音字”进行界定。界定之时，也涉及“切音字运动”的界说和切音字的命名之由等问题。

一　切音字的泛指义

切音字有泛指、专指之别。切音字这一术语，大抵产生于清朝末年，通指世界上一切拼音字（包括非文字性质的拼音方案），这是它的泛指义。此后，切音字的外延窄化，专指清末民初出现的各种汉语拼音方案（包括利用拼音原理为汉语设计的文字方案、速记字和为汉字设计的注音方案等），这是它的专指义。本节先谈泛指义。

（一）切音字泛指一切拼音字

清朝末年，切音字泛指世界上一切拼音字。泛指义的切音字的外延包括：1．已有的拼音文字，如西方的拼音文字、日本的假名、朝鲜的谚文、清代的满文等；2．当时出现的各种汉语拼音方案。看一些具体用例：

（1）卢戆章《中国第一快切音新字·原序》："当今普天之下，除中国而外，其余大概皆用二三十个字母为切音字。英美26，德法荷25，西鲁面甸36，以大利及亚细亚之西六七国皆22。……日本向亦用中国字，近有特识之士，以47个简易之画为切音字之字母，故其文教大兴。"[1]（2页）

（2）沈学《盛世元音·自序》："（欧洲）列国所以强，有罗马之切音字也。……（美洲）与欧洲并驾齐驱者，亦切音字为之。……（俄国日本）二国之自强，其势由上，借本国切音字，翻译泰西富强书，令民诵读者也。"（10页）

（3）《学部咨外务部文》："据称，现今世界文字，大别为二：一为象形字，一为切音字。除中国独用象形字外，余如国书之字头，泰西各国之字母，皆切音也。日本朝鲜虽亦沿用汉字，然日本则有假名，朝鲜则有谚文，用以补汉字之不逮。假名谚文亦切音字也。"[2]（68页）

（4）《学部咨外务部文》："查各国切音字通例，凡声韵相切，无不先写声母后写韵母。"（71页）

以上是清朝末年民间和以学部为代表的官方，将西方拼音文字、日本假名、朝鲜谚文等称为切音字的例子。当时，人们还利用拼音原理设计了几十种汉语拼音方案，或为文字方案，或为速记之字，或如章炳麟之"音表"专为汉字注音用，这些汉语拼音方

【1】"面甸"即"缅甸"，"以大利"即"意大利"。"西鲁"不知为何国。此例引自文字改革出版社（1958），下文引例，凡出自该书者，就只在例后注出页码。

【2】清代称满文为"国书"。

案也称为切音字。卢戆章、郑东湖将自己的新字径称为“切音新字”、“切音字”；沈学虽称自己的新字为“盛世元音”或“天下公字”，但仍被时人归为切音字。例如：

（5）朱文熊《江苏新字母·自序》：“余读上海沈君之切音新字，直隶王君之官话字母，未尝不叹美而称羡之也。”（60页）

清末的学部，也把这类新字称为“切音字”或“切音字母”。例如：

（6）《学部咨外务部文》：“故仿照国书及泰西诸国文字成例，别制切音字一种，以与固有之象形字相辅而行，亦今日不得已之举也。”（68页）

（7）《学部咨外务部文》：“今欲造中国切音字母以济象形文字之穷，则宜审求三十六母之本音，稍去其微妙难辨者，以为标准声母若干字。又按四呼四收法，参酌古今韵书，以为标准韵母若干字。声韵既定，或仿日本片假名之例，取原字之偏旁以造新字，或竟用泰西各国通例借罗马字为之。新字成立，乃以《玉篇》《广韵》等书所注之反切，逐字配合，垂为定程，通行全国，不得迁就方音，稍有出入。要使写认两易，雅俗兼宜，然后足以统一各省之方言，徐谋教育之普及。”（69－70页）

当时利用拼音原理设计的汉语拼音方案有不同的名称，如蔡锡勇的“传音快字”、力捷三的“闽腔快字”、王炳耀的“拼音字”、王照的“官话合声字母”、劳乃宣的“合声简字”或“简字”、刘孟扬的“音标字”、马体乾的“串音字标”、刘世恩的“音韵记号”等。虽然名称各异，但一般都把它们统称为切音字。

以上数例，不释可明。清末之时，切音字可泛指中外一切拼音字。

（二）切音与反切

当时的“切音”，即现在所说的“拼音”，季羡林等（1988：315）、戴昭铭（1992：12）都曾明确指出。因此，切音字的内涵就是“拼音字”。

考之词源，“切音”之“切”实乃“反切”之“切”，切音的本义应为反切。《汉语大词典》对“切音”的解释，说明切音具有反切的涵义：

（8）罗竹风主编（1997：975）“[切$_2$音] 汉语注音的一种传统方法。唐以前韵书皆称反，唐元度撰《九经字样》时，因藩镇不靖，讳反而言切，宋人遂沿称切。合称反切。即用两字拼切给另一字注音。章炳麟《訄书·订文·附正名杂义》：‘六书之形声，十固七八，自叔然、弘嗣，则有切音。’”

理论上说，切音的拼音义是由反切义演变而来。由反切义到拼音义的意义演变，其具体过程尚不清楚，但是演变的条件还较明确，可以从三方面说：

首先，明清两代的学者，如吕坤（《交泰韵》）、潘耒（《类音》）、杨选杞（《声韵同然集》）、李光地（《音韵阐微》）、刘熙载（《四音定切》）等，为改革传统反切的弊端，对反切用字进行研究筛选，以使反切更适用于拼读。（参见季羡林等，1988：73）这些反切改良工作，就某种意义而言已经与清末切音字的设计非常接近了。[1]

其次，切音的办法和“切音”这一词语此前已偶见用于拼音

【1】例（7）所言，可看做设计切音字的标准程式。这种程式与反切改良的理想结果比较，极而言之就是选取符号的差别了。反切是选择理想的反切上字和反切下字，切音字是选择理想的符号。

文字。季羡林等（1988：45）指出，清代满族语文学家达海，天聪六年（1632年）受清太宗皇太极之命改进老满文，创造了“切音法”，即用两个音节拼合一起来拼写满语的外来音。[1]季羡林等（1988：412）还指出，成书于1790年前后的《五体清文鉴》，是用满、藏、蒙古、维吾尔、汉五种文字对照的分类词汇集，在其中的藏文栏下附有两种满文注音：一种叫“切音”，用满文字母逐个转写藏文字母；另一种叫“对音”，用满文字母为词标音。如果说达海的“切音法”还与传统语文学的反切相近，那么《五体清文鉴》的“切音”是字母转写，与传统的反切已不一样，“切音”的结果已经类似于拼音文字了。

第三，当时文字学理论还不发达，注音与文字之间的质的不同，传统切音与拼音文字之间的质的不同，还未被时人所认识，因此常常把传统的反切、世上已有的拼音文字、为汉语新设计的拼音等，相提并论。例如：

（9）卢戆章《中国第一快切音新字·原序》：“中国亦有切音字，止以韵脚与字母合切为一音，此又万国切音之至简易者也。……即以两汉文合切而成音，为注明某字当读何音之用，非以简易字母合切为切音字也。”[2]（2页）

（10）林辂存《上都察院书》：“我朝龙兴辽沈，兼用清书，钦定《康熙字典》，且用切音之法。”（17页）

（11）《资政院特任股员会股员长严复审查采用音标试办国语教育案报告书》：“拼音简字，与我国魏晋以来相传反切

【1】《清史稿》卷二百二十八对此也有记载，并且称达海此法比汉文反切还精当，但是《清史稿》将此法称为“对音”：“达海承命寻绎，字旁加圈点。又以国书与汉字对音，补所未备，谓：‘旧有十二字头为正字，新补为外字，犹不能尽协，则以两字合音为一字，较汉文翻切尤精当。’”季羡林等（1988：45）说达海创造了“切音法”，必另有所本。
【2】此例中，韵脚即一般所谓的声母，字母即一般所谓的韵母。

之法，作用则一，而繁简不同。反切繁难，故通者较少，简字便捷，故妇孺易知。”（134页）

（12）劳乃宣《江宁简字半日学堂师范班开学演说文》：“简字者，特三十六母之并省，反切之便易者耳。……反切非深通其例不能晓，简字则一望而可知，一呼而即出，合于《音韵阐微》合声之例。”（56页）

（13）沈凤楼《江宁简字半日学堂师范班开学演说文》：“中国旧字，一字数音，一字数义，繁赜精奥，虽宿儒不能悉瞭。今以二音合成一字，最为简明，亦如古之反切，以‘德’‘红’二字切成‘东’字之类。但习六十九字即可拼成三千余字，虽极鲁至愚之人，亦不难于学成，其易知也何如。”（53页）

（14）田廷俊《拼音代字诀·自序》：“环球各国文字，皆以字母相切而成。独我国不然，虽每字有反切，字为字，切为切，人多畏难而不学，即学亦难概也。”（61页）

此外，设计汉语切音字时，不少人也确实借鉴了反切的成果。[1]例如：

（15）朱文熊《江苏新字母·自序》：“上考等韵，下据反切，旁用罗马及英文拼法，以成一种新文字，将以供我国通

【1】另需注意，也有把切音字同传统的“谐声”关联起来的看法。例如：

（1）汤金铭《传音快字·书后》：“谐声为六书之一，而字居大半，后代递增之字，此类为多，非取其易识耶！……此书以切音为主，蕲合今音，不拘古韵，于音之发收弇侈，辨折（疑为“析”之误）甚微，非亦推广谐声之义乎？”（5—6页）

（2）赖鸿逵《拼音字谱·再版序》：“蒙古字始于元世祖，以谐声为宗，今王君煜初所著新字，亦以谐声为宗，无音不赅，国人推行，将必有无穷利赖矣。”（16页）

谐声也就是一般所谓的“形声”造字法。形声字的声旁具有表音作用，同象形字、指事字、会意字比较，与拼音文字的关系最近。但是，与真正的拼音文字比，两者还是属于不同的文字类型。从传统语文学的角度，将属于拼音文字的蒙古文、切音新字等视为“以谐声为宗”，并无不可，但是从“切音”的意义嬗变和许多切音字的产生过程来看，切音字与反切的关系实比谐声紧密。

俗文字之用。而先试之于江苏，名曰江苏新字母。”（60页）

（16）汪荣宝等《“简字研究会”启并章程》：“简字之法，以母韵声为体，以反切为用。”（111页）

由于反切的改进、“切音”在拼音文字中的应用、对注音与拼音文字的质的差异认识不清等，加之汉语切音字借鉴了反切原理与成果，用“切音字”来指称拼音字就是比较自然的事情了，从而使“切音”获取拼音义。

需要补说的是，清末之时，人们已看到了反切与拼音的一些不同：其一，反切是用两个汉字切出一个音节，而不是用字母拼音，其结果是“字为字，切为切”，只能“注明某字当读何音之用”，不成其为文字。事实上，反切和拼音是不在一个学理层面上的。其二，“反切繁难”，“非深通其例不能晓”。至于例（9）卢戆章把反切说成“万国切音之至简易者”，可能是从声韵双拼的角度看的。统观世界拼音之法，说反切是较为笨重的注音工具并不为过。

（三）表示拼音意义的其他用语

清末之时，表示拼音意义的词语，除“切音”外，还有“合声”、“拼音”等。王照、劳乃宣的切音字，就分别叫“官话合声字母”、“合声简字”。再看“合声”的实际用例：

（17）王照《官话合声字母·原序（二）》：“夫国书合声之法，为前人所莫及，亦为前人所不知。”[1]（23页）

（18）庆福等《陈请资政院颁行官话简字说帖》：“窃维官话简字，旧名官声字母，本国书合声之制，取首善京音为准，发现于天津，实验于各处。拼音不过两母，故较东西各国

【1】国书，即满文。满文为拼音文字。

拼法为易学易记；四等不分于韵母，故较中国韵学旧法为直截了当。”（125页）

“拼音”一词的使用最应重视。王炳耀有《拼音字谱》，田廷俊有《拼音代字诀》，当时还办有《拼音书报社》，成立了官话拼音教育会。再看些实际用例：

（19）王炳耀《拼音字谱·自序》：“惜今人鄙俗言，弄文字，玩月吟风，胸无实际，何如于文字之外附加拼音之字，拼切方言，使男女易习，立强国无形之实基。……泰西之文，初或起于象形，终则归于拼音。三千数百年前有名摩士者，腓尼基国人也，首创拼音新法，以二十六字为母，拼切相生，始传于希利尼，继而罗马，今遍行欧洲，读书简易，男女有学，其兴有由矣。”（12页）

（20）王照《官话合声字母·原序（一）》：“一日，余方凝坐执笔审音，严范孙先生来，持书一函示余曰，闻君创作拼音字，深恐获罪，盍借此御定《音韵阐微》为根据，以保险乎？”（20页）

（21）严以盛《上直隶总督袁世凯书》：“卑职购阅官话拼音书报，喜其教法简易，口授旬日即能读拼音之书，适有候选县丞李迺庚，谙习拼音，兼通笔算，愿尽义务授教于人。卑职遂就阅报公所内设立官话拼音学堂，兼教浅近笔算。”（45页）

（22）田廷俊《拼音代字诀·自序》：“若教者以此教授，学者不必月余，以能用此拼音字代各字音随笔达意，取不尽而用不竭。如仍欲习文字，仿日本初学书于文字旁，注此拼音字，凡已学此拼音字者，无不一见即知。将来全国男女，安知不借此捷径而皆识字欤？”（61页）

（23）郑东湖《〈切音字〉之说明书》：“夫欧美诸国，

皆用拼音之法，各该国之孺子，亦皆乐而习之，安而行之，易如反掌而不觉其难处。况吾国拼音之法比欧美诸国为易（盖欧美诸国，其拼音之法有用三字母以上至十余字母不等。而吾国之拼音法则以二字母为限，无可增减故也。）且吾国人之脑力闻于全球，岂区区拼音之法亦不能习之而甘落人[1]后耶？”（137页）

此外，还有“切、拼、拼切、拼合”等。它们是“切音、拼音、合声”的变化形式，且在词性上也有异变。例如：

（24）《直隶学务处复文》：“刘孟扬所呈天籁痕似较此法更加完密，然细考之，其拼切之音，急读之时或歧混，王金绶等禀中所指摘，试之良然，其谓能拼洋音亦属似是而非。盖以此国之字切他国之音，从来不能密合，观于日文切英音，英文切华音，往往乖异可类推矣！”（44页）

（25）林辂存《上都察院书》：“泰西人才之众，实由字学浅易。考其法，则以字母拼合，切成字音，故传习无难，而浅学自速。”（17页）

（26）刘孟扬《中国音标字书·弁言》：“西国文字简而易明，其字母只二十余，无论何字，皆由此二十余母拼合而成，能熟悉其用法即不难贯通一切之文。”（84页）

表达一种意义的多个词语，相互之间会发生竞争，使术语趋向规范。从这些词语的使用情况看，“拼音”一词已占优势：其一，“拼音”不仅有变化形式“拼、拼切、拼合”等，而且还出现了“拼音字、拼音文字、拼音简字、拼音字母、拼音法、拼音新法、拼音书、拼音书报、拼音学堂”等组合形式，这使得“拼音”的词

【1】原文为“入”，此根据意义改为“人”。

语家族十分兴旺。其二，“拼音”及其家族词语使用日多，而且出现在当时多数切音字提倡者的笔下。例如《清末文字改革文集》收文67件（不计附录），将同一作者的文章合计为一件，则可合为48件，使用“拼音”或其家族词语的有34件，约占70%。“拼音”的这种优势，不仅使其最终战胜其他词语成为表示拼音义的最基本的术语，而且，也从一个方面促进了切音字专指义的形成。

二　切音字的专指义

（一）一些关于切音字的定义

清亡以后，切音字的泛指义逐渐不用，即不再把所有的拼音字都称为切音字。后人所谓的切音字，专指一定时期内产生的汉语拼音方案，即只使用切音字的专指义。下面是笔者见到的一些主要的关于切音字的定义：

（27）季羡林等（1988：315）：“切音字（Phonetic Chinese Alphabet）清末二十年间在民间产生和推行的各种汉语拼音方案。”

（28）蔡富有、郭龙生（2001：215）：“切音字（Phonetic Chinese Alphabet）清末民间产生和推行的各种汉语拼音方案。”

（29）戴昭铭（1992：12）：“切音字运动是清末民初由中国进步知识分子发起的一场汉语拼音化运动。……‘切音字’是对这一运动中提出的各种类型的拼音文字的统称。”

（30）易之（1995：83）：“切音字运动是清朝末年到民国初年20年间由中国进步知识分子发起的一场汉语拼音化运动。……‘切音字’是对这一运动中提出的各种类型的拼音文字的统称。”

蔡富有、郭龙生（2001）这部语文专业辞书，跟随的是季羡林等（1988）这部大百科全书的定义，易之（1995）这篇综述文章采用了戴昭明（1992）的定义，因此上面这四个定义只能算两家。这两家其实也相当接近。内涵上的不同点是，一家将切音字定义为“拼音方案”，一家定义为“拼音文字”。考之历史，当时的切音字的确多是文字方案，而且那时人们并不刻意区分文字方案与注音方案，所以两家定义在内涵上的分歧并不大。[1]当然从今天的角度看，将切音字定义为“拼音方案”更妥当，因为“拼音方案”可以包括文字方案和非文字方案。这两家外延上的不同点是，一家把切音字限定在“清末”的方案，一家限定在“清末民初”的方案。但是，两者都强调“二十年”，可见所谓“民初”也就是一两年，时间上的出入并不大。

倪海曙（1948）未正面解释切音字，但该书“切音字运动”一节最早介绍的是卢戆章1892年发表的“切音新字”，在“清末民初的其他切音字方案”题目下提到的最后一个切音字方案，是烈茀雅（Rev. Alfred E. Street）1919年发表的《海南（岛）土音字母》，并在括号中还提到烈茀雅1921年写成的《平民广话字母》和《平民官话字母》。倪海曙（1948）的“民初”可是延展到了民国八年甚至十年。季羡林等（1988：315）、戴昭明（1992）及其他相关研究者，认为切音字方案有20余种[2]，而倪海曙（1948）则包括切

【1】戴昭铭（1992：12）虽然将切音字定义为“拼音文字”，但同页又有这样的表述：“在卢氏方案发表后的二十余年中，先后共有27个拼音方案问世，形成了汉语拼音研究史上第一个高潮。”可见他在切音字问题上也不刻意区分“拼音文字”和“拼音方案”。

【2】详见周有光（1979：27）、张育泉（1992：26）、戴昭铭（1992：12）、易之（1995：83）、王均等（1995：6）、陈永舜（1995：44）、蔡富有、郭龙生（2001：215）等，都说切音字方案有28种，不少人都称这一数据来自倪海曙《清末汉语拼音运动编年史》第30页。此外，戴昭铭（1992：12）又说，由于有些方案兼拼几种方音，所以如果按所拼的语音算，切音字方案应是30多种。

音字方案竟达四五十种。对专指义切音字外延的认识，分歧不能算小。

这种分歧主要来自对切音字运动时限的认识。切音字的解释，多依附于对切音字运动的解释。认为切音字运动时间长的，切音字的外延就会大，反之外延就会小。因此，解决切音字的外延问题，有必要讨论切音字运动的时限问题，讨论切音字与切音字运动的关系问题。

（二）切音字与切音字运动

对切音字运动的描述或定义，除例（29）（30）之外，笔者见到的主要有如下一些：

（31）王均等（1995：5）："切音字运动是指一八九二年至一九一一年的拼音字母运动。"

（32）张育泉（1992：26）："1892年，福建学者卢戆章创造了'切音新字'，出版了《一目了然初阶》。……随后的20年当中，各式各样的拼音方案不断产生，总数多达28种。……方案设计者和一些热心人士还提出许多普及教育和改革语文的主张和意见。这就是清朝末年的汉语拼音运动（又称'切音字运动'）。"

（33）高天如（1992：15）："1892年，卢戆章的《一目了然初阶（中国切音新字厦腔）》（中国第一快切音新字）出版。……至辛亥革命前，在不到20年的时间里，这种由个人研制的汉语拼音方案，已不下二十余种之多，并大都由个人或团体在民间推行，造成一代新潮，因而被称为'切音字运动'。"

（34）许长安（2000：124）："清末切音字运动指的是清朝最后21年，即1891年到1911年的语文现代化运动。"

（35）周有光（1992：34）："从'中国切音新字'的发表到'注音字母'的公布（1918），这一阶段的拼音化运动，被称为'切音字运动'。"

切音字运动自何时始，学界的意见基本一致，那就是卢戆章出版《一目了然初阶（中国切音新字厦腔）》（中国第一快切音新字）的1892年。卢戆章的切音新字，是国人为汉语设计的第一个拼音方案，在当时朝野有很大影响。该书的《中国第一快切音新字·原序》所提出的"字画简易"、"字话一律"（言文一致）和语言统一等主张（2—3页），其实也就是整个切音字运动的主要主张，并对中国百年的语文现代化运动有重要影响。事实上不少学者认为，切音字运动的命名，切音字运动的兴起，与卢戆章的切音新字是有关系的。例如：

（36）周有光（1979：26）："他（卢戆章）把这种拼音设计称为'中国切音新字'，因此人们把初期的汉字改革运动称为'切音字运动'。"

（37）季羡林等（1988：403）："1892年厦门卢戆章发表他设计的拼音方案，叫做'切音新字'（厦腔）……根据'切音新字'，清末的拼音化运动被称为'切音字运动'。"

（38）蔡富有、郭龙生（2001：215）："在他（卢戆章）提倡以后，许多人起而效尤，拟订出多种拼音方案，形成了一个切音字运动。"

许长安（2000）将1891年作为"清末切音字运动"的开端，其理由可能是因为这一年宋恕在《六斋卑议》中提出了"须造切音文字"的主张。当时能提出这种主张，的确了不起，但是卢戆章为研究切音新字，"尽弃外务，朝夕于斯，昼夜于斯，十多年于兹矣"（1页），其关于切音字的理论与实践应远早于1891年。1896

年蔡锡勇在《传音快字·自序》中说："余久仿其法，合以官音，著为一书，以谂知者，捧檄从公，匆匆鲜暇，因循十有余年，尚未脱稿。"（4—5页）看来，蔡锡勇动手制快字也远早于1891年。事实上，一场较大的社会运动，很难绝对说始于何年终于何年，只不过选取有重大影响的事件以便表述罢了。就影响而言，卢戆章切音新字的问世，自然比宋恕提出"须造切音文字"的主张影响大，故而将1892年作为切音字运动的开端较为合适。这大约也是多数人以1892年为切音字运动发轫之年的缘由。

切音字运动终于何年，学术界的看法可就有分歧了。主要意见概括为四种：

1. 王均等（1995）、张育泉（1992）、高天如（1992）、许长安（2000）和蔡富有、郭龙生（2001）等，把清王朝的最后一年1911年，作为切音字运动的终止年。

2. 戴昭铭（1992）、易之（1995）等把"民国初年"作为切音字运动的终止年。

3. 周有光（1992）将"注音字母"公布的1918年作为切音字运动的终止年。

4. 倪海曙（1948）的"切音字运动"一节，如前所述，一直叙述到烈弗雅1919年发表的《海南（岛）土音字母》，他也许是把1919年看做切音字运动的终止年了。

倪海曙（1948：66—67）、王均等（1955：15）指出：民国元年（1912年）7月10日，"中央临时教育会议"召开，在议决的23件提案中，就有"采用注音字母案"。12月，教育部制定"读音统一会章程"，规定拟召开的"读音统一会"的会议任务是："一、审定一切字音的法定国音；二、将所有国音均析为至单至纯之因素，核定所有音素总数；三、采定字母，每一音素均以一字母表之。"民国二年（1913年）2月25日，"读音统一会”在北京召开，产生了注音字母方案，并议决《国音推行办法》。

在这次会上也提出了不少新方案，此后陆续又有些方案发表，但从倪海曙（1948）的记述看，民国初年的不少方案已经是注音性质的了，“清末的‘切音字’到民国忽然变成了‘注音字母’”。这些史实表明，一进入民国，注音字母运动就在政府的主导下开展起来，并取代了切音字运动的地位。注音字母当然是切音字运动的直接成果之一，但是，切音字运动和注音字母运动已有很大不同。虽然参加“读音统一会”者基本都是切音字运动的人马，虽然民国初年还有些切音字方案出台或推行，虽然注音字母直到1918年才正式公布，但是从历史的大走势看，将1911年作为切音字运动的终止年，应更合理。

黎锦熙（1933）曾把国语运动分为四个时期：第一期为切音运动时期（1898年－1907年），第二期为简字运动时期（1908年－1917年），第三期为注音字母与新文学联合运动时期（1918年－1927年），第四期为国语罗马字与注音符号推进运动时期（1928年－？）。分期的理据都是官方的几件大事：1898年7月28日，军机大臣奉上谕调取卢戆章等所著之书；1908年7月14日，劳乃选进呈《简字谱录》，奏请钦定颁行天下，学部奉旨议奏；1918年11月23日，教育部公布注音字母；1928年9月26日，中华民国大学院公布国语罗马字。依照官方的这些事件作为国语运动分期的理据是否合适，暂且不论，本文在意的是，他的“切音运动”是否等同于后来所说的“切音字运动”？如果等同，切音字运动只有10年，并且不包括王照、劳乃宣等人的简字活动，这与今天人们的看法就相差太远了。

将切音字运动的时限定为1892年至1911年较为合适，但并不意味着这20年之外就没有切音字了。主要的有影响的切音字方案，是在切音字运动之中产生的，但是一场运动结束之后余波犹在，民国初年的一些切音字方案就是切音字运动的余波。余波亦有波峰，民国二年因“读音统一会”的召开集中产生了一批切音字方案，此后也就寥寥无几可以略而不计了。

（三）切音字专指义的形成

切音字的专指义，是泛指义切音字的外延缩小致使的。泛指义切音字指称一切拼音字，专指义切音字只指称清末民初的汉语拼音方案，外延极大地缩小了。汉语拼音方案是全世界拼音字的一小部分，而清末民初的汉语拼音方案又只是诸多汉语拼音方案的一部分，像注音字母、国语罗马字、拉丁化新文字以及1958年公布的汉语拼音方案等，后人都不再称之为切音字。

造成切音字外延缩小的因素是多方面的。其一，如前所论，在词语竞争中“拼音”一词占优势，逐渐成为表示“拼音”意义的首选词语，西方的拼音文字、东方的假名和谚文等等，都不再用“切音”而用“拼音”。其二，“切音”表示“拼音”的用法虽然逐渐被取代并最后弃而不用，但那一时期的汉语拼音方案，在清末民初之时习惯上通称为“切音字”，习惯的力量不至于使其更名易冠。其三，民国伊始，注音字母运动乘势而兴。注音字母运动的旨趣与切音字运动很不相同，注音字母又只是注音方案[1]，所以注音字母没人叫它切音字。此后的国语罗马字、拉丁化新文字和新中国的汉语拼音方案等，也就不再有切音字之名了。注音字母运动使“切音字”的外延不能伸展到所有的汉语拼音方案。正是这三个因素的

【1】民国十九年更名为“注音符号”。

相互作用，使“切音字”的外延缩小到今天的范围。外延的缩小带来了切音字专指义的形成，并使切音字的泛指义成为“历史义”。

三　结语

1．切音字有泛指义和专指义。泛指义切音字指世界上的一切拼音字，这一意义主要在清末使用。专指义切音字指清末民初的各种汉语拼音方案，这一意义是当今切音字的意义。切音字的泛指义与切音的拼音义的获得有关系，专指义是因泛指义的外延缩小导致的。促使切音字外延缩小的因素很多，如“拼音”在词语竞争中压倒了“切音”，切音字运动在清末终止后注音字母运动立即兴起，等等。

2．切音也有两个义项。义项一表示“反切”，义项二表示“拼音”。切音的拼音义萌芽于清初，成熟于清末切音字运动兴起之时。随着切音字泛指义的消失和专指义的形成，切音的拼音义也成为“历史义”，但作为构词成分至今仍保存在“切音字”这个术语中。切音字的命运制约着“切音”一词的变化兴衰。

3．切音字运动的时限为清末20年，兴起于卢戆章发表切音新字的1892年，终止于清王朝灭亡的1911年。切音字运动之后还有一些余波，又产生了一些切音字方案。

4．现代辞书关于切音、切音字的解释义项不全，对切音字运动的解释也不统一。现代辞书存在的此类问题多不胜数，原因是对由清至今的词语（包括科技术语）研究太薄弱。其实，现代汉语是在这一期间形成与发展的，现代科技术语系统是在这一期间孕育并不断完善的，这一期间的词语具有很高的研究价值。此类问题应引起词汇学、辞书学、科技史、术语学史等学界的应有重视。

主要参考文献

蔡富有 郭龙生 2001 《语言文字常用辞典》，北京教育出版社。

戴昭铭 1992《切音字运动始末》，《语文建设》第12期。

丁方豪 1992《卢戆章在切音字正词法方面的贡献——纪念我国切音字运动一百周年》，《语文建设》第4期。

高更生 1992《字替代变　趋易避难——读〈一目了然初阶〉有感》，《语文建设》第12期。

高天如 1992《中国语言学的发端——清末切音字运动的历史地位》，《语文建设》第12期。

胡明扬 1987《北京话初探》，商务印书馆。

季羡林等 1988《中国大百科全书·语言文字》，中国大百科全书出版社。

黎锦熙 1933《国语运动》，商务印书馆。

罗竹风主编 1997 《汉语大词典（上卷）》（缩印本），汉语大词典出版社。

倪海曙 1948《中国拼音文字运动史（简编）》，时代书报出版社。

苏培成 2000《汉字百年沉浮录》，苏培成主编《语文现代化论丛》第四辑，北京大学出版社。

王　均等 1995 《当代中国的文字改革》，当代中国出版社。

文字改革出版社 1958 《清末文字改革文集》，文字改革出版社。

许长安 2000《语文现代化的先驱卢戆章》，厦门大学出版社。

易　之 1995《语文现代化运动100周年纪念文章综述》，王均主编《语文现代化论丛》，山东教育出版社。

张育泉 1992《向汉语拼音运动开创者学习——读文字改革史札记》，《语文建设》第2期。

赵尔巽等 1928 《清史稿》，中华书局，1977年。
周有光 1979《汉字改革概论》（第三版），文字改革出版社。
——— 1992《切音字运动百年祭》，《语文建设》第5期。

[**原载《福建师范大学学报》**2005**年第**3**期**]

清末文字改革家的方言观*

清末的中国内忧外患，志士仁人以民族振兴为己任，寻求强国富民之道。其中有一批文字改革家强烈地意识到，国强需民智，民智需教育，普及教育需有“易识之字”，需“统一国语”。于是，以卢戆章1892年出版《一目了然初阶（中国切音新字厦腔）》始、到1911年学部中央教育会议议决《统一国语办法案》止的清末20年，神州大地掀起了一场影响深远的被称为“切音字运动”的文字改革风潮。

这批文字改革家虽以设计、推行新字为主要使命，但对新字的设计、推行必然直接或间接地涉及到方言问题。在他们的著作言论中，既有对方言的宏观看法，形成了特定时期的方言观，也有对当时方言状况的直接或间接的描述。这种方言观和对当时方言状况的描述，既是对我国传统方言研究的继承与总结，又有他们自己的观察与心得。我国现代的方言学虽然是在西方方言学的直接影响下建立起来的，但也吸收了我国古代传统的语言研究精华。清末的文字改革家的学术活动和成果，对我国现代意义上的方言学的产生是否发生过影响，尚不清楚。但是，清末的20年，正是我国由传统的语

---

* 本文在写作过程中，曾得到鲁国尧、张振兴两位先生的指教与鼓励，借文章收入集子之际，特致谢意。

文学向现代语言学转变的时期，研究这一时期文字改革家关于方言的论述，从语言学史上看是有价值的。

本文主要研究清末文字改革家的方言观。研究素材以《清末文字改革文集》为主，必要时参以《拼音文字史料丛书》26种。《清末文字改革文集》收录了清末20年间有关文字改革的著文、序跋、书信、演说、奏折、说帖（会议提案）、批文等60余篇，基本囊括了当时文字改革家的主要观点。为行文方便，引文出自《清末文字改革文集》的只注页码；出自《拼音文字史料丛书》的，加注“拼音文字史料丛书”字样。

一　“方言”的含义及其相关概念

鲁国尧先生（1991）指出，“方言”首见于典籍是汉代应劭的《风俗通义序》。此后“方言”一词历代都用，但使用频率并不高。有清一代，方言研究有了新发展。文献表明，清末文字改革家已经较为普遍地使用“方言”这一概念。例如：

（1）王炳耀《拼音字谱·自序》：“惜今人鄙俗言，弄文字，玩风吟月，胸无实际，何如于文字之外复加拼音之字，拼切方言，使男女易习，立强国无形之实基。……方言无字，民昧如故矣。仆抱杞人之忧，设精卫之想，妄拟新字，拼切方言，字母比之泰西，书法依乎本国，拙者习之，旬日卒业，简莫如也。”（12—13页）

（2）温灏《拼音字谱·序》：“今王君煜初，苦心孤诣，汇合各省方言，创为拼音字谱。”（14页）

（3）陈虬《新字瓯文七音铎》：“此书专为各处方言而作。论音不论韵，音近皆可假借。”（拼音文字史料丛书，58页）

甚至有人还把“方言”看做是与算学、格致等并列的一个学科。例如：

（4）孙金铭《拼音代字诀·序》：“（田生廷俊）预料科举必停，遂究心时务，凡笔算格致方言诸科，靡不潜心详求。……且中国各方俗语，有音无字者恒多，以邃学之士，欲著一俗语示浅学之人，使之易解，可通消息，每苦于窒碍难行，良可慨也。”（66页）

这些文字改革家笔下的“方言”，是与“官话”及后来提出的“国语”相对应的概念，主要是指“四方之言”。当时除使用“方言”外，还有“土语、某话、某语”的说法。例如：

（5）刘世恩《音韵记号》：“无论何处土语，皆带轻音。”（拼音文字史料丛书，11页）

（6）庆福等《陈请资政院颁行官话简字说帖》：“凡京师所在，人皆趋之，千百年会萃摩练，在成此一种京话，斯即中央非偏隅也。且原与京语大略相同者，已有直隶奉天吉林黑龙江山东河南甘肃云南贵州四川陕西十一省及安徽江苏之两半省矣。此外各语无两省相同者，为高因陵，为下因泽，岂有舍京语而别事矫揉之理哉？京语非北京人私有之语，乃全国人共有之语。”（125－126页）

就语言结构而言，方言也应包括方言语音、方言词汇和方言语法，但是，由于当时对语言结构的认识还相当有限，而且由于方言语音的差异人们感知最为明显，由于拼音文字的设计与语音的关系最为密切，所以，当时人们对方言的关注点主要在方言语音上，较少涉及方言词汇，罕见论述方言语法的。

当时指称方言语音的术语有“方音、土音、土腔、闰音”等，有时采用“地名、区域名、｛方位词+音｝”或“某腔”等表述方式，如“广东音、宁音（南京音）、闽广之音、南音、厦腔”等。这些概念与表述，是与“官音、正音”及后来提出的“国音”相对的。例如：

（7）马体乾《谈文字》：“鄙意以为应择全国公有之音定为国音，各地特有之音定为方音。所谓国音者即与向之国音相类，而方音即今之所谓闰音。”（86—87页）

（8）汤金铭《传音快字·书后》：“而儒生有皓首不知其解者，缘见、溪、群、疑诸字母，以土音官音读之皆不合，故疑不能明矣。……西音既与中国不同，各省以土音相近者代之，其字互异。”（6页）

（9）卢戆章《北京切音教科书》：“中国土腔甚多。”（拼音文字史料丛书，5页）

（10）王照《字母书·序》：“合声字母，仿国书之制，取京音为准。”（32页）

（11）劳乃宣《致〈中外日报〉馆书》：“北音原谱五十母，十二韵，四声，非特无入声也。其母与韵亦与南音有互相出入之处。故今增六母、三韵、一入声之号为宁音之谱，而宁属各府厅州与皖省语言相近之处皆可通。然宁音虽有入声而与苏属母韵犹有出入，且无浊音也，故又增七母、三韵、一浊音之号为苏音之谱。而苏属各府厅州与浙省语音相近之处皆可通。……今吾新定两谱，尚未能包括闽广之音。”（57—58页）

（12）郑东湖《〈切音字〉之说明书》：“因正音与广东音有特异之点，如‘鞋’与‘哉’在正音中本为同韵，而广东音则否。又如‘颜’与‘翻’在广东音本为同韵，而正音亦否。”（136页）

（13）卢戆章《一目了然初阶·中国切音新字总字母写法

之次第》："全中国可用此字母。各处土腔不等，当依腔音之多少，输出其当用之音之字。此书输用厦腔字母而已，漳泉附之。其余各处土腔之字母，候另书著出。"（拼音文字史料丛书）

正因为当时看方言偏重于语音，所以也有用"方言"偏指"方音"的现象。例如：

（14）劳乃宣《江宁简字半日学堂师范班开学演说文》："中国用旧字数千年，用方言亦数千年，今欲数千年之方言一旦变为官音，闻者咸苦其难。"（55页）

鲁国尧先生（1991）指出，"方言"在古代不仅指今天意义上的地域方言，而且也指中国境内的少数民族语言和外国语言。此前，赵元任（1980：98）、张清常（1990：39）也有相似的看法。高时良（1992）收集了洋务运动时期上海创办广方言馆的资料，广方言馆的主要任务是培养外语人才，可见当时"方言"也指外语。

清末文字改革家也还没有把"语言"和"方言"区分开，往往把不同的语言也称为"方言"，或把不同语言的语音称为"方音"。例如：

（15）梁启超《沈氏音书序》："西人既有希腊拉丁之字，可以稽古，以待上才，复有英法德各国方音，可以通今，以逮下学。使徒用希腊古字而不济以今之方音，则西人文言之相离，必与吾同。"（8页）

（16）刘孟扬《中国音标字书·弁言》："他如妇孺鄙俚之土语，为文字所不能传，此字足以传之；各省各国之方言，为文字所不能达，此字足以达之。其所以济文字之穷者。"（85页）

（17）王炳耀《拼音字谱·自序》："日本重我国之

文，并用本国方言之字，广习西学，人民智而国强，已有足征者。”（12页）

（18）沈学《盛世元音·自序》：“余考中国之方音最多最乱，欧洲方音不大远殊，尚不能切合，各成字母。英文不切法音，法文不切俄德丹音，其字母亦不能相通。欧人每议合数国音，使之同文，卒至今日无成。”（11—12页）

此外，在《马氏文通》中也可见到类似的表述，说明这在当时是通行的看法。例如：

（19）马建忠《马氏文通》：“泰西文字，原於切音，故因声以见意，凡一切动字之尾音，则随语气而为之变。古希腊与辣丁文，其动字有变至六七十次而尾音各不同者。今其方言变法，各自不同，而以英文为最简。惟其动字之有变，故无助字一门。助字者，华文所独。所以济夫动字不变之穷。”（323页）

将“方言、方音”与“官话、官音、国语、国音、正音”等相对，说明在清末之际，方言的概念已经基本建立。但是，总体上说对方言的认识还是比较肤浅的，因为：

第一，方言与语言的界限不明，说明还没有把握住方言的本质；

第二，主要关注方言语音甚至用“方言”偏指“方音”，说明对方言的语言结构系统的认识还很不全面；

第三，使用“地名、区域名、{方位词+音、语、话}”等方式来表示不同的方言或方音，说明对我国方言的分区还是感性的，没有科学的方言分区标准，对方言的级次还没有较为理性的认识；

第四，与“方言、方音”并用的还有“土语、土音、土腔”等俗名，说明“方言”作为科学术语的地位还不巩固。

二　方言的形成和方言权势

我国古代常用“自然环境说”来解释方言的形成。例如：

（20）颜之推《颜氏家训·音辞第十八》：“夫九州之人，言语不同，生民已来，固常然矣。……南方水土和柔，其音轻举而切诣，失在肤浅，其辞多鄙俗。北方山川深厚，其音沈浊而鈋钝，得其质直，其辞多古语。”

清末的文字改革家对于方言的形成，有沿袭古代的“自然环境说”的。例如：

（21）杨琼《形声通·自序》：“管子曰，五方之民，其声之清浊高下，各象其山川泉壤，浅深广狭而生。故于五音，必有偏得。”（46页）[1]

但是也有学者认为，方言的形成是因为文字不能随语言的变化而变化，言文分离而致使口音迁变。例如：

（22）王照《官话合声字母·原序（一）》：“文字不随语言，二者日趋日远。文字既不足当语言之符契，其口音即迁流愈速，百里或岁不相通，千里或世不相通。异者不可复同，而同国渐如异域。”（20页）

（23）王用舟、何凤华等《上直隶总督袁世凯书》：“我中国自文言分离以来，口音日杂一日，而读书识字之人愈日少一日，此今日所万不容不补救者矣。”（35页）

自然环境说解释不了方言的形成，而方言的形成与发展，与言文分离的关系也并不十分密切，即使是使用拼音文字的语言，也

【1】杨琼在《形声通·自序》中，还用管子的这种说法来解释不同语言的形成：“繇此言之则即一国一乡之近，且不能相通，矧云环球哉？……国各殊语。”（47页）

仍然会有方言的分歧。显然，当时对方言是如何形成的并无科学认识。

但是当时却意识到了方言权势的存在。所谓“方言权势”，是指由于文化、政治、经济等原因而在人们心目中形成的方言（包括共同语[1]）地位的高低差异。

官话的地位高于方言。人们将官话及其语音也称为“国语、国音、官音、正音”，将方言或方音也称为“土语、土音、土腔”，这些说法所附带的正俗色彩说明了官话的地位。当时也有不少文字方案是专为某方言而设计的，但这并不说明方言的权势高于官话，因为其目的，或为普及教育，或将其作为进一步学习官话的手段。例如：

（24）劳乃宣《致唐尚书函》：“以方音为阶梯，以官话为归宿。”（114页）

在当时，官话仍有南派、北派之分。江谦1910年在《质问学部分年筹办国语教育说帖》中，曾明确指出中国官话有南派北派之分（见例39）。从下面例（25）、（26）卢戆章、长白老民的话语中还可以进一步看到，南派官话以南京话为代表，北派官话以北京话为代表，而且南派官话有相当高的地位，其地位甚至高于北派官话。例如：

（25）卢戆章《中国第一快切音新字·原序》：“切音字乌可不举行以自异于万国也哉？又当以一腔为主脑。19省之中，除广福台而外，其余16省，大概属官话，而官话之最通行者莫如南腔。若以南京话为通行之正字，为各省之正音，则19省语言文字既从一律，文话皆相通。”（3页）

【1】理论上说，共同语是一种高级形式的方言。

（26）长白老民《推广京话至为公义论》："今用字母拼京话以助文字所不逮，则惟显宦及名士往往力为反对，非其心之不仁也，盖其见之不明有数端焉。其在北人，则因二百余年常隐然畏南人斥吾之陋，故务作高雅之论，不敢言推广京话以取南人讥笑。实则文野之分，自在知识行能，岂在咬文嚼字之皮毛哉。其在南人则狃于千数百年自居文明之故见，以为惟江南为正音，又因其乡人习北语甚难。若用京话字母拼译中西各书，使南人读之，较之读解文章，不见有倍蓰之易。故以为多一周折不如任各省语言各异，专用文章通译，或专用外国文通译，钝则均钝，利则均利。呜呼，彼未知语言不一，暗中损碍之大，收拾之难，后祸之烈何如耳。"（34页）

卢戆章长期生活在南方,认为"官话之最通行者莫如南腔"。长白老民是北人，而且又是旗人，从他的论述中也可以看到二百余年间，南方官话的地位高于京话，在人们的心目中，南雅北陋，南文北野。

鲁国尧先生（1985）通过研究《利玛窦中国札记》发现，明代官话的基础方言是南京话。也有不少学者认为金元明清的官话是以北京话为基础的。这两种不同的观点很可能表明这样一种情况：在明代以南京话为基础的官话比较有权势，但在明代改都北京以后，北京话的地位也在提高。到了清代，虽然以南京话为基础的南派官话还有相当的权势，但以北京话为代表的北派官话的地位急剧上升，到了清末，南北官话的权势关系正在发生转变，北派官话的地位正逐渐超过南派官话。在切音字运动和后来的国语运动中，主张以北京话为国语标准的越来越多。例如：

（27）吴汝纶《上张管学书》："近天津有省笔字书……此音尽是京城声口，尤可使天下语音一律。"（29页）

连原来主张以南京话"为各省之正音"的卢戆章，1906年也改变主张，提出以北京话为国语。例如：

（28）卢戆章《颁行切音字书十条办法》："颁定京音官话，以统一天下之语言也。"（73页）

1911年，学部中央教育会议议决的《统一国语办法案》，基本确定了北京话的地位，在"审定音声话之标准"条下规定：

（29）各方发音至歧，宜以京音为主……话须正当雅训，合乎名学，宜以官话为主。（143页）

当然，北方官话的权势地位的最后确定，是在经过五年"京国之争"后的1924年，以张一麟为会长的国语统一筹备会，确定以北京语音作为国语的标准音。

三　方言分歧之弊

工业化国家要求形成统一的市场，统一的市场要求统一语言。欧洲如此，东洋亦如此。吴汝纶1902年受学部之命到日本考察教育，日本人伊泽修二曾告诉他，中国的当务之急是统一语言：

（30）吴汝纶《东游丛录·与伊泽修二谈话》："伊泽氏又曰，欲养成国民爱国心，须有以统一之。统一维何？语言是也。语言之不一，公同之不便，团体之多碍。种种为害，不可悉数。察贵国今日之时势，统一语言尤其亟亟者。"（27页）

吴汝纶归国后，著《东游丛录》向国内介绍日本教育状况，也包括统一语言的问题，并且还向当时的管学大臣上书：

（31）吴汝纶《上张管学书》："今教育名家，率谓一国之民，不可使语言参差不通，此为国民团体最要之义。"（29页）

统一语言，消除方言分歧，在清末逐步形成社会的共识。例如：

（32）长白老民《推广京话至为公义论》："世界各强国无不以全国语言一致为要端。故近年吾国洞达治体者，亦无不深明此理。南省仁人亦多以推广京话为言。……南人已早有因全国宜归一致之公理……"（34页）

切音字运动的主将王照，以北京音为标准，创《官话合声字母》。劳乃宣为在南方推行王照字母，在《官话合声字母》的基础上增加些表示东南方言的字母，目的是"不必强南以就北，自能引南以归北……以土音为简易之阶，以官音为统一之的"（58页），但是仍然受到了《中外日报》的批评：

（33）《〈中外日报〉评劳乃宣〈合声简字〉》："中国方言不能画一，识者久以为忧。今改用拼音简字，乃随地增撰字母，是深虑语文之不分裂而极力制造之。"（59页）

当时人们从统一语言的角度出发，指出了方言分歧的许多弊端。第一，方言分歧妨碍交际。例（22）已包含方言分歧妨碍交际的意思。再如：

（34）刘兆藜等《陈请资政院推行官话简字说帖》："乃中国地域辽阔，言语殊异，文字繁难，通晓匪易。今值预备立宪时代，在上者如京都资政院，各省谘议局，议员文理，固属高深，而口音不同，语言不无扞格。在下如农工商贾，大都各操土音，文字半多不识，……"（132页）

（35）卢戆章《中国第一快切音新字·原序》："（则19省语言文字既从一律，文话皆相通。）中国虽大，犹如一家，非如向者之各守疆界，各操土语之对面无言也。"（3页）

方言分歧，妨碍公务人员行政，上下不通；影响农工商贾交流，"各守疆界"，"对面无言"。此种弊端不仅当时的文字改革者有认识，连直隶学务处这样的官方机构也深明此义。例如：

（36）《直隶学务处复文》："中国民间各操土音，致一

省之人，彼此不能通语，办事多扞格。兹拟以官音统一天下之语言。”（43—44页）

第二，方言分歧影响教育。当时，许多贤达认为，创易识之字（切音字）、统一语言是普及教育、开启民智、富国强民之要务。方言分歧使汉字读音因地而异，影响创制读音统一的切音字。例如：

（37）李文源《形声通跋》：“是以四万万众，目不识丁者殆三分之二，虽由教育未普及，抑亦汉文之困难、方言之庞杂致之也。”（51页）

（38）沈学《盛世元音·自序》：“汉文一字，各随方音而异，欲其惠于后学，得乎？”（11页）

为普及教育计，必须全国语言一致，消除方言分歧。例如：

（39）江谦《质问学部分年筹办国语教育说帖》：“东西各国方音之殊，无异中国。自用标准语为教育，而全国语言一致。英之小学读本用伦敦音，法之小学读本用巴黎音，日之小学读本用东京音。中国官话既有南派北派之分，而南北之中，又相差异，学部既谋国语之统一，编订此项课本时，是否标准京音。”（116页）

连当时的学部也是这样看的，虽然它在骨子里并不真地支持切音字运动：

（40）《学部咨外务部文》：“今欲造切音字母以济象形文字之穷，则宜审求三十六母之本音，稍去其微妙难辨者，以为标准声母若干字，又按四呼四收法，参酌古今韵书，以为标准韵母若干字。声韵既定，或仿日本片假名之例，取原字之偏旁以造新字，或竟用泰西各国通例借罗马字为之。新字成立，乃以《玉篇》《广韵》等书所注之反切，逐字配合，垂为定程，通行全国，不得迁就方言，稍有出入。要使写认两易，

雅俗兼宜，然后足以统一各省之方言，徐谋教育之普及。”（69—70页）

方言分歧的确影响教育。但是，教育不能普及的因素很多，不完全是方言分歧的问题。

第三，方言分歧影响情感，妨碍国民团结。例如：

（41）王用舟、何凤华等《上直隶总督袁世凯书》：“统一语言以结团体也。吾国南北各省，口音互异，甚有隔省之人不能通姓名之弊。夫国人所赖以相通相接者，语言也。言不类则心易疑，此涣散之本也。彼泰西各国，类皆言文合一，故团体最固。至于日本，尤以东京语为普通教育，诚握要之图也。我国无事不规仿泰西，步武日本，独于此漠然置之，可惜孰甚。……各省语言不一，隐然互视为异族。”（36—37页）

（42）卢戆章《颁行切音字书之益》：“我大清国统一天下，岂容各省言语互异，不相闻问，不相交接。故统一语言，以结团体。”（72页）

（43）庆福等《陈请资政院颁行官话简字说帖》：“关系最重者，其在感情之不洽，何有团体？即如山东山西，其与畿辅临近相等也，而山东人与畿辅人联合经营，农工商贾，无微不入，居处言笑，若无省界。山西人与畿辅人，除多财之大贾与达官来往外，则彼忌此骄，视为异类。推求其故，惟言语一小异一大异为之也。苏常淮徐同省也，而淮徐人对北省人情意较对苏常人反似加亲，亦言语为之也。而各省胥视乎此矣。善哉！江益园之言曰，岂有合语言不通情意不达之部落而得为同胞者？……而一致非取京音不可。”（125—126页）

语言情感是语言在人们心理上的投射。一般来说人们对自己的父母语具有亲近感和归属感。为国家上下团结，以结团体，以强国御敌，消除因方言分歧而造成的情感隔膜有一定的作用。但是作用是否有当时人们所讲的如此之大，还值得再考察。当然，方言的存在并非都是消极的，只谈方言存在的弊端是不全面的。

四 结语

清代最末的20年，文字改革家已经非常关心方言问题。他们开始建立与当今相似的方言概念，讨论南派官话和北派官话的权势问题，讨论方言分歧对于交际、教育和国民团结的影响，涉及了方言情感问题。当然由于他们的目的不是研究方言，加之时代和学术、技术发展的局限，总体上看，他们对方言的认识还是不自觉的、不全面的、不成体系的，有些看法甚至是偏激的、不科学的。

尽管如此，他们这些言论所反映的成果，应该是达到了扬雄以来我国方言研究的高峰，其中许多观点今天重温起来仍发人深思，因为我国现在方言分歧仍然相当严重，推广国家通用语言文字的任务仍然相当艰巨，富国强民、普及教育仍是社会的热点话题。同时，他们还是一批社会实践家，他们奔走呼号，著书立说，上陈官府，下启民众，使南北官话的权势关系发生了重要变化，以北京话为代表的北派官话最终上升到作为国语标准的地位，为现代汉民族共同语的建立和发展，作出了永垂史册的贡献。

此外，清末文字改革的论述和各种具体方案中，还包含着人们对当时方言状况的叙述和描写。这些叙述和描写涉及三方面的内容：第一，对某些方言的语音、词汇的描写；第二，各地方言的差异；第三，方言区划。这三方面内容，或是直接叙述出来，或是隐含在为方言而设计的具体文字方案中。清末之时，方言学还没有正式建立，方言调查手段还没有发展起来，而且也不可能对方言进行科学的田野调查，因此这些著述和方案中所反映的当时方言的状况，其科学性不会很高。但是，研究这些叙述和描写，对于了解当时的方言状况，应有一定的参考价值。同时，也只有从这一角度对这些资料进行深入研究之后，才能对清末文字改革家的方言观及其对我国方言学的贡献，作出全面公允的评价。

主要参考文献

陈　虬 1903《新字瓯文七音铎》，拼音文字史料丛书，文字改革出版社，1958年。

陈永舜 1995《汉字改革史纲》（修订版），吉林大学出版社。

高时良 1992《中国近代教育史资料汇编·洋务运动时期教育》，上海教育出版社。

刘世恩 1909《音韵记号》，拼音文字史料丛书，文字改革出版社，1957年。

黎锦熙 1933《国语运动》，商务印书馆（上海）。

卢戆章 1892《一目了然初阶》，拼音文字史料丛书，文字改革出版社，1956年。

——— 1906《北京切音教科书》，拼音文字史料丛书，文字改革出版社，1957年。

鲁国尧 1985《明代官话及其基础方言问题》，《鲁国尧自选集》，河南教育出版社，1994年。

——— 1991《方言与〈方言〉》，《鲁国尧自选集》，河南教育出版社，1994年。

马建忠 1898《马氏文通》，商务印书馆，1983年。

倪海曙 1948《中国拼音文字运动史简编》，时代书报出版社。

王　均主编 1995《当代中国的文字改革》，当代中国出版社。

王利器 1980《颜氏家训集解》，上海古籍出版社。

文字改革出版社 1958《清末文字改革文集》，文字改革出版社。

许长安 2000《语文现代化先驱卢戆章》，厦门大学出版社。

于根元 1996《二十世纪的中国语言应用研究》，书海出版社。
张清常 1990《胡同及其他——社会语言学的探索》，北京语言学院出版社。
赵元任 1980《语言问题》，商务印书馆。

［**原载《方言》2002年第3期**］

清末文字改革家论语言统一*

1892年至1911年的清末20年，出现了影响深远的文字改革运动，即后人所谓的“切音字运动”。切音字运动的主张可以归结为三句话：一、字画简易；二、字话一律；三、语言统一。[1]“字画简易”要求文字简单便捷，这一主张带来了各种切音字方案，并为后来的注音字母、汉语拼音方案和汉字简化作了理论和实践的铺垫；“字话一律”主要指书面语与口语应具有一致性，这一呼唤实乃后世白话文运动的先声；“语言统一”为后来的国语运动以及延续至今的推广普通话工作做了舆论上和理论上的早期准备。研究切音字运动的理论与实践，对全面认识百年来的语言文字现代化运动，对做好今天的语言文字工作，都是非常有意义的。本文以文字改革出版社1958年出版的《清末文字改革文集》为素材，研究这些改革家关于语言统一的论述。

中国历史上虽有雅言、通语、官话等在不同的时代代行共同语

---

* 此文为纪念《中国语文》创刊50周年（2002年6月，南昌）而作。这次收入集子时，对原第一节（《统一语言以结团体也》）进行了大幅度缩简，并删去标题。相应的，原第二节、第三节、第四节成为了现在的第一节、第二节、第三节。例句的编号也作了相应的改动。

【1】这种主张在被誉为语文现代化的揭幕人卢戆章的《中国第一快切音新字·原序》中已经提出（见文字改革出版社1958年出版的《清末文字改革文集》2—3页，下文凡只出现页码的，皆为该书）。

的职能，但这些“准共同语”影响所及主要在官场和文化圈，实际语言生活中方言的分歧十分严重，即便清末亦如此。面对方言的分歧，人们纷纷提出了统一语言的主张。早在1892年，卢戆章在《中国第一快切音新字·原序》中就提出，“当以一腔为主脑”，用南京话来统一全国语言。（3页）1898年，在京为官的卢戆章的老乡林辂存，在《上都察院书》中提出了全国“言同音”的建议。（17页）1902年，吴汝纶《东游丛录》出版。书中描述了日本推行国语、统一语言的成就，而且介绍了日本人伊泽修二的“察贵国今日之时势，统一语言尤其亟亟者”的看法。（27—28页）同年，吴汝纶上书管学大臣张百熙，呼吁“使天下语音一律”，“不可使语言参差不通”。（29页）自此之后，统一语言的呼声不断，形成了当时一批志士仁人的共识。

消除方言分歧，统一语言，是切音字运动为当时的中国开出的一剂救国良药。百年矣，统一语言的民族大业仍未完成，这剂良药今天服来仍有祛邪扶正之药效。

一　共同语的选择及其标准的建立

既然统一语言是切音字运动的救国良药，那么逻辑的结果就是要进行语言选择，确定用什么话做统一的共同语。

（一）共同语的选择

当时，具有充当共同语资格的，无疑是最具权威的代行共同语职能的官话。李宇明（2002）的研究表明，当时的官话并不统一，有南派、北派之分。南派官话以南京话为基础，北派官话以北京话为代表，而且当时南派官话具有相当高的地位，其地位甚至高于北派官话。

尽管如此，用北京话来统一全国语言的主张是当时的主流。[1] 1898年，林辂存已提出要将卢戆章所创闽音字学新书“正以京师官音，颁行海内”：

> （1）林辂存《上都察院书》：“倘以卢戆章所创闽音字学新书，正以京师官音，颁行海内，则黄灵所及之地，无论蒙古、西藏、青海、伊黎，以及南洋数十岛，凡华民散居处所，不数年间书可同文，言可同音，而且妇孺皆能知书。文学因而大启，是即合四外为一心，联万方为一气也，岂不懿哉？”（17页）

1900年，王照创制的官话合声字母，拼北京音，吴汝纶1902年向张百熙推荐说：“此音尽是京城声口，尤可使天下语音一律”。[2] 王璞《呈学部大臣张百熙为推广官话字母文》，呼吁推行王照的官话合声字母。1903年，长白老民的《推广京话至为公义论》和王用舟、何风华等《上直隶总督袁世凯书》，都主张推广京话。随着王照简字（包括劳乃宣在王照简字的基础上增加方音而成的合声简字）在大江南北的广为推行，以北京话为代表的北派官话取得了决定性的胜利。连原来主张以南京话为正音的卢戆章，在1906年也主张推广京音官话：

> （2）卢戆章《颁行切音字书十条办法》：“颁定京音官话，以统一天下之语言也。……全国公文、契据、文件、通信，均认京音官话，为通行国语，以统一天下之语言也。”（73页）

当时，人们为推广京音官话找出了许多理由。例如：

【1】也有个别人持其他主张的，如章炳麟《驳中国用万国新语说》认为江汉间语音为正音（91页）；马体乾《谈文字》则说：“鄙意以为应择全国公有之音定为国音，各地特有之音定为方音。所谓国音者即与向之官音相类，而方音即今之所谓闰音。”（87页）虽然马体乾认为国音“与向之官音相类”，但确定国音的标准却与主流观点不同。

【2】详见吴汝纶《上张管学书》，29页。

（3）江谦《质问学部分年筹办国语教育说帖》：“英之小学读本用伦敦语，法之小学读本用巴黎语，日之小学读本用东京语。……学部既谋国语之统一，编订此项课本时，是否标准京音。”（117页）

（4）刘照藜、陶拺《陈请资政院推行官话简字说帖》：“今欲统一语言，普及教育，非推行官话简字不可。官话系仿各国通例，以京话为官话。”（132页）

（5）庆福等《陈请资政院颁行官话简字说帖》：“前有某议员著论，谓不能以偏隅之语为官话，此大谬也。夫言语出于人，非出于地也。地有偏隅，人无偏隅。凡京师所在，人皆趋之，千百年会萃磨练，在成此一种京话，斯即中央非偏隅也。且原与京语大略相同者，已有直隶奉天吉林黑龙江山东河南甘肃云南贵州四川陕西十一省及安徽江苏之两半省矣。此外各语无两省相同者。为高因陵，为下因泽，岂有舍京语而别事矫揉之理哉？京语非北京人私有之语，乃全国人共有之语，故福等倡言推广京语，纯为大公无我之心，无庸嗫嚅吞吐者也。”（126页）

这些理由是：一、以首都的语言为通用语言是国际通例；二、北京话是经千百年“会萃磨练”的；三、与十一省加两半省的语言略同，可以看做全国共有之语；四、其他方言无两省相同的。今天，阐述推广以北京语音为标准音的普通话时，主要理由基本同此，可见当时人们的认识已经达到了相当的科学高度。

（二）“国语”名称的确定

统一全国的语言应该叫什么名字？1902年，吴汝纶《东游丛录》曾介绍日本人使用“普通语”这一名称：

（6）今年春，仆曾游萨摩，见学生之设立普通语研究

会者，到处皆是。所谓普通语者，即东京语也！（28页）

1906年，朱文熊曾经使用过“普通话”：

（7）朱文熊《江苏新字母·自序》：“余学普通话（各省通行之话），虽不甚悉，然余学此时所发之音，及余所闻各省人之发音，此字母均能拼之，无不肖者。”（60页）

但总的来看，使用“官话、京话”之类说法的还是多数。吴汝纶在《东游丛录》也引进了“国语”的概念，并在《上张管学书》中使用了“国语”：

（8）日本学校，必有国语读本，吾如效之，则省笔字不可不仿办矣。（29页）

此后，“国语”的说法逐渐多起来，很多“说帖”也都使用“国语”。1910年，江谦还为此专门正名，认为应将“官话”改为“国语”：

（9）江谦《质问学部分年筹办国语教育说帖》：“凡百创作，正名为先。官话之称，名以无当。话属之官，则农工商兵，非所宜习，非所以示普及之意。正统一之名，将来奏请颁布此项课本时，是否须改为国语读本以定名称。”（117页）

然而，共同语的选择并不是一蹴而就的，虽然在理论上人们已基本上议定以北京话为国语，但在实践上官话的影响仍然很大。1911年，《学部中央教育会议议决统一国语办法案》规定：

（10）定音声话之标准。各方发音至歧，宜以京音为主，京语四声中之入声，未能明确，亟应订正。宜以不废入声为主，话须正当雅训，合乎名学，宜以官话为主。（143页）

虽然《统一国语办法案》明确国语的语音“宜以京音为主”，但是在对待入声的态度上，却是继承了官话传统，“宜以不废入声为主”。在民初的十多年的时间里，如何确定国语的语音标准一直存在着“老国音”与京音的争论，直到实践证明不废入声行不通时，才最后完全采用北京音系为国语标准。由此可以发现语言规划的一些重要规律。

（三）建立国语标准的问题

推行国语，必须建立国语的各种标准。这一问题到了切音字运动即将结束的1910年才逐渐被意识到。江谦从国语教育的角度提出应当编定国语语法书和国语辞典。例如：

> （11）江谦《质问学部分年筹办国语教育说帖》：“各国国语，皆有语法，所以完全发表意思之机能。语法之生，虽原于习惯，而条理次序之规定，则在读本。学部编订此项课本，是否兼为规定语法。各国国语，必有词典，以便检查，所以防易混之音，别各殊之异义，而识未习之词。若车之邮轮，瞽之依相。学部筹备清单，宣统二年编辑各种词典，此项国语词典是否亦为应编之一。”（117页）

学部中央教育会议在议定统一国语办法案中，不仅提出了建立语音标准，提出了词语、语法的标准，而且还提出了音标的标准问题。例如：

> （12）《学部中央教育会议议决统一国语办法案》：“选择及编纂。各省分会调查后，录送总会，由总会编制部逐加检阅，其雅正通行之语词语法音韵，分别采择，作为标准，据以编纂国语课本，及语典方言对照表等。其俚俗讹误，不能作为标准者，依附入方言对照表，以备查对之用。……定音声话之标准。……定音标。音标之要则有五：一、音韵须准须备；二、拼音法须合公例；三、字画须简；四、形式须美；五、书写须便。无论造新征旧，必以兼合此要则者，方能使用。又须兼备行楷两种。该音标订定后，先在各省府厅州县酌定期限，

试行传授，遇有滞碍，随时举报总会修正。修正确当后，再行颁布，作为定本。”（143－144页）

上面所提到的国语标准的各个方面，应当是相当全面的了。但是，当时作为现代汉民族的共同语的国语，还没有发育成熟，必须进行调查研究。江谦建议应当仿照日本设立国语编查委员会，学部中央教育会议在议定统一国语办法案中首先决定要设立国语调查会：

（13）江谦《质问学部分年筹办国语教育说帖》：“国语编辑。作始维艰，调查须悉。日本有国语调查委员会，附属文部，所以期编订组织之密，谋文语渐接之阶，而防传习推广以讹传讹之误。学部注意国语教育，是否亦仿日本成法，设国语编查委员会，以为专任编订及补助研究之机关，抑未设而即须筹办。”（117页）

（14）《学部中央教育会议议决统一国语办法案》：“调查。先由学部在京师设立国语调查总会，次有各省提学使设立调查分会，办理调查一切事宜。该会调查之件，分语词、语法、音韵三项，其余关涉语言之事项，亦一律调查。惟须有总会订定语词语法程式，及假定音标。令各分会按照调查，其有为定式及假定音标所未赅备者，以一律添补录送总会。该总会分会一切组织办法，统由学部妥定章程，颁布施行。”（143页）

二　借助切音字推行国语

选定以北派官话或京话作为国语，这很重要，但更重要的是如何将其向全国推行。切音字运动的基本看法，是要借助切音字来推行共同语。

（一）简字者，国语之留声机器也

切音字是拼音文字，相当于国语的留声机，因此可以通过用切音字为汉字注音、拼写白话等，以字母传国语。例如：

（15）程先甲等《陈请资政院提议变通学部筹备清单官话传习所办法用简字教授官话说帖》："简字之用，系以京音为主，教授国语，舍此别无捷法……盖国语者，声音也。简字者，国语之留声机器也。无简字则国语之音无所寄，有简字而后国语之音有所凭。"（131页）

（16）王照《挽吴汝纶》："盖先生心底纯挚，目睹日本得力之端，在人人用其片假名之国语，而顿悟各国莫不以字母传国语为普通教育至要之源。"（32页）

（17）刘孟扬《中国音标字书·弁言》："予所撰之音标字……所以济其穷者有三：约略言之，文字原用反切法以定其音，然常有某字注某某切而仍不知其读为何字者，且各地口音不同，所读之字亦往往各异，如用此音标字注成京音，一则易于识字，一则各地读法亦可划一，并可为统一全国语言之导线。其足以济文字之穷者一也。"（84页）

（18）《直隶学务处复文》："查字母之利，大端有二：一则可为教育普及之基，一则可为语言统一之助。"（43页）

（19）刘照藜、陶抻《陈请资政院推行官话简字说帖》："简字系前四品京堂王照所作，字母五十二喉音十二，互相拼合，天籁自成，不惟包括中西文字，亦且定准京音，使不识字之人，习学一月，即能识字写信，学成之人，以一传十，以十传百，由此类推，未可限量，实为统一语言普及教育之良法。"（132页）

（20）《资政院特任股员会股员长严复审查采用音标试办

国语教育案报告书》："传习官话，必采用音标。"[1]（135页）

（二）"一步走"还是"两步走"

怎样借助切音字来统一语言？最重要的一个争论，就是"一步走"还是"两步走"的问题。所谓一步走，是直接教授京音切音字；所谓两步走，是先教授方音切音字，然后再进而学京音切音字。北方方言区与北京话比较接近，一般多采取一步走的办法，而南方有不少人主张两步走，代表人物是劳乃宣。理由之一是，不可能让用惯方言的人一下子都改为官音。例如：

（21）劳乃宣《江宁简字半日学堂师范班开学演说文》："中国之用旧字数千年，用方言亦数千年，今欲数千年之方言一旦变为官音，闻者咸苦其难，望而却步。"（55页）

理由之二是，两步走与推广国语是"相反相成"的。例如：

（22）劳乃宣《江宁简字半日学堂师范班开学演说文》："教育之道，莫妙于诱，莫不善于骇……故莫若即其本音而迁就之，俾人人知简字之易学，知简字之诚可代语言，然后人人皆有变迁语言之思想。有变迁语言之思想，然后率而导之于国语之途，则从之如流水，趋之如大道矣。此所以教育之道在于诱也，此可躐等而进耶。……况乎学南音非但不与北音相反，而且相成，何也？南方语言既可以简字拼之，由是而览北方之书报，不觉恍然大悟曰：此一字吾读某音，今北方则读某音；此一音吾所有，今北音则无之。仅须一转移之功，而北音全

【1】严复所谓的"音标"，即指切音字。

解，北音全解而国语全通矣。所谓相反而适相成也。”（55—56页）

（23）劳乃宣《致〈中外日报〉馆书》：“迨土音简易之字既识之后，再进而学官音，其易有倍蓰于常者。盖以此方人效彼方语，必求肖其音，已识主音之字，则有所凭借。方音之相异有母异者，有韵异者，有声异者。而其本方之母韵声则必自相一律，能肖其母之一字，则同母之字皆可推；能肖其韵之一字，则同韵之字皆可推；其能肖声之一字，则同声之字皆可推。明于母韵声之条理，则易于贯通。今先以土音学简字，于拼音之法，母韵声之理，已了然于胸矣！而官话母韵声之字与土音母韵声之字无异也。所异者音耳。以本识之字，本明之法，而但变其音，有不涣然易解者哉。……俟土音学成后，教以官话，学之亦极易。……不必强南而就北，自能引南以归北矣。……以土音为简易之阶，以官音为统一之的。”（57—58页）

对于两步走的办法，有人提出严厉的批评。例如：

（24）《中外日报》登载的《评劳乃宣〈合声简字〉》：“简字半日学堂以拼音字母教授下等社会，本取法于北洋，惟主持者以北音无入声，今在南方举办，因增入入声字母数音，现将推广于江北扬州等处。又拟按照江北口音再行增设数字母，将来倘复在苏常举办，必更添撰字母。……今改用拼音简字，乃随地增撰字母，是深虑语文之不分裂而极力制造之，俾愈远同文之治也。主持其事者其一念诸，按英文二十六字母，东文五十字母，实不闻有随地增减之说。今中国以遵王论，以举办之先后论，惟有强南以就北，正毋庸纷纷更变为也。”（59页）

也有人提出修补性的方案，或待官话简字推行到一定程度时废止土音字，或将土音字的使用限定在特定范围。例如：

（25）庆福等《陈请资政院颁行官话简字说帖》：“各远省暂增之土音，本为习官音之阶梯，因其耳中向无官话，故先以拼土语引之，是亦推行者之苦心。若各地习官话简字者已占十之二，其余未习官话简字者，耳中亦先有官话之影响，应如江议员小学改良刍议附记所云，将土音字废而不用。”（126—127页）

（26）韩德铭等《陈请资政院颁行官话简字说帖》：“官话简字即官话合声字母，应请钦定颁行，其余各处增订土音，应请饬遵前两江总督周奏准之案，但为习官话简字之阶梯，勿得以为完全正课，凡简字书报，皆限定用官话。”（120页）

（27）卢戆章《颁行切音字书十条办法》：“颁定京音官话，以统一天下之语言也。凡乡痰瘀通都市镇言语可以相通者，饬该地方百姓，无论男女蒙小学堂，在地居民，务必全国男女老幼，均能习诵本土通都市镇之切音字书，（不得参杂穷乡僻壤土话之切音字书）本土切音已成，次及京音切音字书。至于全国高等小学堂、中学堂、大学堂、师范学堂、译学堂、科学堂、商学堂、路矿学堂、警察学堂，自高等小学堂以上，各种学堂，以及文武官员，兵丁皂隶，凡国家所用之人，全国一律，学习京音官话之切音字书。全国公文、契据、文件、通信，均认京音官话。为通行国语，以统一天下之语言也。”（74页）

关于“强南就北”和“引南归北”的争论，关于“以土音为简易之阶，以官音为统一之的”的理论，都已成为历史，而且今天也许已经没有再争论的必要，没有再实践的价值。但是，就语言学习理论而言，“两步走”的主张及其短暂的实践活动，还有一定的研究价值。

（三）国家审定、颁布切音字

既然要借助切音字来推行共同语，那么就需要对切音字的诸多问题进行思考。首先，人们认识到，应当对切音字进行整理，审定标准，“字母画一”，并由国家统一颁布，以使切音字具有权威。例如：

（28）卢戆章《颁行切音字书十条办法》：“字母画一，以免分歧也。全国字母、声音、与声、以及平仄、切法、教科书，均须划一。不然，他日杂作分歧，其乱非浅。”（74页）

（29）林辂存《上都察院书》：“查创新法切音者，福建卢戆章之外，更有福建举人力捷三，江苏上海沈学，广东香港王炳耀，已故前署海关道蔡锡勇，各有简明字学，刊行于世。……敢请我皇上饬下各该省督抚学政，传令卢戆章等，并其所著字书，咨送来京，由管学大臣选派精于字学者数员，及编译局，询问而考验之，校其短长，定为切音新字，进呈御览，察夺颁行。”（17—18页）

（30）《资政院特任股员会股员长严复审查采用音标试办国语教育案报告书》：“查拼音字民间造者亦有数种，不无互有优劣。标准不定，流弊易滋，应有学部审择修订一种，奏请钦定颁行，庶体不歧趋，而用归一致。”（134页）

（31）劳乃宣《进呈〈简字谱录〉摺》：“窃谓当请钦定通国统一全谱，并以此字编定各种浅近教科书，请旨颁行天下，于初等小学五年学期以前，增加一年两学期，专以此简字教授。先各习本地方音，以期易解，次通习京音，以期统一，

再以各种简字教科书教以普通道德，寻常知识。”（80页）

韩德铭等《陈请资政院颁行官话简字说帖》也提出官话简字“应请钦定颁行”。（120页）

（四）切音字在推广国语中的具体作用

就推广国语的角度研究切音字的性质，认为切音字相当于音标，其作用一是“范正汉文读音”，二是“拼合国语”。例如：

（32）《资政院特任股员会股员长严复审查采用音标试办国语教育案报告书》：“简字当改名音标。……一以示为形字补助正音之用，一以示拼音性质，与六书性质之殊。……用法有二，一范正汉文读音，二拼合国语。汉文读音，各方互异，范正之法，于初等小学课本每课生字旁注音标，儿童已习音标，自娴正读，但令全国儿童读音渐趋一致，而统一之效可期。”（134—135页）

《中华人民共和国国家通用语言文字法》第十八条规定：“国家通用语言文字以《汉语拼音方案》作为拼写和注音工具。”这一规定同例（32）对于音标功能的论述比较，会发现两者是非常相似的，这说明1910年以严复为股员长的资政院特任股员会对于音标的认识，已经达到了与今天非常接近的水平。

（五）推行切音字的具体措施

探讨并实践推行切音字的具体措施，是当时一项重要任务。当时提出的措施主要是：

1. 在学校中设国语科或切音字科，并且还提出了轮训教师和用国语授课的问题。例如：

（33）《学部中央教育会议议决统一国语办法案》：“凡

各学堂之职教员不能官话者，应一律轮替入所学习，以毕业为限。各学堂学生，除酌添专授国语时刻外，其余各科亦须逐渐改用官话讲授。”（144页）

2. 建立传习机构。在京城、省城等地设立“字母师范院”、“师范传习所”、“官话拼音学堂”等，招口音纯正者进行培训，然后依次派往各省府州县推广传习。建立较为详备的传习章程和各种奖惩制度，各级政府还要派员巡视监督。

3. 让学会切音字者辗转教习。王用舟、何凤华等在《上直隶总督袁世凯书》中提出“父传其子，兄传其弟，夫传其妻，姊妹妯娌互相传演”。（37页）[1]或利用祖庙、寺院、公所、民间空旷屋宇等，创办各种“字母义塾”、蒙学，夜学、半日学、期日学等，为儿童、妇女、兵警及其他学习者提供方便。

4. 出版相关的教材。教科书“应由公家设局编印，民间自行编印者听之”。[2]

5. 办白话报纸，编白话书籍，开演说会，为学习切音字和国语提供实践的机会，并能扩大宣传。

6. 官方应承认切音字，使用切音字。例如：

（34）劳乃宣《进呈《简字谱录》摺》：“官府出告示批呈词，皆参用此字，俾人人能晓。”（80页）

（35）韩印符等《陈请资政院颁行官话简字说帖》：“官

【1】劳乃宣《进呈〈简字谱录〉折》也提出：“既有此易识之字，即可施行强迫之令，应令全国人民，凡及岁者皆入此简字之学一年，不学者，罪其家长。……此字传习极易，至多不过数月而可成。以一人授五十人计之，一传而五十人，再传而二千五百人，三传而十二万五千人，四传而六百二十五万人，五传而三万一千二百五十万人。中国四万万人，五六传而可偏。”（80—81页）

【2】详见《资政院特任股员会股员长严复审查采用音标试办国语教育案报告书》（134页）。

府出告示、批呈词，皆参用官话简字，民人不识汉字者，递呈准用官话简字。”（129页）

7. 开设研究机构，如“字母会社”、“简字研究会”等。

8. 试办。通过试办，取得经验再全面推广。例如：

（36）《资政院特任股员会股员长严复审查采用音标试办国语教育案报告书》：“将欲推行，必先试办。试办果无流弊，推行必易风靡。”（135页）

这些措施不仅是推行切音字的措施，而且也是推行国语的措施。这些措施，有些在当时已经付诸实践，有些在后来曾经被多次实践。实践证明，当时提出的许多措施是行之有效的。今天的推广普通话的许多措施，如把学校作为推广重点、教师资格认证、举办各种普通话培训班和普通话观摩会等，其渊源都可以追溯到切音字运动时代。

三　结语

切音字运动从民间兴起，后来影响到官府甚至朝廷，连慈禧太后都曾关注过此事。对推行国语教育，清朝学部曾经制定了如下分年实施的计划：

（37）江谦《质问学部分年筹办国语教育说帖》：“学部奏报分年筹备事宜清单，所列国语教育事项如左：宣统二年，编订官话课本，编辑各种词典，行各省学司所有省城师范学堂及中小学堂兼学官话；宣统三年，颁布官话课本，京师设立官话传习所，行各省设立官话传习所；宣统四年，行各省推广官话传习所；宣统五年，行各省学司所有府直隶州厅初级师范学堂及中小学堂兼学官话；宣统八年，行各省学司所有厅州县中小学堂兼学官话，是年检定教员章程内，加入考问官话一条。初级师范学堂中学堂高等小学堂各项考试，均加官话一科。”（116页）

这种影响的产生，第一，是因为当时救国变革的大思潮的推动；第二，出现了数十种切音字方案，并通过王照、劳乃宣及其学生的推行实践，使其影响几乎遍及全国；第三，利用清政府广开言路之机，出现了大量的上书和说帖；第四，有一批高官和权威人士热心提倡呼吁，如袁世凯、梁启超、林辂存、江谦、周馥、庆福、严复、吴汝纶、劳乃宣等。但是，清王朝毕竟已经到了垂亡之时，已不可能担当统一国语的历史大任了。

统一语言是历史发展的必然趋势，但实属不易。历史上曾经多次提出普及国语或普及普通话的时间表，但都未实现。现在，国家又提出了要在2010年内初步普及普通话，在2050年内普及普通话。要完成这一战略目标，需要借鉴切音字运动的成果，需要总结百年历史经验。承前而启后，方能有成。

主要参考文献

陈永舜 1995《汉字改革史纲》（修订版），吉林大学出版社。

高时良 1992《中国近代教育史资料汇编·洋务运动时期教育》，上海教育出版社。

黎锦熙 1933《国语运动》，商务印书馆。

李宇明 2002《清末文字改革家的方言观》，《方言》第3期。

倪海曙 1948《中国拼音文字运动史简编》，时代书报出版社。

王 均主编 1995《当代中国的文字改革》，当代中国出版社。

王理嘉 2002《汉语拼音运动的回顾兼及通用拼音问题》，《中国语文》第2期。

文字改革出版社 1958《清末文字改革文集》，文字改革出版社。
许长安 2000《语文现代化的先驱卢戆章》，厦门大学出版社。
于根元 1996《二十世纪的中国语言应用研究》，书海出版社。
周有光 1979《汉字改革概论》（第三版），文字改革出版社。

［**原载《语言教学与研究》**2003**年第**2**期**］

弘扬吕叔湘学术精神

一　学贵创新

吕叔湘为20世纪中国语言学做了巨大的贡献。

贡献最大的学术领域，是现代汉语语法。朱德熙（1980）指出，《中国语法要略》是“研究汉语句法结构变换关系的先驱”，是“迄今为止对汉语句法全面进行语义分析的唯一著作”。胡明扬（1994）认为，“在《中国文法要略》中，吕叔湘先生提出了一个在内部蕴含有机联系的表达论体系，这也是迄今为止汉语研究中的最完整的一个表达论体系。”

吕叔湘同时又是我国近代汉语研究的拓荒者和奠基人。江蓝生（1994）从研究资料的开掘、近代汉语语法的研究、科学的研究方法和良好学风、汉语史的分期这四个方面，精当地总结了吕先生近代汉语的研究成就，并且肯定“吕先生对汉语史分期的新看法，贯穿了从语言发展的实际出发、以资料为依据的唯物主义观点”，“颇具远见卓识和首创性”。

事实上，吕叔湘在许多领域都有开拓创业之功。王菊泉（1997）认为吕先生“一手创建了我国的英汉对比学科”，“在理论和方法上为对比语言学，为英汉对比研究的开展作出了独特的贡献”。侯精一、徐枢（1993）和陈章太（1997）等深情地介绍了吕先生为《中国语文》付出的心血和办刊方面的创新。刘庆隆

（1997）高度评价了吕叔湘主编《现代汉语词典》的创造性工作。

创新乃学术之魂。吕叔湘为何能有如此之多的令人难以企及的学术创造？笔者在此想着重强调他的学术指导思想。这就是：“借西以为中，承古以为今”。亦即江蓝生、方梅（1998）所概括的“中学为体，西学为用”和“中国小学传统与现代科学精神相结合”：“他很注重对西方语言学理论和方法的借鉴，对西方传统语法和现代语言学理论都有深入的研究，对国外语言学的发展动态极为关注。同时，他始终把国外的理论和方法当作研究汉语自身规律的工具和桥梁，在二者的结合上认真思考，努力实践，是中西方结合的典范。”

吕叔湘“学贯中西，博古通今”（陈章太，1997），具有他那一代学术精英的共性。但更为可贵的是，他不管是借鉴西方还是承继传统，目的都是为了现代的汉语研究，为了发展现代的语言学。吕叔湘（1980a）批评过两种偏向：“一种偏向是谨守中国语言学的旧传统埋头苦干，旧传统里没有的东西一概不闻不问。……另一种偏向是空讲语言学，不结合中国实际，有时候引些中国事例，也不怎么恰当。介绍外国的学说当然需要，我们现在介绍得还很不够，但是介绍的目的是借鉴，是促进我们的研究。”吕叔湘（1986a）在为龚千炎《中国语法学史稿》作序时又指出：“过去中国没有系统的语法论著，也就没有系统的语法理论，所有理论都是外来的。外国的理论在那儿翻新，咱们也就跟着转。这不是坏事，问题是不论什么理论都得结合汉语的实际，可是‘结合’二字谈何容易，机械地搬用乃至削足适履的事情不是没有发生过。”

吕先生这些话仿佛就是针对今天而讲的，这两种偏向至今犹存，并未因先生的批评而稍改，并未因先生的仙逝而匡正。“借西以为中，承古以为今”的学术指导思想，是吕先生留给我们的宝贵思想遗产，是了解先生创新成就何来的锁钥。

二　谨严务实

吕叔湘的谨严与务实，为学界提供了楷模。

先生治学严谨，有口皆碑。胡明扬（1993）曾这样描述其严谨："对原始资料进行周密的考证，对采用的例证进行精心的鉴别。对要作出的论断从各个角度进行反复思考，不臆测，不妄断，对读者负责，对自己负责。""他从来不轻易作结论，下断语，从来不把话说满，总留有余地……在引用别人的观点时一定要注出处，哪怕只是口头说的。"

谨严是思维缜密的表现，是科学领域高度责任心的体现，是良好的科学素养。而务实，反映的则是科学工作者应有的价值取向。江蓝生、方梅（1998）认为："吕先生的学术思想的最大特点就是务实。他一生孜孜以求的就是如何实事求是地认识汉语、分析汉语。"侯精一、徐枢（1993）指出："务实与创新相结合是《中国语文》的办刊宗旨，这是吕叔湘先生一贯倡导的。"

作为"语言学界众望所归的领导者"（刘坚，1994），吕叔湘不仅在研究实践中坚持谨严务实的学风，而且不断向学界"言传"，呼吁谨严务实。1980年10月，中国语言学会在武汉召开成立大会，他作了《把我国语言科学推向前进》的重要报告，报告论述的"中和外""虚和实""动和静""通和专"等四种关系中，已就谨严务实的学风谈了不少。会议闭幕，先生又一次强调："语言学是一门科学，在科学面前来不得半点虚假。我们要实事求是，脚踏实地去工作，反对浮夸的学风。"（吕叔湘，1980b）1984年，他为《语言教学与研究》创刊五周年的题词也是"务实"两个大字。1986年，首届"青年现代汉语（语法）学术讨论会"在武汉举行，先生做了《实事求是》的书面发言："要真正做到实事求是也并不容易，以研究工作而论，'实事'就是要掌握材料，材料要可靠，并且要尽可能全面。……‘求是’就是找出规律。……有的同志做工作急于求成，思考一个问题的时候，灵机一动，‘如此这般’，很快就有了结论。遇到不符合他的结论的事实就想方设法把它解释掉，不愿意修改他的结论。这样‘求’出来的‘是’就靠不住了。”（吕叔湘，1986b）

“治学之道，学风先导。”[1]吕叔湘言传身教的谨严务实的学风，是培养学界新人的活教材，是医治时下浮躁浮夸痼疾的有效药石。

三　重视语言事实

重视语言事实是务实的一个重要方面，也是吕叔湘最为重要的治学特色。

吕叔湘（1980a）用他特有的朴实风格讲述过理论与语言事实的关系：“理论从哪里来？从事例中来。事例从哪里来？从观察中来，从实验中来。……我们说理论从事例中来，在一定程度上也可以说事实，也就是材料，决定理论。”他形象地把事实比作“钱”，把理论比作“钱串子”，没有钱，钱串子是一点用也没有的，虽然“正确的理论能引导你去发现事实”。“喜欢搞理论的人多，肯在观察、实验上用工夫的人少……喜欢搞理论而不愿意进行观察和实验，可以有两种动机，或者是追求虚无缥缈的美感，或者是逃避辛勤劳动。不管是哪种动机，都不利于学问的进步，很容易使人成为一个空头理论家。”

吕先生不仅提倡大家重视语言事实，而且身体力行。胡绳

【1】这是邢福义先生（1993）纪念吕叔湘先生九十华诞论文的题目。

（1994）指出："他非常注意，甚至可以说是随时随地注意中国语言中的各种具体现象。他在通常人们不大注意的地方看出问题，由小见大，由好像很平常的现象中看出重要的问题。"江蓝生（1994）指出："他的每一本著作、每一篇文章都是在充分占有材料的基础上写成的，贯穿了有一分材料说一分话的原则。""他能从一大堆纷乱如丝的材料中理出头绪来，按照时代的前后、用法的异同等井井有条地排列，把材料使用得恰到好处。"

邢福义（1993）列举了吕先生提倡务实学风的一系列言论，接着指出贬低务实、不重视语言材料的四种代表性说法："描写事实，不是目的"；"讲求务实，缺乏理论"；"搜集事例，没有必要"；"因小失大，只捡芝麻"。邢福义利用吕先生的观点批驳了这些说法，认为：语法研究的目的"应该是也只能是解释语法规律。事实描写，是通过事实阐明语法规律；理论解释，是从理论上阐明语法规律。描写也好，解释也好，本身都不是目的"。"汉语语法规律至今未能全面准确地揭示，有多方面的原因，而最根本的原因就在于语法事实远远没有弄清楚。"

邢福义（1993）还指出，吕先生其实是十分重视理论的。这话很对，也很重要。上文第一节所讲吕先生的创新，都是理论创新。若不重视理论，哪来这些理论创新？吕先生强调事实的重要性，其实强调的是科学通则；吕先生在整个研究生涯中重视语言事实，其实是在依照科学通则行事。所有的科学都重视自己的研究对象，理论来自于对事实的观察与分析，观察分析手段的进步常能带来科学的大发展。语言学岂能例外？

在此需要提及语料库的问题。20世纪50年代之后，"英语用法调查"语料库（Survey of English Usage）、布朗语料库（Brown Corpus）、伦敦－隆德语料库（London-Lund Corpus）相继建立，80年代以来，以柯林斯－伯明翰英语语料库（COBUILD）为代表的第二代语料库不断涌现，国际上的大型语料库已经超过50个，其中也包括汉语语料库。（参见黄昌宁、李涓子，2002：7—11）我国自上世纪八九十年代开始，也努力建设了一些语料库。规模宏大的语料库，为语言学家观察语言事实提供了新的技术手段。努力建设语料库，充分开发语料库，自觉利用语料库，对于重视语言事实的语言学家来说，已经成为当今的重要课题。语言学家在建设语料库、开发语料库和利用语料库的过程中，自己也得到发展与提高，21世纪我国语言研究的现代化或许就由语料库开始。

四　重视社会语言生活

“学者具有学术和社会的双重使命。其学术使命，乃是推进学术，为人类的知识宝库增加点什么。其社会使命，就是将科研成果应用于生活，服务于社会。”（李宇明，2003）吕叔湘之所以被公认为语言学大师，还在于他十分关注社会语言生活，出色履行了语言学家的社会使命。

吕叔湘积极投身国家的语言文字工作，担任过中国文字改革委员会副主任、中国文字改革委员会词汇研究部主任、中央推广普通话工作委员会委员等等职务。1951年6月6日，在《人民日报》发表《正确地使用祖国的语言，为语言的纯洁和健康而斗争》社论的同时，他与朱德熙合著的《语法修辞讲话》开始连载。[1]他平时看书读报，遇有语言毛病便随手记下，著文纠正，《语文常谈》和《未晚斋语文漫谈》中有很多反映他这种高度社会责任心的文章。1955年10月25日至31日，中国科学院在北京召开现代汉语规范问题

【1】两位先生还把稿酬悉数捐献抗美援朝。

学术会议，他与罗常培先生联名作的《现代汉语规范问题》学术报告，是我国语言规范的纲领性文件。

母语教育是吕先生的又一座人生丰碑。1948年，他与叶圣陶、朱自清等合编《开明新编高级国文读本》（6册）、《开明文言读本》（3册）；50年代，担任人民教育出版社特聘副总编，当时中学语文正筹备文学和汉语的分科实验，他领导了《汉语》课本的编写工作，对“暂拟汉语教学语法系统”的形成起了主要作用。（张志公，1993；吕冀平，1996）1979年，他担任中学语文教学研究会首任会长。80年代，同张志公一起指导了第二次教学语法体系的制定。（张寿康，1983；田小琳，1993）1981年，当时77岁高龄的吕先生还准备了长达八九千字的讲稿，详细说明怎样给中学生讲语法。他还支持和指导了由黑龙江省开始的“注音识字，提前读写”的小学语文教学改革试验。

江蓝生（1998）称吕叔湘是“人民的语言学家”，是“推进语文规范化和普及语文教育的实践家”，十分中肯。当今中国改革开放，随着教育、传媒和科技事业的快速发展，随着信息技术的日趋普及，随着国际间交往的频繁与冲突的加剧，语言生活正发生着巨大变化，出现了一系列值得语言学家研究的新现象，出现了许多需要语言学家回答的新课题，出现了一些需要语言学家参与的语言工程。语言学工作者要完成学术使命，更应承担起社会使命，以不辜负我们所处的伟大时代。

五　余言

在强调弘扬吕叔湘学术精神之时，在引用了学者们关于吕先生的精当论述之后，笔者也心存迷茫：许多先生都认为《中国文法要略》是研究句法结构变换的先驱，但是，中国20世纪60年代引进的、70年代末80年代初开始广泛应用的变换分析的理论与方法，却来自美国语言学家哈里斯（Z. S. Harris），与《中国文法要略》并无关系。[1]胡明扬（1993）认为，“现在流行的‘动词中心论’和动词的‘价’的概念是法国语言学家吕西安·泰尼埃尔1959年出版的《句法结构基础》中提出来的，比吕叔湘先生晚了十七年。两种理论构想相同，甚至‘向’和‘价’的设想也基本相同，这在学术史上也算得一桩佳话。仅仅因为中文还不是一种通用的书面语言，在世界范围内熟悉吕叔湘先生的理论的人反而不多。”为什么中国前辈学者的创造，不能在世界上发生其应有影响，甚至也不能在国内发生其应有影响？

胡明扬把原因归结为中文的不通用，但我揣测原因恐怕不只于此，最重要的原因也许是：第一，我国的语言学不是国际学术的制高点，“学术之水”难以倒流；第二，理论提出者表述理论的方式不显豁，影响了理论的传播与继承；第三，我国学术眼光的聚焦点主要在国外，对本国的研究成果缺乏有意识的梳理，缺乏学派式的继承与发展，缺乏科学的学术批评。

这些不利于学术发展的因素今天并没有多少变化，若不努力革除，上述“变换分析”和“配价语法”的令人酸楚的“佳话”，肯定还会复现，那将是中国语言学的最大悲哀。

主要参考文献

陈章太 1997《学术的导师　道德的楷模》，《吕叔湘全集》第十九卷，辽宁教育出版社。

【1】参见方经民（1998：29—33）。其实，王力先生的《中国语法理论》也涉及到变换。方经民（1998：30—32）认为吕、王二位先生的变换研究是在叶斯柏森的组合和联系理论基础上发展起来的。

方经民 1998《汉语语法变换研究》，白帝社。

侯精一、徐 枢 1993《吕叔湘先生与〈中国语文〉》，《吕叔湘全集》第十九卷。

胡明扬 1993《严谨的学风 杰出的贡献》，《吕叔湘全集》第十九卷。

——— 1994《吕叔湘先生在语法理论上的重大贡献》，《中国语文》第1期。

胡 绳 1994《在庆祝吕叔湘先生九十华诞学术讨论会上的讲话》，《中国语文》第1期。

黄昌宁、李涓子 2002《语料库语言学》，商务印书馆。

江蓝生 1994《试述吕叔湘先生对近代汉语研究的贡献》，《中国语文》第1期。

——— 1998《人民的语言学家》，《吕叔湘全集》第十九卷，辽宁教育出版社。

江蓝生、方 梅 1998《吕叔湘学术思想研究》，《吕叔湘全集》第十九卷。

李宇明 2003《语言学习与教育·后记》，北京广播学院出版社。

刘 坚 1994《在庆祝吕叔湘先生九十华诞学术讨论会上的发言》，《中国语文》第1期。

吕叔湘 1961《汉语研究工作者的当前任务》，《中国语文》第4期。

——— 1980a《把我国语言科学推向前进》，《中国语文》第1期。

——— 1980b《中国语言学会成立大会闭幕词》，中国语言学会《把我国语言科学推行前进》，湖北人民出版社，1981年。

——— 1986a《中国语法学史稿》序，龚千炎《中国语法学史稿》，语文出版社。

吕叔湘 1986b《实事求是》,《语法求索》,华中师范大学出版社,1989年。
田小琳 1993《吕叔湘先生和教学语法》,《吕叔湘全集》第十九卷。
王菊泉 1997《吕叔湘先生与我国的英汉对比研究》,《吕叔湘全集》第十九卷。
邢福义 1993《治学之道,学风先导》,《世界汉语教学》第4期。
张寿康 1983《吕叔湘先生和语文教学》,《吕叔湘全集》第十九卷。
朱德熙 1980《汉语语法丛书》序,吕叔湘《中国文法要略》,商务印书馆,1982年。

[原载《汉语学报》2004年第1期]

语言的全息性与语言的全方位研究*

语言是人类社会最重要的交际工具和思维工具。语言要充分发挥交际工具和思维工具的作用，就必须把人类生活的各方面反映为一定的语言单位或语言形式。正因如此，语言反映着社会及其历史的景观，积淀着思维的成果，从而使语言成为社会的一个全息装置。例如，解放初期永宁纳西族还处于由母权制社会向父权制社会的过渡时期，女尊男卑，所以“小树”叫“树男”，“大树”叫“树母”；“偏房”叫“房男”，“主房”叫“房母”。（参见胡明扬，1985：46）因纽特[1]人生活在冰天雪地之中，对雪有足够细致的观察，而且区分不同形态的雪对于他们的生活也至关重要。于是在因纽特语中有一百多个表示不同形态的雪的词。古人以为“心之官则思”，于是语言中凡与思想、智慧、情感、意志等相关的字和词语往往都有一个“心”字，或以“心（忄）”为偏旁。古姓中有很多字带“女”旁（姬、嬴、姒、姜、姚等），这明白地告诉了我们古代女权社会的信息。通过对欧洲诸语言中“茶”的读音的比较，使我们看到了中国茶叶出口的路径。[2]这些例子都可以说明语言是社会的一个全息装置。

---

* 本文写作之初，曾受到海南人民出版社李升召同志的一些启示，特此致谢。

【1】原文为“爱斯基摩”，今从本种族习惯改。

【2】参看周振鹤、游汝杰（1986）第五章。

一

一种事物可以根据不同的研究目的从不同的角度给出不同的定义，概括出不同的性质。当前较为流行的语言定义有两种：1. 语言是人类社会最重要的交际工具。2. 语言是一个符号系统。（列宁，1914：396）那么，我们还可以给语言下第三种定义：3. 语言是社会的全息装置。

定义1是从使用的角度说明语言在社会生活中扮演了什么角色；定义2侧重于语言这个交际工具的内部构造；定义3是由定义1逻辑推演而来，而且也是从实践中归纳概括出来的。它同两个定义有联系，但也有所不同。定义3不仅说明语言干了什么，语言的结构系统如何，而且还要说明语言还能被用来干些什么。

不同的定义，不同的侧重点，必然带来不同的研究角度、研究目的和研究方法。依据定义1，人们着重研究语言的各种变体以及这些变体的各种使用情况，研究各种交际环境对于语言变体的选择，以及为充分发挥语言工具的作用而采取的各种社会对策，其中主要是规范化、通用语等问题。其最常用的方法是人文科学的方法。依据定义2，人们主要研究语言的系统结构，诸如语言单位、语言单位的分布、语言单位的组合规律和聚合特点，研究语言的线条性、层次性、离散性、递归性、随机性等一系列问题。其所最常用的方法是数理方法。依据定义3，就不限于以上两种定义所廓定的研究课题，而且是要揭示一切与语言有关的问题。诸如语言与文化、思维、逻辑、哲学、政治、心理、民族、人种、文学、美学、地理、社会生活等之间的关系。其所运用的方法，也应是一种综合性的方法，即既可使用人文科学的方法，也可以使用自然科学的一些方法；既可以使用语言学方法，也可以使用其他学科所用的方法。这种研究，我们称之为“全方位研究”，亦即要对语言进行多侧面、多角度、多目的、综合性的研究，以期揭示出、发散出语言这个装置中所储存的所有信息。

比如研究表示时间的词语或结构，不仅要描写出时间词语的语法类型、时间短语及时间结构，区分时点与时段；不仅要研究时间词语或结构的各种用法及交际功能；不仅要看到“日、月、年、秋、春、夏、冬”以及“目前、眼下、过去、将来、曾经、最近、以前”等表示时间的词语都是从表示天体、农事、方位的词语派生而来的，还要从中看到人类思维是由具体到抽象的发展过程。[1]

再如“象、豫、为”这几个字，就不能把“象”只看做是一种动物的名字或舜的弟弟的名字，把“豫”只看做河南的简称，把“为”只看做“為”的简写，或者说“為”的古体是以手牵象的会意，而应由此推及远古时代中原大地有大象的生息活动。河南登封地下出土的象牙化石，甲骨文中所记载的田猎捕获的大象，都是此种推论的铁证。[2]并由此推断远古时代中原气候应与今天的泰国、巴基斯坦、缅甸、越南等产亚洲象的国家或地区的气候相似，并进而测拟中原气候古今经历了由热到温的变化。

以上举例可以看出全方位研究已大大突破了狭义语言学的界限，我们不妨把这种在全息观指导下开展全方位研究的语言学，称之为“大语言学”。当然，如何对语言进行全方位研究，还是需要语言学者在实践中探索的课题，现在还难以说出个子丑寅卯。

二

对语言进行全方位研究，是发展语言学的值得重视的道路，对

【1】参看王力（1980）第五十四节，伍铁平（1982）。
【2】甲骨文有关象的记载，见吴浩坤、潘悠（1985：281）。

于提高语言学在整个科学体系中的地位，对于语言学更好地服务于人民生活和国家建设，具有不可忽视的意义。

进行全方位研究的一个自然结果，就是各种边缘交叉学科的建立，就是使语言学走向社会生活，从而不仅使语言成为人们之间进行交际和用于思维的工具，而且也成为其他学科用于研究的材料。一切与语言相关的学科，都可以从语言学中借鉴成果或研究方法，人民的生活和国家建设也可以在语言学中找到更多的有用的东西，从而使语言学发挥较大的社会效益，提高语言学的威望。在国外，人们公认语言学是一门带头领先的学科，（参见J. H. Grrenberg，1983）语言学成了热门，这与国外自觉不自觉地对语言进行全方位研究不无关系。而中国语言学一直把自己禁锢在象牙之塔里，有时甚至寂寞冷落。中国语言学进行全方位研究，迅速走出象牙之塔，是具有现实意义的。

全方位研究不仅可以使语言学在其他学科里和社会建设中大显身手，而且对于语言学自身发展也是极有价值的。语言学的世界性倾向是在由描写走向解释。语言并不是一个完全自足的系统，要对它进行解释，只在语言系统内是难以办到或难以完全办到的，必须涉及到社会、心理、地理等各种因素。比如汉语成语有一种明显的四字格化趋势，汉语句法讲求意合讲求节律，形成一种灵活多变滚动铺排的格局。要解释这种现象，不能不把视野扩大到汉民族的审美心理，不能不考虑汉文化的悠久传统。自《马氏文通》以来，引进的西洋语法框架总难以较好地解释汉语，在西洋诸语言中使用得得心应手的理论和方法，一接触汉语的实际便显得拙手笨脚。其实，即使是一些处于语言结构中的较低层次的语言现象，要给以恰切合理的解释，也往往需要到语言之外去寻找。比如“把”字句的使用，是讲话人有一种处置意图。这意图就不是语言本身的东西。中国语言学要走出自己的道路，要对世界语言学有所贡献，不考虑汉语实际以及与汉语相关联的各种民族、文化、心理的特点，恐难以成功。一代大师索绪尔提倡为语言而研究语言，只在语言系统中去研究语言，也许在结构语言学建立时期具有进步意义。但是，语言学发展到今天，再恪守这一信条，无异于作茧自缚。科学时尚具有很明显的时代性，当年促进语言学发展的主张到了今天，可能会成为阻碍语言学发展的反力。

而且还必须看到，学科之间是相通的，任何一门学科都不可能不向其他学科借鉴。边缘学科的建立，有益于语言学从其他学科中汲取营养，从而丰富强健自己。任何交叉学科都具有一种互动的性质，是联系所交叉的两个学科或多个学科的桥梁。数学的、社会学的、心理学的方法引入语言学，都是交叉学科的功劳。不仅如此，语言研究的基点是搜索语料，但语料的搜索并不是纯客观的，它带有研究者的使用目的。如果研究者目光短浅，视野狭窄，有些十分有价值的语料就会视而不见或是故意筛掉。我国传统语文学的研究目的是注释经书，所以一直对口语不够重视，而口语对语言研究的价值是不言而喻的。遗憾的是这种传统一直影响到今天。再如儿童语言是一种价值连城的语料，通过它可以从个体语言发生的角度来辅助语言史的研究和语言的共时研究，可以较便利地探测语言及其运用的心理机制，可以有助于第二语言学习的研究以及人类语言普遍现象的研究，当然还有语言学之外的作用，如发展心理学研究，语言与智力关系的研究，以及儿童的语言教育及智力开发，等等。但是我国对语言资料的搜集相当有限，儿童语言的资料搜集与研究也就更为薄弱了。没有足够的语料，要对语言作出精细描写是不大可能的，那就更谈不上解释了。

三

要开展全方位的语言研究，首先必须更新观念。中国语言学界似乎存在着重具体描写、轻宏观研究、轻理论探讨、轻普及应用的倾向，这种倾向直接影响了研究界的价值观念，从而使语言学的宏观研究、理论探索等一直处于萎缩状态。其后果之一是研究人员缺乏理论素质，学术文章只见材料不见思想。常常是西方运用我们的材料加工提炼出某种理论再卖给我们，造成“学术剥削”。后果之二是语言学成了经院玄学，语言学研究成果不能带来较大的社会效益。

学术价值不是取决于传统，也不是取决于权威，而是取决于本学科的实践，取决于科学与社会的需要。语言本身是一个全息装置，这种全息装置只有通过全方位研究才可能弄清其奥秘，才能充分释放出装置所具有的能量。要进行全方位研究，首先要打破传统的价值观。当然，旧观念的打破、新观念的建立要有一个过程，要靠艰苦的科学实践，靠充分的学术民主，靠社会的抉择与评价。但是，更新观念已是历史的必然，只不过语言工作者积极地进行更新，以适应这一历史必然罢了。当今之时，不考虑社会效益，任何学科、任何部门都难有好日子过。

其次，要更新知识结构。要开展全方位研究，必须得有较系统的语言学知识和与之相关的语言学之外的知识，否则就无法进行全方位研究，纵使心有余而无奈力不足。比如“美”是审美活动所围绕的中心，“美”字的结构，上“羊”下“大”，古文中“大”是“人”形，“美”字的结构体现了中华民族最古的“羊人为美”的审美意识。这种古老的审美意识与远古的社会生活的图腾崇拜有关。我们的祖先很早就懂得了驯养羊，羊在人的生活中具有极大的价值，其奶可以止渴，其肉可以充饥，其皮可以蔽体。因此许多部落把羊作为自己的图腾。“羌”字上“羊”下“人”，“姜”字上“羊”下“女”。由这两个字可以断言，羌族姜姓古时都是羊图腾崇拜者。《说文解字》释“羌”为“西戎牧羊人也”。姜是周族氏姓，而周之发祥地亦在西北，可能与羌同源。古人为乞吉祥年丰，常常举行各种祭祀仪式，或头戴羊角，或身披羊皮，或仿羊之状，或擎羊之图，歌之舞之。“美”便是这种原始歌舞的祭祀仪式的生动写照。“羊人为美”是最古老的美的定义，反映了先民们原始的审美意识。（萧兵，1980）如果没有古文字知识和原始图腾崇拜知识等等，是难以由此而发掘出其所积淀的先民的审美意识的。

但是不能不看到，语言学界知识老化窄化的现象十分普遍十分严重。这种局面是由众所周知的历史原因造成的，但与我国目前的教育体系也有极大关系。泱泱大国竟没有一个语言学系（除语言学院），语言学专业也少得可怜。中文系和外文系是培养语言学专业人才的主要基地，但在这些系中，语言学课程少得可怜，受到轻视。一个大学本科毕业生甚至不具备起码的科研能力，甚至连研究生课程也是即兴设置，不是从需要出发，而是导师能讲什么课就开什么课，从而造成了研究队伍青黄不接，研究人员的知识结构先天不足。大学和科研单位是语言研究的两大基地，但个人的研究领域十分窄狭，画地为牢，知识封闭，先天不足的知识结构又不能在工作中迅速拓宽，造成后天失调。

打破这种局面，不仅要改革教育制度，而且也要改革用人制度。同时，还要注意吸收非语言学专业人才加入语言学队伍，从而可使语言学队伍的总体知识结构得到改善。组建合理的研究队伍，已是刻不容缓了。

第三，作为全息装置的语言，并不是它的任一子系统、任一语言单位都具有全息性。正如人耳一样，只是它的某一部位或某个穴位对应于人体的某一特定部位或器官。因此，对语言进行全方位研究，就要找到语言中的“耳朵”部位或穴位与社会中的“人体”的效应关系。比如说词义系统和文字系统，较有利于用来研究文化问题，词源的探究在民族史和原始思维等方面有较高的价值，借词中积淀着较多的民族接触交往的历史因素等。当然，这种对应关系或效应关系的寻找，要依赖于科学的实践和若干代人的努力探索。

当然，正如人耳的研究不能代替人体的研究一样，语言研究也不能代替其他相关学科的研究。但是，语言的全方位研究，可以为其他学科的研究提供线索、佐证或是假说。比如我国南方河流多以“江”名之，北方河流多以“河”名之，但东北乃至朝鲜半岛的河流，则又多以“江”名之。江河的命名是否说明开发东北地区和朝鲜半岛的先民同江南的先民有着某种特殊的历史渊源？这为人类学提出了一种研究线索。再如前面提到的关于“心之官则思”的古老认识，文献中已有记载。对词语和文字中带“心”的字词的研究，又为这种记载提供了佐证。又如，通过前面提到的“象、豫、为”等字的分析，可以提出古代中原气候由热变温的假说。这些线索、佐证、假说都具有极为可贵的科学价值。

总之，语言是社会的一个全息装置，这种全息性要求对语言进行全方位研究。要进行全方位研究，必然要求语言学界更新观念和知识结构，开拓出一系列新的研究领域。通过对语言进行全方位研究，不仅可以促进对语言本身的研究，也可以提高语言学在整个科学体系和社会生活中的地位。

主要参考文献

胡明扬 1985《语言与语言学》，湖北教育出版社。

J. H. Grrenberg 1983《语言学是一门领先科学》（傅怀存译），《国外语言学》第2期。

列 宁 1914《论民族自决权》，《列宁全集》第20卷，人民出版社，1958年。
王 力 1980《汉语史稿》（下册），中华书局。
吴浩坤、潘 悠 1985《中国甲骨文史》，上海人民出版社。
伍铁平 1982《论语言的类型对比》，《语言学进修班教学参考资料》，华中工学院中国语言研究所油印本。
萧 兵 1980《从“羊人为美”到“羊大则美”》，《北方论丛》第2期。
周振鹤、游汝杰 1986《方言与中国文化》，上海人民出版社。

［原载《中国语言学发展方向》，光明日报出版社，1989年］

怎样看待与语言有关的交叉科学

一　困惑

十八世纪，历史比较语言学建立，语言学进入科学时代。随着科学的深入发展，先后诞生了一个又一个的分支学科。本世纪五十年代以来，学科之间的交叉渗透综合，成为科学的时尚。在这种背景之下，语言学科除了继续诞生分支学科之外，还如雨后春笋般涌现出了并且还正涌现出一批又一批交叉学科，形成一种繁荣昌盛的局面。

正如人们要赋予世界以秩序一样，人们也希望为这些新兴的交叉性学科建立一种秩序，亦即把它们归纳到一定的学科体系之中。由于传统思维定势的作用，人们习惯在原有的学科布局中给它们找到一席之地，于是便给它们取了“边缘学科”、“外部语言学”、“超语言学”之类的名目。很显然，这是以语言学为中心而建立的学科体系，然而这种处理并不尽如人意。其一，这种学科的研究对象、研究目的及其作用超出了语言学的范围。比如社会语言学，它的研究对象不仅有语言，而且还有社会；它的研究目的不仅要解决语言问题，而且还要解决与语言有关的社会问题。因此，社会语言学不仅对语言学发生影响，而且对社会学也发生影响。其二，要对这类学科进行研究，不是语言学自己就能胜任的。就社会语言学而言，从研究方法上看，需要大量采用社会学的研究方法；从研究人员的知识结构看，不仅要有语言学知识，而且也要有社会学知识。其三，由于以上两个原因，要把这类学科建立起来，形成体系，也绝不仅仅是语言学的事情，单靠语言学也是不行的。

为了解决这种矛盾，许多交叉性学科大都有两个名字，分属于不同的学科。比如说有社会语言学，也有语言社会学；有心理语言学，也有语言心理学；有逻辑语言学，也有语言逻辑学；有文化语言学，也有语言文化学。如此等等，不胜枚举。不仅这些名字像是玩文字游戏一样，而且更为严重的是，人们并不能把“XY学”同“YX学”分开，不能把二者的研究对象分开，虽然有人孜孜探索，虽然讨论争论不断。由此可见，这种肢解的办法不仅妨碍这类学科的发展，而且也是难以行得通的。

问题的症结在哪里？处方又在哪里？

二　两种类型的科学

大千世界，事物多如牛毛，难以尽数。大到日月星辰，小到基本粒子，都有自己的性质、结构和运动规律。而且各种事物都不是孤立的，而是相互之间存在着或大或小或进或缩的联系。因此要全面地研究世界，不仅要研究事物的性质、结构和运动规律，而且也要研究事物与事物之间的各种各样的关系。

研究事物之间的关系，不仅可以从外部来考察事物，从而增强对事物的认识，得到从事物内部考察不到或不易考察的规律，而且还可以得出事物之间相互影响、相互制约的关系规律。这种关系规律是难以从研究某一事物本身所能得到的。比如研究潮汐现象，如果不研究地球和月球的关系，就难以从本质上解释潮汐规律。当科学家发现了太阳系中的第八颗行星之后，如果没有“关系”观念，就难以如此之快地发现第九颗行星。由此可见，关系的研究也是相当重要的。

较大的学科常根据研究对象命名分类。如地理学是以地理为研究对象的科学，生物学是以生物为研究对象的科学，语言学是以语言为研究对象的科学。如果根据研究对象来划分学科的话，那么科学可以分为两种类型：以事物为研究对象的科学可以成为事物科学；以事物之间的关系为研究对象的科学可以成为关系科学。

学科同客观事物一样也是有一定层级的。大的学科可以被分为若干分支学科，如物理学可以再分为光学、热学、力学、声学、电学等，语言学可以再分为语音学、词汇学、语法学、修辞学、文字学等。同理，一些小的学科可以归属到大的学科中去，如词法学、句法学归属于语法学；水声学、超声学、环境声学、医学声学等归属于声学；统计学、几何学、拓朴学、微分学等归属于数学。

在学科分属中，关系科学可能会成为事物科学的一个分支，如电子科学是物理学的一个分支。但是，我们还没有见到事物科学成为关系科学的分支。这是因为属事物还可以分为若干个种事物，同属于某一属事物的若干个种事物之间也具有多种多样的关系，可以对这种关系进行研究，因此事物科学下面会有关系科学。但是，关系科学涉及到两个或几个事物，若以事物分科，就会分属于不同的事物学科，所以从理论上来讲，事物科学难以成为关系科学的分支。

三　跟语言学有关的交叉学科

跟语言学有关的交叉学科，有不少都应归属于关系学科。如社会语言学，它是研究语言与社会多方面关系的学科。文化语言学是由中国学者近年内提出的，相当于西方的人类语言学或语言人类学。文化语言学综合运用语言学和文化人类学的理论和方法，研究语言结构、语言变化同社会文化结构的关系。心理语言学研究学习语言和使用语言的心理过程，其实也是研究语言同心理之间的关系。

由于关系科学是近几十年才兴起的，因此人们对它的认识还非常肤浅，还希望把它们纳入一定的事物科学中。语言学发现这些学科对语言有帮助，于是就把它们叫做“XX语言学”。而这些学科大都首先是由非语言学家提出和研究的，是为了通过对语言的研究来解决他们自己学科的问题，因此这类学科多被命名为“语言XX学”。其实，认真说起来，这类关系科学既属于语言学，又属于“XX学”；尖刻地说，它既不属于语言学，又不属于“XX学”，而是一种单独的学科。因此，这类科学的名目中，语言和“XX”应是联合关系。例如社会语言学，应理解为“（社会－语言）学”，文化语言学，应理解为“（文化－语言）学”，心理语言学应理解为“（心理－语言）学”，其他类推如是。既然如此，也就没有区分“语言XX学”和“XX语言学”的必要了。

这类交叉科学的基础是研究相互交叉关联的两类事物的关系。在此关系的基础上，再为相关科学研究作出贡献。比如社会语言学，基础是研究社会和语言二者的关系。在对二者的关系有一个总体把握之后，可以通过语言来研究社会，并为社会制定一系列的语言规则；同时也可以通过社会来研究语言，认识语言的各种社会属性及其社会语言变体的作用。文化语言学的基础研究是语言与文化二者的关系，根据二者的关系，可以通过文化来研究语言，看文化对语言结构的影响，对语言运用的影响，对语言学习的影响，以及对语言发展演变、分化统一融合等方面的影响，从而更深刻地或是从一个新的角度来认识语言，解释语言的各种现象。与此同时，也可以通过语言来研究文化，从语言（包括文字）中发掘古代文化，从语言看文化的结构发展与传播交流，从语言看不同的文化心态和思维方式等等。

由于交叉科学必然牵扯到两个或几个学科，因此它要吸收、借鉴乃至综合交叉学科的观念、理论、方法、手段等，从而促进学科之间的交流，促进相关学科的发展。现在在语言学研究中所广泛使用的社会学方法、文化学方法、心理学方法等，在社会学、文化学和心理学中开始较多地运用语言学的方法，都与这些关系学科的建立有一定的关系。正因如此，虽然交叉科学兴起较晚，但发展迅速，影响巨大，构成了当代科学的一大特色。

还有一些新兴的语言学科也带有交叉科学的性质。如数理语言学、模糊语言学、神经语言学、计算语言学等。这些科学一开始只是借助其他学科的观念和研究方法来处理语言问题，或是和其他学科一起来研究相互感兴趣的语言问题。例如计算语言学，一开始是利用电子计算机进行语言研究，对各种语言素材进行统计、分析、排序等。而现在又反过来促进计算机科学的迅速发展，成为人工智能的中心学科，吸引了大批计算机专家来研究语言。一开始这类学科还只是属于语言学的一个分支，但随着它们的发展已开始跨出语言学的范畴，成为另一种类型的交叉科学。

如果我们把关系科学范畴的交叉科学称为“关系型交叉科学”的话，那么我们可以把一种类型的交叉科学称为“非关系型交叉科学”。关系型交叉科学是因研究对象而诞生的，而非关系型交叉科学则是因学科交叉而逐渐开始发展起来的。关系型交叉科学必然需要学科交叉，但是学科交叉并不必然产生交叉科学。如统计语言学，是利用统计数学的方法来研究语言现象，属于数理语言学的一个分支。但到目前为止，统计语言学还只是统计学和语言学的学科交叉，而未发展成交叉科学。因为它还未跨出语言学或数学语言学的范畴，为统计学本身的发展作出客观的贡献。

四 小结

跟语言学有关的交叉科学可以分为关系型和非关系型两类。关系型交叉科学主要是研究语言和与之有关的事物的关系，通过对这种关系的研究来分别为语言学和其他学科作出独特的贡献。非关系型交叉科学是以学科交叉为基础发展而来的，但学科交叉并不一定产生交叉科学。这种观念也可以用于跟语言学无关的科学，从而形成一种新的学科分类系统。

主要参考文献

岑麒祥 1958《语言学史概要》，科学出版社。

胡明扬 1985《语言与语言学》，湖北教育出版社。

王 力 1981《中国语言学史》，陕西人民出版社。

邢福义主编 1990 《文化语言学》，湖北教育出版社。

［原载华中师大《高师函授学刊》1990年第1期］

语言学发展的新机遇*

应用语言学学科建设高级专家研讨会，今天在暨南大学召开。我代表会议主办单位之一的教育部语言文字信息管理司，向与会的各位专家表示感谢。

今天从事语言文字工作和语言学研究的人，大约都很羡慕上个世纪的五六十年代。当时，语言学界的很多事情，毛主席、周总理等高级领导都曾亲自过问。《人民日报》专门发表语言问题的社论，还连载吕叔湘、朱德熙先生的《语法修辞讲话》。在那十几年中，实施了一系列影响深远的重大语言工程，如轰轰烈烈的全国语言（包括少数民族语言）调查；召开了第一次现代汉语规范化工作会议，制定了普通话的标准并向全国推行；汉字整理和简化，审定、发布拼音方案等等。那是中国语言文字工作、中国语言学的辉煌的年代。

自此以后，语言文字工作和语言学也有不少进展，但却很难达到五六十年代的辉煌。时至今日，由于各种各样的原因，语言学似乎门庭冷落，甚至被“边缘化”了。在学科群中，似乎没有几个学科了解中国语言学的情况，甚至连了解的欲望也没有。比如文学

---

* 2004年12月25日，“应用语言学学科建设高级专家研讨会”在广东暨南大学召开，本文根据在会上的讲话整理而成。因是讲话的底子，文后未附参考文献，文章风格也有些特殊。

研究界，他们是语言学界的近邻，在大的学科系统中两家还同属一个大学科。文学研究界对索绪尔的结构主义、乔姆斯基的转换生成语法等，曾经很感兴趣，但对中国语言学的研究成果并不怎么感兴趣。随着教育的发展和传媒的普及，一些高深的科学知识逐渐成为社会常识，而社会的语言学常识却在极度下降，甚至下降到了无法再下降的地步。中国有多少种方言？有多少种语言？语言和人有什么关系？语言和国家是什么关系？这些问题不必问寻常百姓，去问那些学界、政界、商界的精英们，看看有多少人能回答？这就是中国语言学的生存环境！

尽管如此，但仍能使人预感到，中国语言学的新的发展机遇正在到来。起码有三个方面的因素，促成了这种发展机遇：

一　信息化

20世纪末，人类由工业化开始步入信息化时代。国家信息化的基础是语言文字信息化，没有语言文字的信息化，国家信息化就不可能实现。人类信息的80%是由语言文字负载的，如果不能将这80%的信息载体信息化，国家的信息化肯定无从实现。从信息化的角度来看语言文字研究，来看语言文字工作，来看语言生活，当会有许多新启示。语言的信息地位决定了语言文字信息化一定会被提到国家的日程上，信息化的发展一定会推动语言学的发展。

一位计算机科学领域的院士曾讲到，改革开放以来中国发展较好的高新产业，有许多都是与处理语言文字相关的，如北大方正、四通、联想、科大讯飞等公司。许多致力于信息技术的外国公司，如微软、IBM、因特、摩托罗拉、富士通等，纷纷在中国设立研究院，研究中国语言文字的信息处理。这便是信息化给语言学带来发展机遇的征兆。

几十年来，我国语言学界的一些先行者，已在努力为语言文字信息化作贡献，语言文字的信息化也早被纳入到国家的语言文字工作中。但是平心而论，比起计算机、网络等专业来，语言学界为信息化投入的人力、精力远远不够，自觉意识远远不够。应当认识到，语言学界如果不能成为语言文字信息化的中坚力量，就可能被信息化给“边缘化”。

二　汉语的国际传播

中国正昂首阔步地走向世界。国家走向世界，她的语言一定要走向世界。国家成为强国，也要求她的语言成为强势语言。在中国走向世界、发展强大的过程中，语言学一定是大有作为的。几十年来，我们关注较多的是国内语言问题，今天还应关注海外华语和汉语的国际传播问题，还应研究，中国走向世界的过程中应采取什么样的语言方略，应当预测中国走向世界之后，作为国家通用语言的汉语该是什么样子。这些问题还没有引起学界的足够关注，还不能为国家决策提供有分量的学术成果。

在考虑汉语的国际传播时，必须正确对待海外华人社区的语言。在新的形势下，看来仅有普通话（或者“国语”、“国家通用语言”）的概念是不够的，它不能涵容海外华人社区的语言。应该在语言规划层面有一个新概念——华语。华语，可以定义为“以普通话为核心的全世界华人的共同语”。海外华语的地位很重要，可以概括为三：1. 海外华语，也是中华民族的宝贵文化财富，是中华民族智慧的结晶，不能轻视更不能轻弃。2. 普通话在近几十年的发展中，向海外华语吸收了不少词汇，海外华语为普通话的发展做出了并还将做出重要贡献。3. 海外华语是汉语走向世界的“先遣队”，在中国走向世界的过程中，全世界的华人应当团结起来，全世界的华语也应当沟通起来。中国走向世界，汉语向国际传播，一定会带来语言学的新发展，对外汉语教学界的快速成长便是佐证。

三 语言矛盾凸现

中国过去是“单言单语”社会。一百多年来，随着教育的发展，早期的国语运动和后来的推广普通话运动的开展，中国语言社会正由“单言单语”过渡到“多言多语”（包括“双言双语”）。会讲两种方言（即从小熟悉的方言以及后来获得的“高级方言”——普通话）的人已经达到50%左右，能讲双语的也大有人在。许多少数民族成员兼通母语和汉语，这种双语多是在自然状态下形成的；而兼通母语和外语的双语人，则一般是通过教育形成的。“多言多语”是现代社会的重要特征之一，是应当提倡的语言生活。我国虽然在语言政策层面没有明确提出“多言多语”社会的概念，但是推广普通话和鼓励外语教育的一系列努力，事实上就是要打破“单言单语”社会，建立“多言多语”社会。

在由“单言单语”社会走向“多言多语”社会的进程中，语言问题变得非常明显，语言矛盾也逐渐显现。

（一）普通话与方言之间的矛盾

普通话与方言的矛盾，在学术层面早有讨论，近年来开始进入政治层面。南方有一两个城市，在政协会议或人大会议上有人提出保护当地方言的问题。香港实行“两文三语”，在中文教育领域，教学语言是使用普通话还是粤方言，争论频仍。在台湾，国语受到压制，河洛话（台湾的闽南方言）地位骤升，这也是普通话（国语）与方言的矛盾的表现，当然这种矛盾的成因，在台湾有更深的政治背景。

普通话的推广非常必要。中国要形成统一的市场，语言必须统一；中国要实现工业化、现代化、信息化，语言必须统一；中国要走向世界，语言也必须统一。西方国家在实现语言统一的过程中，即使是号称非常民主、非常文明的国家，也没有科学地处理好标准语与方言的关系，致使其方言灭亡或濒临灭亡。当然在语言统一的过程中，有许多发达国家也没有处理好主体民族的语言和少数民族语言的关系，致使其少数民族语言濒临灭亡，甚至还对土著语言故意打压，导致土著语言大量消亡。现在要提出的问题是，我们在语言统一的过程中，能否避免西方一些发达国家所走的弯路？我国方言缤纷多彩，所说的汉文化有很大一部分是通过方言来负载的，如地方戏曲、歌谣、民间故事传说等等。如果没有异彩纷呈的方言文化，汉文化将会非常贫乏。方言及其所负载的文化必须保护，为了语言沟通又必须推广普通话，这需要语言学家研究出两全其美的解决办法，给国家提供学术建议。

（二）一些少数民族语言濒危

过去，异族统治、强迫同化是语言消亡的主导因素，如在日本五十年的统治下，台湾岛上的汉语几乎消失。现在语言消亡的原因很多都不是强迫同化，而是自愿放弃。一个民族如果自愿放弃自己的语言，只要一百多年的时间，这个语言就会濒危。满语就是一个例子。在清代的康乾之时，朝廷还不断强调满族人学习国语（当时的“国语”就是满语）、使用国语。但是这种强调并没起多大作用，广大满族群众，也包括满清贵族，自愿放弃满语。时至今日能讲满语者已为数不多，若干年后（十年？）满语可能就消失了。

西部大开发，民族地区在经济、科技、文化、教育等方面发展很快。民族地区的孩子要走出祖居的大山，其家长热心支持孩子学习国家通用语言，学习外语，这是积极现象。但同时也有一些家长，认识不到孩子掌握母语的重要性，对孩子的母语学习不热心，甚至不支持。国家鼓励少数民族使用和发展自己的民族语言，但怎样把这一政策落到实处，还有许多工作要做。

信息化也是导致语言濒危的重要因素。一些不能用计算机处理的语言，不能进入因特网或不能在网络中发挥作用的语言，势必厄运当头。我国少数民族语言众多，有许多语言还是只有口语没有文字。我国的少数民族语言，如果不能实现信息化，将会出现大面积的濒危乃至消亡。

过去人们常说语言是工具，是交际的工具；或者说语言是问题，因为语言和方言的分歧影响沟通，所以要推广民族共同语和族际语，以解决语言问题。现在则要提出一种新的观念——语言是资源，而且是国家资源。语言资源有时能再生，有时它还真是不能再生。只要有人学它用它就能再生，没人学它用它就不能再生了。语言濒危，也就是资源濒危，保护濒危语言，也就是保护国家的濒危的资源。语言资源的保护与开发，自然会带动语言学的发展。

（三）母语和外语的冲突

中国走向世界，必须要与世界交往，要学习世界上的先进东西，就必须加强外语教育。但是外语教育不应构成对母语的侵犯。理论上说，母语发展同外语教育可以是相辅相成的，不必是对立冲突的。母语是根，外语是用，不能为“根”而不去“用”，更不能为“用”而损了“根”。

当前语言生活的实际状况是，外语侵占了母语的大片的精神家园，母语的地位和威望在大幅度下降。例如，在我国晋级、晋职、升学、就业等许多领域，存在着重外语轻母语的政策规定。有些中小学大力试验推行的“双语教学”，其目的是改善外语教育，而似乎对母语教育考虑较少。在中国召开的一些学术会议，会议语言有不选用汉语甚至不准用汉语的。筹备在我国举行的国际体育盛会和博览会时，有外语服务和推广方略，而往往缺乏利用大会宣传汉语、推广汉语的计划。许多城市的地名标牌，要求加上英文，以为这样才是“国际化”，殊不知地名标牌是国家主权的象征。这些现象说明，外语和母语的矛盾已经相当激烈，致使一些名人和“愤青”，在报刊和网络上说了许多让人鼻子发酸、眼圈发热的话：“汉语，我为你哭泣！”“谁来保护母语？”

是的，母语不仅是民族交际的工具，而且也是思维的最为重要的工具，也是民族文化的载体和社会凝聚团结的“图腾”。爱我中华，亦爱我语言；热爱社会生活，也包括热爱当今的语言生活。通过热爱母语的教育，来培养爱国家、爱民族、爱中华优秀文化的感情。世界上很多伟大的人物，都曾放声讴歌他们的母语，我们也应纵情讴歌我们的母语，维护母语的声望，提高母语的地位，促进母语的国内推广和国际传播。

一些高层面的语言问题，从来都涉及国家的政治和政策。很多国家，因为语言的问题而造成动荡，乃至分裂与战争。如加拿大的双语问题，早年东巴基斯坦（今天的孟加拉国）和西巴基斯坦的语言斗争，前苏联解体前后的语言纠纷以及延绵至今的语言冲突（其中也有语言战争），都说明语言问题的严重性。在中国走向世界的过程中，在国际一体化、文化多元化、语言多元化的背景下，要认真研究当前社会的各种语言问题，有必要对各种语言的功能与地位进行再审视、再规划，以保证我国的语言生活健康、和谐且充满活力。

以上所谈的这些因素，必将促成语言学发展的新机遇。抓住机遇，顺应形势，首要的是应用语言学的学科建设。应用语言学的学科建设是一篇大文章，需要很多大手笔共同著述，这次应用语言学学科建设高级专家研讨会的召开，可以看做这篇大文章的绪论。此时此地，我最想说的是如下两点：

第一，加强领域语言研究。应用语言学最大的特点，是研究语言生活中、语言交际中的活的语言，在研究这种“活语言”时，必须充分考虑语境，必须充分考虑使用语言的人。因此，社会各个领域的语言问题和语言状况，都是应用语言学最为关心的研究课题。某个领域的语言研究有了大的收获，便会形成应用语言学的分支学科。语言教学、计算语言学便是这样的分支学科。在我国，法律、广告、新闻、医疗等领域的语言研究已渐成气候，法律语言学、新闻语言学、广告语言学、医疗语言学等，作为应用语言学的分支学科已经是呼之欲出了。

发展领域语言学，就要知道各领域有什么样的语言问题。2004年12月上旬，教育部、国家语委对天津市的语言文字状况进行评估，我有幸参与其事，亲身感受到铁路、文化、商场、展览馆、医院等行业或部门，都有关乎其工作质量的语言问题。例如天津市一家肝胆专科医院，办得很不错，医院对语言文字工作也特别重视。医生们反映，一些医疗常用字，笔画太多，如“囊、餐、葡萄糖”等。医生一天要手写许多病历，一笔一画写这些字太困难了。还有读音问题，如“妊娠”，全社会几乎都读rènchén，若读它的正确音rènshēn，病人反倒听不明白。这次评估使我认识到，领域语言学非常值得提倡，社会的各领域都有一些语言问题，需要语言学家去帮助解决。研究和解决社会各领域的语言问题，应成为新时期语言文字工作的重要内容。

研究社会各领域的语言问题，我们的知识结构就有不足，必须和各领域的学者联合。因此，培养语言学研究生，不能只要求语言学的知识背景，还应该有其他的学科背景，所以学科建设不一定要“纯而又纯”，应用语言学也许需要“杂家”。应用语言学课程体系的设计，研究生的培养，以及科研机构的设置等等，都应当考虑领域语言学的“杂”的特点。

第二，适应信息化时代。在信息化时代，语言学家不可推卸的历史使命之一，当然是促进语言文字的信息化。语言文字的信息化，不仅仅是文字、语音、语汇、语法的信息化，更重要的是语义、语用的信息化，是实现计算机的篇章理解。例如，网上电子文本的计算机学习及信息提取，信息检索与信息过滤等等。为信息化服务，要求语言学家必须能够同计算机学家、网络学家对话。对话并不是一件很简单的事情，需要共同的意愿和一定的共有知识，为了对话，语言学家必须学习一些计算机知识和网络知识。

利用信息化成果进行语言学研究，也是语言学适应信息化的一个重要内容。语言学到了改变传统研究方式的时候了。现在很多研究生写论文，都要利用语料库或是自己建立语料库，这说明研究手段的变化已经是许多人感受到的需求了。

未来的语言学家，大约需要用“三大法宝”来装备自己：一是知识库，该领域古今中外的相关知识，通过数字化形成该领域的知识库。二是与各个专业相关的语料库，语料库是语言经验的延伸，将成为发掘语言事实和语言知识的最重要的宝库。三是一套便于语言学家使用知识库、语料库以及从事相关研究的软件，这套软件可以让语言学家去做高深的、机器不能代替的研究，而不是把精力耗费在一个一个数据的查找和统计上。当代语言学家的任务之一，就是打造这“三件法宝”，促进语言研究手段的现代化。

语言信息化和语言研究手段的信息化，就某种意义而言，是年轻人的事业。要注意培养年轻人，不可把学生看做自己研究的简单翻版，要充分发挥他们的才干，要欣赏他们的创造力。年轻的学者，应自觉承担起历史重任，把握着即将到来的学术机遇，把我国的应用语言学事业推向前进。

［原载《修辞学习》2005年第2期］

后 记

本集收论文27篇，分4类，成四编。第一编是综论性质的，讨论当今的语言生活和语言文字工作等宏观语言规划的问题。第二编论题相对集中，都是关于语言文字规范标准的，故曰专论。第三编名为分论，因其论题较为纷繁，有某些领域的语言规划问题，也有语言学的学术规划问题。理论上并非人人都同意把学术规划列入语言规划之中，但是，任何语言规划的制定都需要语言学家的智慧，任何语言规划的实施都需要语言学家的参与，因此，语言规划常包含着对语言学的学术规划，语言规划也常需要语言学学术规划的配合响应，特别是语言生活异常纷纭复杂的中国，特别是对规划的科学性要求越来越高的当代。基于此，本集也收语言学学术精神和学术建设的论文。第四编属于史论，讨论切音字运动的一些问题，切音字运动是现代意义上中国语言规划的开端。

这27篇文章中，有23篇是近4年来我调到教育部（国家语委）语言文字工作岗位之后撰写的。从高校的语言学教师和行政管理人员，到国家语言文字工作的管理者，角色转变自然不易，需要以非学者的身份学习，学习与工作相关的很多知识；需要站在国家的立场思考，思考许许多多的新问题。这些论文，都是围绕着工作而学习的心得，都是从国家语言规划的角度对当代语言生活及其相关问题的思考。文中所论，有些只是学理层面的谋虑，有些则已成为实践层面的操作。这些文章的中心是“工作”，或是为语言文字管理工作所作的理论研究，或是对语言文字管理工作所作的理论总结。故而将本集名之为《中国语言规划论》。其他4篇是早年之作，虽嫌稚嫩，但有些观点还有价值，囊括入集，也能显示当年三十几岁时的某种学术情趣。

这些文章，有的一开始就作为学术论文来写，有的则是在演讲基础上改为学术论文；发表的刊物有语言学类和非语言学类的；有学术性强的和普及性强的。因此，文章的风格、体例不大一致。汇编这些文章自然需要做些技术处理：第一，对某些文章做了增删。原文发表时，因篇幅限制个别文章曾被删减，删减之处若笔者认为重要，便依原稿作些增补。有些文章有重复，酌情作了删重处理。对于增补、删重较多的，都作题注说明。第二，统一体例。包括：1．标题、序号、参考文献的表述方式一致；2．注释一律处理为脚注；3．用词和术语的统一。此外，对原文中的错别字等技术性错误也作了纠正。这些处理，增强了表述上的一致性，但是体例仍难完全一致，风格就更难统一，只能存憾乞谅了。

某友常赞我能结合工作从事学术研究，还煞有介事地论证这种结合的四大好处：一曰保持工作热情。科研是学者的内在需求，这种需求自觉注入工作，便会对工作产生火焰般的热情，且长久保持。二曰提升工作品位。结合工作获得的科研成果，最易转化为工作效度，建立在坚实学术基础上的工作，常具有较高品位。三曰使科研具有务实品格。语言文字管理工作都是正在进行的规划或行动，结合工作而开展的学术，科研起点是工作中的难点，科研材料在工作中积累，科研动力是解决现实中的“真问题”，科研成果即刻便在实践中检验。这都决定了这种科研的务实性。四曰缝合“精神分裂”。行政管理与科学研究有诸多内在差异：前者求大众认可，后者求自成一说；前者求稳妥合用，后者求终极真理；前者重现实操作，后者重逻辑推演；前者重宣讲，后者重论证；前者常开会商议，后者需静心思考；前者多靠汇报、视察了解情况，后者常靠试验、调查获取数据；前者常要注意上下左右的反映，后者常通过文献把握已有成果；如此等等，不一而足。而将工作与科研有机地融为一体，可以消减思维特性的差异，弥合情趣上的沟壑，缓解时间上的冲突，减轻“分心之痛”。

某友此言或有道理，但“双肩挑担”实难保持平衡，实难“换肩”小憩。饶有兴味地在此大引某友之言，下意识里或许有阿Q“精神胜利法”的魅影。

本书论文多是围绕工作而得，里面含有领导同志的智慧和同事的创造，自然也吸收了专家学者的研究成果。论文发表在这么多的杂志上、论集里，自然渗透进了编者心血。吴长安先生为本书出版精心策划。我夫人为保证周末成为我的科研时间常要“煞费苦心”。在本书即将出版之时，我诚心地感谢他们！

我要特别感谢邢福义先生为拙著赐序。这序是先生用“爱”写成的。下面是我索序和先生赐序的经过：

大年三十（2005年2月8日）上午，我在办公室向先生发邮件，祝贺新年，并告诉先生：“四年来，我结合工作写了一些语言规划方面的文章，想结集交给东北师范大学出版社出版，书名暂定为《中国语言规划论》。我利用春节假期和后面的一段时间整理整理，而且还想请您给集子写序，盼望能够应允！”

春节期间没有先生的回音。2月21日，论文集整理完毕，我立即发给先生，并重发大年三十的邮件。两天后的2月23日是元宵节，先生的电子邮件来了：“春节期间我的邮件出了问题，许多邮件收不到。亏得你重新发了一次，不然就看不到内容和有趣的贺卡了。你的书，我抽空写序。我不可能细读全书。书中最重要的论述，请摘出几条来给我，以免我写得太空。好吧？”

当日我即回信：“谢谢您应允赐序。晚上我就要去沈阳出差。等回京后我把书中的一些问题摘几条给您，供您参考。您可以先浏览一下目录和后记。……元宵节了，祝您和师母元宵节愉快！两会您能来北京参加吗？”

2月26日，先生来信：“想来你已经回京。今年的全国政协会议，我出席不了。已经给湖北省政协打了报告，并且请他们帮我向全国政协有关部门请假。你师母中风瘫痪已进入第9个年头。近来情况不大好，不仅很衰弱……而且白天坐着时自己的口水总控制不住，老往下流。在这种情况下，什么情况都很容易发生，我外出十多天，实在无法放心。学校的新房子很快就要分配。今年里，肯定能搬进新房子。我很希望你师母能平安度过这一段，能到新房子去住一阵子。”

3月3日，先生的序就发了过来，而我还没有来得及把书中自认为重要的论述“摘几条”给先生参考，而且寄给先生书稿到得到先生的序只有短短的12天时间，而且师母的身体还“不大好”……

吉人天相，我坚信“师母能平安度过这一段，能到新房子去住一阵子”。先生的愿望会实现的。因为，因为先生有爱！

李　宇　明

记于北京惧闲聊斋

初稿于2005年春节

定稿于2005年惊蛰

新版后记

近日，笔者将2005年以来的一些论文辑成《中国语言规划续论》，交商务印书馆出版。友人建议，此集与四年前在东北师范大学出版社出版的《中国语言规划论》性质相同，读者相类，若能同社出版，同时印行，当方便读者，亦能提高两本集子的学术功效。全赖东北师范大学出版社和商务印书馆之厚爱，友人建议得以实现，《中国语言规划论》有缘再版，感激之情充溢胸怀。

新版《中国语言规划论》的收文与原版同，但重新进行了编排，以便与《中国语言规划续论》的编目尽量接近。语言规划理论、语言文字工作、语言学术评点等三个类目，为两部集子所共有，信息时代的语言问题是本集之特论。

信息化是当下最显眼、最重要的特征，信息时代是对当今社会的一种称说、一种描述。本集文章多数是信息时代背景中的作品，内容自然会涉及信息时代的语言问题，然而仍设立“信息时代的语言问题”专目，意在强调语言文字的信息化，强调语言文字工作对信息化的重要作用，强调做好信息时代的语言文字工作。

近些年来，社会对语言文字问题的关注度越来越高，语言文字问题不断形成社会舆论的热点话题，比如：汉字简繁之论争，方言的价值与地位，姓名权与人名用字管理，网络新词语的社会效应，

“火星文”对中小学生的影响，教学中淡化汉语拼音问题，汉语人名地名的拼音规范，计算机键盘的应用与“提笔忘字”，中国企业在中文手机输入法中的市场份额，母语地位及其所受到的外语压抑，汉语国际传播的机遇与方略，语言濒危与语言保护，外语等级考试的效力及利弊，公共服务领域的外语使用水平，城镇地名标牌的外文标注，等等等等。

这些热点话题，或是语言生活发展提出的新问题，或是历史“文化官司”的再过堂；有学术争论，有政策切磋，也有情感的喧腾。对这些热点话题，不仅要及时关注，分析成因，预测走向，更要汲取营养，回答问题，满怀激情把语言文字工作做好。

是的，语言文字工作需要激情。在从事这一工作的人看来，语言文字工作事关国计民生，意义重大，而他人未必有此意识。认识上的反差，必然带来工作上的困难，情绪上的郁闷。克服困难，肩起职责，需要激情。2008年5月，我曾写了一首《语言文字颂》，今抄于此，以张扬这种激情。

语言——
是你，帮助类人猿脱离动物界进化为人，
是你，展示着各民族灿烂文化的浩瀚星空。
是你，将个人经验扩展给全社会，
是你，把前辈智慧繁殖到无穷。
我们吮吸着母语的汁液成长，
我们依靠母语营造人生美景。
bpmf、dtnl，阴阳上去，
是汉语奏鸣着华夏民族的大吕黄钟！

文字——
是你，将原始人的记事图画变幻为符号，
是你，帮助口头语言冲破时空。
象形文字，楔形文字，拼音文字……
记录了埃及、腓尼基、印度和中国的古老文明。
相传仓颉造字，天雨粟，鬼夜哭，
殷墟甲骨文，通过占卜使人与上苍沟通。
周代金文，把文化浇铸在钟鼎上，
车同轨，书同文，秦始皇构建中华大一统。
《说文解字》，汉代许慎编著世界第一部字典，
《干禄字书》，唐朝颜元孙规范字样建立奇功。
毕昇活字印刷，催生出铅与火铸造的现代书报，
《康熙字典》收集汉字四万七，堪称古今大成。
撇捺折点，竖直横平，隶楷行草，
是汉字书写出华夏民族的和谐方正。

造切音字，倡白话文，推共同语，
鸦片战争让中国精英发起语文现代化运动。
推广普通话、文字改革、推行汉语拼音方案，
毛泽东领导新中国秉承百年使命。
计算机和互联网造就了信息时代，
汉语汉字在虚拟空间中涅槃再生。
新时代的书同文，语同音，
告别铅与火，铸造光与电的现代文明。

中国是多民族共生共荣的大家庭，
语言一百多，文字数十种。

构建和谐的语言生活，
镕铸中华团结统一的文化长城。
中华语言文字——
礼赞你，就是礼赞我们的祖国，
珍爱你，就是珍爱我们的文明。
守望你，就是守望我们未来的辉煌，
放声高歌——
放声高歌吧，放声高歌语言文字颂！

李　宇　明
2009年六一国际儿童节
记于北京惧闲聊斋